21 世纪的太空战

武装太空

Space Warfare in the 21st Century

Arming the Heavens

[美] 琼·约翰逊-弗里兹 (Joan Johnson-Freese) 著
汤亚锋 陈亚飞 李 苏 译

中国宇航出版社
·北 京·

Space Warfare in the 21st Century: Arming the Heavens/ by Joan Johnson - Freese/ ISBN: 978 - 1 - 138 - 69388 - 3

著作权合同登记号：图字：01—2023—3687 号

图书在版编目（CIP）数据

21 世纪的太空战：武装太空 /（美）琼·约翰逊-弗里兹（Joan Johnson - Freese）著；汤亚锋，陈亚飞，李苏译. -- 北京：中国宇航出版社，2023.8

书名原文：Space Warfare in the 21st Century: Arming the Heavens

ISBN 978 - 7 - 5159 - 2277 - 5

Ⅰ. ①2… Ⅱ. ①琼… ②汤… ③陈… ④李… Ⅲ. ①外层空间战—研究 Ⅳ. ①E869

中国国家版本馆 CIP 数据核字(2023)第 167789 号

责任编辑　侯丽平　　**封面设计**　王晓武

出版 发行	中国宇航出版社		
社址	北京市阜成路 8 号 (010)68768548	邮编	100830
网址	www.caphbook.com		
经销	新华书店		
发行部	(010)68767386 (010)68767382		(010)68371900 (010)88100613(传真)
零售店	读者服务部 (010)68371105		
承印	天津画中画印刷有限公司		
版次	2023 年 8 月第 1 版		2023 年 8 月第 1 次印刷
规格	880 × 1230	开本	1/32
印张	8.75	字数	252 千字
书号	ISBN 978 - 7 - 5159 - 2277 - 5		
定价	88.00 元		

本书如有印装质量问题，可与发行部联系调换

琼·约翰逊-弗里兹写了一本符合时代、发人深省且具有丰富研究成果的专著，每位关注21世纪太空政策的人都应该读一读。她对我们目前的道路进行了深入的思考，并为美国新一届政府以及其他国家政府就防止未来冲突和加强太空合作问题给出了建议。

——美国海军研究生院

詹姆斯·克莱·莫尔茨（James Clay Moltz）

琼·约翰逊-弗里兹对攸关美国国家安全的太空安全进行了深刻分析，这是国家安全决策者，尤其是新一届政府决策者的必读之书。她的洞察力可帮助人们了解这一领域的复杂性（这一复杂性常常被人们所低估），此外，也为“太空已不再是一方净土”的观点提供了注释。总之，这是一本振聋发聩的好书。

——美国太空政策在线网站编辑

玛西亚·史密斯（Marcia Smith）

琼·约翰逊-弗里兹博士给出了一个令人信服的案例，即使在奥巴马总统的领导下，美国太空政策也过于依赖无效且往往适得其反的手段来追求过于雄心勃勃的目标。如果美国的主要目标是保护太空和增强自身利用太空的能力，从而实现巨大的经济、军事和社会效益，那么美国应该低调一些并减少进攻能力的发展，更多地采用太空外交威慑战略，以免增加危机导致的不稳定性。强烈建议关注太空或国家安全的人士阅读此书。

——美国马里兰大学

南希·加拉格尔（Nancy Gallagher）

琼·约翰逊–弗里兹是太空安全这个被忽视领域的学术领军人物，她在这个领域不仅拥有广博的知识，有时也敢于逆政策潮流而动。在《21世纪的太空战：武装太空》一书中，她向我们介绍了太空政策的演变，并给出了切实的建议，如果人类要充分利用太空，必须建立太空秩序。有些人坚信太空战不可避免，因此认为备战太空是唯一的出路，她却给出了截然不同的解读。她认为，谨慎的外交和开明的利己主义可以确保子孙后代利用太空实现经济和科学成就。不熟悉这一领域的读者会发现这本书很容易理解；而专业人士可能会发现，他们的观点受到了挑战；但是对任何关注太空未来的人士来说，这是一本必读的书。

——美国艾森豪威尔太空与国防研究中心前主任

罗杰·哈里森（Roger Harrison）大使

21世纪的太空战

本书研究了日益严峻的太空战威胁，重点关了注美国太空政策的转变。

绝大多数太空技术都具有双重用途，即军民两用价值。此外，人们也无法区分军用航天系统的攻防意图，这一切都使太空成为一个特别容易出现安全困境的领域。世界各国不断发展太空能力，这强化了美国军事和情报界的一种感觉，认为在一个“拥挤、对抗和充满竞争”的环境中，美国太空资产极其脆弱并受到威胁。因此，美国军事太空计划的姿态正变得越来越激进，试图借助“威慑、防御和致胜”战略来保护这些太空资产。尽管奠定这一战略的基本思路历来广受追捧，但借助惩罚实现威慑似乎日益成为项目规划的主导思想。本书分析了这些思路是有效的还是适得其反的，针对错误行动方针导致的潜在后果进行了研究，并最终给出了一种应对太空挑战和实现太空目标的不同思路。

本书适用于从事太空政策、国防、外交政策、安全和国际关系问题研究的同仁阅读。

卡斯军事研究

本类题材完整书目可在以下网址获得：

www. routledge. com/Cass - Military - Studies/book - series/CMS

《军国主义与国际关系：政治经济、安全和理论》

安娜·斯塔夫里阿纳基斯（Anna Stavrianakis）和简·塞尔比(Jan Selby)

《军事研究中的定性方法：研究经验和挑战》

海伦娜·卡雷·伊拉斯（Helena Carre iras）和塞尔·索·卡斯特罗（Cel so Castro）

《美国军队教育》

琼·约翰逊-弗里兹（Joan Johnson - Freese）

《军事卫生保健：从部署前到分离后》

约马纳·阿马拉（Jomana Amara）和安·M. 亨德里克斯（Ann M. Hendricks）

《当代军事文化与战略研究：21 世纪的美英武装军队》

阿拉斯泰尔·费蓝（Alastair Finlan）

《了解军事学说：多学科方法》

哈拉尔德·海贝克（Harald Hoiback）

《作为公共话语的军事战略：美国的阿富汗战争》

托德·肖尔提斯（Tadd Sholtis）

《军事干预、稳定与和平：寻求稳定》

克里斯蒂安·丹尼斯（Christian Dennys）

《21世纪的国际军事行动：全球趋势与未来的干预》

佩尔·M. 诺海姆-马丁森（Per M. Norheim - Martinsen）和托雷·尼哈马尔（Tore Nyhamar）

《21世纪的安全、战略和军事变革：跨区域视角》

乔·英格·贝克沃尔德（Jo Inge Bekkevold）、伊恩·鲍尔斯（Ian Bowers）和迈克尔·拉斯卡（Michael Raska）

《21世纪的军人家庭与战争：比较视角》

勒内·莫尔克尔（René Moelker）、玛侬·安德烈斯（Manon Andres）、加里·鲍文（Gary Bowen）和菲利普·马尼加特（Philippe Manigart）

《伊拉克战争期间的私人安保公司：军事表现和致命武力的使用》

斯科特·菲茨西蒙斯（Scott Fitzsimmons）

《小国的军事创新：创建反向不对称性》

迈克尔·拉斯卡（Michael Raska）

《军事研究》

海伦娜·卡雷·伊拉斯（Helena Carre iras）、塞尔·索·卡斯特罗（Cel so Castro）和萨宾娜·弗雷德里克（Sabina Fréderic）

《无人机和未来空战：遥控飞机的发展》

迈克尔·P. 斯卡德拉（Michael P. Kreuzer）

《改造战士：军事力量的仪式组织》

彼得·哈尔登（Peter Haldén）和彼得·杰克逊（Peter Jackson）

《21世纪太空战：武装太空》

琼·约翰逊-弗里兹（Joan Johnson - Freese）

序　言

太空正在再次沦陷。新一代太空活动参与者正在将人们对太空旅行和太空探索的梦想与期待变为现实，自20世纪60年代以来，巴克·罗杰斯（Buck Rogers）和汉·索罗（Han Solo）式的太空探索科幻电影就激发了人们的这种好奇心。然而，与此同时，全球太空民族主义和军国主义浪潮也在兴起。这种军国主义和民族主义既是缺失互信的产物，也是传统地缘政治的产物，此外，有观点认为，人们对太空利用充满不良居心，这种观点正确与否，目前尚无定论。长期以来美国借助太空获得了军事和其他利益，因此，其他国家也跃跃欲试，拒绝被剥夺发展太空能力的权利。因此，这强化了美国军事和情报界的如下认知：美国太空资产受到了威胁。

2015年4月26日，美国空军太空司令部司令约翰·海顿（John Hyten）将军在著名电视节目《六十分钟时事杂志》访谈中告诉美国公众，人们的日常生活，从在自动取款机上取钱到收看电视节目，这些依赖全球定位系统（GPS）的活动，都面临风险。这些风险来自人为和非人为因素，以及地缘政治的威胁，包括反卫武器（ASAT）的攻击，特别是某些国家正在开发的反卫武器。此外，在题为“上方的战斗”部分介绍了美军借助太空获得的重大优势，以及这些优势所面临的风险，并由此得出结论：美国国家安全受到了威胁。但是，海顿将军表示，如果美国“在太空受到威胁，我们要有自卫的权利，我们将确保自己有能力行使这一权利。”① 当被问及这是否意味着使用武力时，海顿将军回答道：“这就是我们拥有军队的原因所在。你知道，我不属于美国国家航空航天局（NASA）。”

正如这档节目的标题和海顿将军本人所暗示的那样，未来发生太空战并不出人意料。此外，美国明确表达了对未来的这种判断以及美国做出回应的意愿和能力。然而，鉴于美国军事太空项目规模有限，加之这会对其他国家军事太空计划造成连锁影响，如果将保护美国太空资产确定为最终目标，如果一味强调在太空作战并赢得胜利，却不同时强调全力阻止太空冲突，这往往会适得其反，乃至偏离最终目标。

海顿将军不想打太空战，但更不想输掉太空战②，作为一名军官，海顿将军是站在保护美国民众所应秉持的军方立场。海顿将军的讲话似乎很安抚人心。然而，就像美国最近面临的许多其他全球问题一样，毫无疑问，这将把美国的重要卫星置于危险之中，仅靠军事能力和军事行动是无法实现保护的。在太空环境下，进攻比防御更容易，费用也更少，遥远的距离和物理学定律成为主导因素，模糊性成为重要特征，这都令人们很难借助军事手段实现对美国太空资产和太空利用能力的保护。仅靠军事和技术手段还远远不够，还需要一个更为广泛的战略。大量研究建议采用一种不同层次的全

① 《六十分钟时事杂志》“上方的战斗”的文字记录，David Martin（记者），Andy Court（制片人），2015年4月26日。http：//spacenews. com/transcript－of－60－minutes－air－force－space－command－segment/。

② Lee Billings，“太空战争可能比以往任何时候都更接近”，《科学美国人》，2015年8月10日。www. scientificamerican. com/article/war－in－space－may－be－closerfromper/Gen。海顿将军在第29届国家太空研讨会上的演讲，科罗拉多州斯普林斯，2015年。www. afspc. af. mil/library/speeches/speech. asp？id＝757。

面策略实现目标，而不是仅仅依赖军事手段③，美国官方的太空政策和美国官员的政策声明均表明，人们已经认识到分层策略的重要性。然而，美国仍然将主要精力放在应对复杂太空挑战的军事策略方面，重点关注如何打赢（而不是输掉）一场太空战，却对如何防止太空战思考不足。为应对日益增长的太空挑战，仅靠建立太空行为规范和外交努力也远远不够，但却是朝着正确方向迈出的一步。

仅仅采用军事手段可能会加剧挑战，造成安全困境，因为适应或应对其他国家取得的技术进步所带来的潜在风险，有些国家也会采取相应行动。虽然通过制定政策有助于预判和应对这种安全困境，但政策流程并非总是按照理性原则行事。

《国家安全战略》（NSS）、《国家太空政策》（NSP）和《国家安全太空战略》（NSSS）等文件的制定提供了机会，人们可以借此深入思考政策制定的考量因素。按照乔治城大学教授大卫·埃德尔斯坦（David Edelstein）和明尼苏达大学教授罗纳德·克雷布斯（Ronald Krebs）的观点，政策制定过程充满钩心斗角，给制造和夸大威胁提供了机会，政策制定者借此应付预算审查的官僚流程，这无疑会加剧而不是避免安全困境。

> 战略制定不仅徒劳无益，甚至充满危险。政治表演的参与者往往动辄以国家利益之名夸大全球威胁。为应对凭空想象的威胁而制定的激进政策又使这些威胁成为现实：寻求自卫的国家会对其他国家形成威胁，从而引发恶性循环导致局势升级，这就形成了一种典

③ Forrest E. Morgan，《太空威慑和先发制人的稳定性》，兰德公司，圣莫尼卡，加利福尼亚州，2010 年。www. RAND. org/content/dam/RAND/pubs/monographs/2010/RAND_ mg916. pdf。Roger G. Harrison、Deron R. Jackson 和 Collins G. Shackelford，“太空威慑：风险的微妙制衡”，《太空与国防》，第 3 卷第 1 期，2009 年夏季，第 1－51 页。Bruce W. MacDonald，《太空武器和美国安全》，外交关系委员会专题报告第 38 期，2008 年 9 月，外交关系委员会，纽约，第 10－11 页。Michael Krepon 与 Christopher Clary 合著的《太空保障还是太空优势：反对太空武器化的案例》，亨利·史汀生中心，华盛顿特区，2003 年。

> 型的安全困境。战略制定会把可能的威胁变成真实的威胁④。

因此，领导层必须定期进行反思评估，既定政策目标（目的）是否正确？为实现这些目标而采取的策略（手段）是否恰当？本书的目的是为这种评估提供帮助，因为在笔者看来，美国正在迅速走向（甚至已经处在）目标与手段南辕北辙的状态。

为了实现目标与手段的匹配，首先需要回顾一下美国的太空安全目标。因此，第一章回顾了各种美国政策和战略文件及其设定的目标。长期以来，保持稳定被认为是主要目标，是其他目标的基石。因此，过去的许多研究表明，保持太空稳定被认为是主要目标。第一章还介绍了贯穿全书的主题：需要积极关注可实现的目标；需要一个广泛且均衡的战略，包括胡萝卜和大棒；好战言论的反效果。该章最后部分介绍了在制定太空政策过程中，所谓的“恐惧政治”以及其为何成为左右这一进程的大背景。

美国政府常用“拥挤、对抗、竞争”三个词形容太空环境，这也是实现太空目标的太空环境，除了这些词汇的字面含义外，很少人深究其实际内涵。因此，第二章对上述三个概念分别进行了详尽论述，旨在评估这些因素是否或如何威胁美国充分利用太空域的能力。只有充分了解这些问题，才能找到相应对策。由于人们对太空“对抗性”环境评估主要是基于对其他国家“意图”的解读，因此该章随后也讨论了评估这一问题存在的难度。最后，由于太空环境被描述为“拥挤、对抗、充满竞争”，国防计划越来越多地纳入了军事太空能力这一内容，这是把太空战是否不可避免这一问题排除在考虑因素之外的前奏。

既然地缘战略冲突难以避免，那么守成大国与崛起大国之间的战争是否也无法避免？这一问题学术界始终争论不休。从很多层面

---

④ David M. Edelstein 和 Ronald R. Krebs，“大战略的错觉”，《外交事务》，2015年11－12月，第114页。

来说，冲突是可以化解的，更乐观地说，人们可以“管理”冲突，战争只是解决冲突的方式之一。按照普鲁士将军和战略家克劳塞维茨的观点，战争是“以另一种方式对政策的延续”⑤。既然是对政策的延续，这就意味着还存在其他延续方式。然而，2001年，针对太空问题，唐纳德·拉姆斯菲尔德（Donald Rumseld）领导的国家太空安全管理和组织委员会却警告美国，有可能出现“太空珍珠港”事件。这句话隐含的前提是，人们认定冲突不可避免地会演变为战争，因此需要将太空武器化。“不可避免性”自此成为人们看待太空安全未来并进而制定太空战略的四个基本视角之一。第三章分别论述了各种视角或流派。由于太空技术的两用性质，加之解读使用意图同样至关重要，因此，人们很难对太空武器进行定义，从而大大增加了研究难度。正如前文所述，评估意图存在很大困难，鉴于人们常常把能力等同于意图，因此本章重点论述了中国的意图。

由于太空环境被认为是“拥挤、对抗、充满竞争”，美国采取了“威慑、防御、致胜”的思路来应对这些挑战。然而，这些概念的模糊性，却给了美国安全界应对策略方面更多的回旋余地。因此，第四章将研究如何实现“威慑、防御、致胜”。人们对“威慑”的解读越来越狭隘：具体来说，仅仅重视通过惩罚实现威慑，过分强调防御和赢得战争。然而，如果不寻求（而不仅仅是支持）一个更平衡、更多层次的战略来应对太空挑战，套用美国政府惯用的三词叠加风格表达，太空环境就会受到事故、误解和误判的影响⑥，这不仅会增加太空战争的风险，还会升级为地面战争或导致地面战争升级。威慑既需要胡萝卜，也需要大棒，美国在提供胡萝卜方面明显不足，在好战言论方面也明显缺乏克制。有效的威慑还需要释放清晰和前后一致的信号和信息，而这正是目前所缺乏的。此外，为了解太空

⑤ 卡尔·冯·克劳塞维茨的《战争论》在他去世后于1832年由迪姆勒首次出版。

⑥ Frank A. Rose，“利用外交手段促进外层空间环境的长期可持续性和安全性”，在确保稳定利用外层空间国际研讨会上的讲话，日本东京，2016年3月3日，www. state. gov/t/avc/rls/253947. htm。

态势，本章还讨论了长期决策和危机下决策所需要考虑的距离障碍这一因素。

军工复合体的角色也使太空问题复杂化⑦，第五章将讨论这一问题。军工复合体许多相关方都是既得利益者，他们只想再多争取一个一二十亿美元的合同，就能解决技术问题，甚至可以无视物理定律的制约。一个人能够在防务企业、政府、军队、智库、华尔街、游说集团、研究实验室甚至媒体之间不断转换身份（甚至同时在多个领域拥有利益），这种旋转门令人震惊，而且这种现象有增无减。例如，过去20年间，从军队退休并接受防务或航空航天高薪工作的将级军官数量大幅增加，他们转身向前雇主进行推销。谜底在于，某些个人和机构等既得利益者，十分乐见美军需要利用武器加以应对的威胁出现，因为这就是他们的产品线——一条只有一个客户的产品线。导弹防御计划的发展和延续便是一个典型示例。

第六章论述了美国以及其他主要航天国家越来越明显地转向太空民族主义、军事化和武器化问题，并展望了全球方兴未艾的太空投资热情，以及致力于规范制定的多方努力。富人或风险资本家纷纷投资新的太空相关企业，致力于开发太空相关产品，其目标客户并非仅仅瞄准政府。与传统航空航天企业相比，这些新太空参与者采用了不同思路与不同的商业模式，而传统航空航天企业则与军工复合体有着千丝万缕的联系。这些新企业能够提供什么？它们需要具备哪些条件才能取得成功？这些新企业对美军“控制”和“支配”太空的愿望具有何种意义？这些都是未来政策制定和实施战略需要考虑的重要因素。

成功制定空间活动全球规范对未来同样具有重要意义。中国和俄罗斯要求签订条约的呼吁被美国以冠冕堂皇的理由加以拒绝，与之针锋相对的是，俄罗斯同样阻止了通过联合国制定太空指导方针

⑦ Robert Jervis，“安全困境下的合作”，《世界政治季刊》，第30卷第2期，1978年1月，第167－214页；见174－175页。

的努力，这被视为是在更大的地缘政治棋盘上反对西方，尤其是反对美国的行动。过去五年间，通过联合国制定太空规范以提高太空稳定性的努力一直举步维艰，直到2015年年底才看到隧道尽头的曙光。但随后，俄罗斯在2016年2月以“搅局者”的身份插手进来，提出了复杂而难以理解的实质性和程序性要求，令这一进程暂时受阻。然而，为维护太空稳定，需要制定广为接受的规范逐渐成为国际共识。令人欣慰的是，2016年6月这一进程再次启动。毕竟，毫无规范的丛林法则对任何人都没有好处，尤其是美国，因为美国拥有更多太空资产、也更为依赖太空资产。

最后，在借鉴历史经验教训的基础上，第七章提出了一项向前推进策略，以增进合作而非升级事态⑧。此举旨在鼓励美国采取全面战略克制方式应对太空安全问题，而不是夸夸其谈、适得其反且不具技术可行性的方式。

显然本书提出的观点目前在美国并未得到广为认同，然而，包括美国在内的国际社会都需要继续进行这种讨论和辩论。此外，美国、俄罗斯、中国、印度等国以及私营部门和其他方面的太空政策和行动都必须充分考虑太空稳定这一因素。本书旨在帮助人们了解这些问题并引发相关讨论。随着新一届政府2017年入住白宫，这是改变政策走向的良好契机，就像2009年一样。

未来展望

在美国，人们日益倾向于用军事手段应对诸多太空的挑战。这种方式对太空环境的稳定性和可持续性构成了威胁。美国以前也走过类似弯路。2009年新政府上台之际就太空政策问题的辩论与2016年有着惊人的相似之处。在2009年太空政策处于十字路口，2016年又到了一个新的十字路口。奥巴马政府最初确实改变了政策走向，从小布什政府的民族主义、以军事为中心转向更加重视合作和商业

⑧ Lyle Goldstein，《与中国妥协》，乔治敦大学出版社，华盛顿，2015年。

化。具体而言，本届政府将美国从小布什时代的唯我独尊政策退回到太空战略克制的传统，并将这一政策维持到2013年。

在战略克制政策下，奥巴马政府着眼于美国既定太空政策目标，并制定了一系列切实可行的手段以实现这些目标。与前任政府“控制”和“主宰”太空的激烈言辞相比，奥巴马政府发言辞有所缓和。不可否认的是，与某些思路相比，有些思路更有力，也更为成功。然而，技术发展及其制约因素始终是战略的重要组成部分。1998年朝鲜大浦洞导弹的发射引发了美国太空政策的巨大变化，这种变化一直持续到2009年。无独有偶，2013年5月，某国亚轨道发射几乎到达地球同步轨道这一现实再次引发了美国太空政策的调整。

在2013年某国进行太空发射之后，五角大楼进行了一次秘密的战略太空问题组合评估，导致政策再次发生巨大变化，放弃了战略克制政策，把发展进攻性反太空能力和使用这些能力作为战略重点，包括进行预防性打击。主宰太空的思路再次回归，再次出现太空战争不可避免以及必须为此做好准备等激烈言辞。与可能丧失的能力相比，太空战将付出巨大代价，还有很高的升级风险的可能性。因此，随着2017年新一届政府走马上任，当务之急是思考如何真正最大限度地增加实现美国既定太空目标的机会，同时将风险降至最低。但鉴于冷战后与9·11事件后美国政治文化所导致的太空政策决策背景，实现上述设想并非易事。

从许多方面看，20世纪90年代单极世界的十年并没有给美国带来好处。政治分析家沃尔特·拉塞尔·米德（Walter Russell Mead）将其描述为“两党自恋和狂妄的时代”⑨，在此期间，美国将自己视为一个仁慈的霸主，陶醉于以喜极而泣的祝福声（而不是毁灭地球的爆炸声）结束了冷战。自由民主战胜了共产主义，有人著书立说，为历史的终结而欢呼雀跃⑩。意识形态之战似乎已经决出胜负。然

⑨ Walter Russell Mead，《权力、恐怖、和平与战争》，Knopf出版社，纽约，2004年，第4页。

⑩ Francis Fukuyama，《历史的终结》，自由出版社，1992年。

而，在全球部分地区，尤其是中东地区，激进的意识形态却正在酝酿，有人早有预见[11]，但美国却对此置若罔闻[12]。作为唯一霸主，美国很难割舍这一地位，即使环境发生了变化，使其无法维持这一状态。

美国相对短暂的历史充满了奇迹。从争取独立的斗争以及随之而来经济和地理版图的扩张（尽管存在阴暗面），到保护个人自由，乃至象征为移民提供避难所的自由女神像，美国有意愿和能力完成非凡壮举，包括首次将人类送上月球并安全返回地球，美国人早已心安理得地将自己视为“天选之人”。这种心理优越感与20世纪90年代政治单极化相互作用，形成自恋和傲慢的心态或许并不令人感到意外。

很多人将那些年称为后冷战时代，这个名称比较贴切。但正如1999年托马斯·弗里德曼（Thomas Friedman）在其《雷克萨斯和橄榄树》[13]（*The Lexus and the Olive Tree*）一书中指出，世界正迈向全球化，这是“另一件大事”。全球化有望实现财富全面增长并赋予个人更大能力。一些国家成为全球化大潮中的赢家，而有些国家则几乎被拒之门外。2001年，高盛分析师吉姆·奥尼尔（Jim O’Neill）将巴西、俄罗斯、印度和中国称为“金砖四国”，预测四国到2025年，将从当时仅占世界经济的8%增长到与G6平起平坐[14]。虽然2007—2008年的全球金融危机和试图维持高增长率的现实形成了矛盾（高盛在2015年关闭了金砖四国基金），但重要的是，20世纪90

---

⑪　Samuel Huntington，《文明的冲突与世界秩序的反思》，西蒙与舒斯特出版公司，伦敦，1996年。

⑫　Andrew J. Bacevich，《权力的极限：美国例外论的终结》，亨利·霍尔特公司，纽约，2009年。

⑬　Thomas Friedman，《雷克萨斯和橄榄树》，法勒、斯特劳斯和吉鲁出版社，1999年。

⑭　Jim O’Neill，《构建更好的全球经济金砖四国》，全球经济论文第66期，高盛，2001年11月30日。www. GoldmanSachs. com/our - thinking/archive/archive - pdf/build - better - BRICS. pdf。

年代的单极世界已经不复存在。世界已经发生了变化，而美国却一直不肯承认这点。

甚至在单极世界出现之前，美国和俄罗斯就主宰了太空。多年来，许多国家需要借助美国的能力才能实现太空发射。后来，美国轻松赢得了与苏联的登月竞赛，加剧了美国早已膨胀的“控制”太空的感觉。随着苏联的解体，苏联的大部分太空计划被大幅削减甚至取消，或者并入美国计划，尤其是国际空间站（ISS）。在地缘政治上美国处于主导地位，在太空能力方面也不例外。但是，作为全球化的一部分，人们逐渐认识到太空资产对地球生活的各个方面均具有极大的价值，从军队“信息化”，到潜在价值达数万亿美元的商业太空采矿，每个国家都想分享这些利益。然而，目前美国的做法不是试图把握这种本质变化，从而最大程度地实现自身利益，而是试图让时间倒流。作为当前全球首屈一指的航天大国，美国的太空政策必然会对其他国家的类似政策带来影响。

对太空的国际责任

将太空环境未来的不确定性完全归咎于美国有失公允，也是完全错误的。维持稳定的太空环境是所有国家的利益所在，也能为各国带来广泛的利益。太空是所有国家都能依赖也是必须依赖的共同财富。为促进太空资产的利用，所有国家都认识到稳定的必要性。

中国的航天梦可以追溯到明朝的传奇人物万户，中国拥有雄心勃勃的太空计划，这与中国的经济发展、太空探索、地缘战略和军事现代化紧密相关。中国航天活动方面的不透明性也使人们难以了解其具体意图。因此，必然导致人们心生疑问，质疑中国太空与陆地政策究竟是出于和平意图还是敌对意图。

在经历了后苏联时代的国内和全球停滞（包括太空领域）后，俄罗斯现在又卷土重来。虽然在联合国的太空外交活动中，俄罗斯不时扮演阻挠者的角色，并令其在轨航天器进行挑衅性机动⑮，但俄罗斯断然否认了外界的批评。俄罗斯的外交政策体现了普京总统对西方酸溜溜的看法。然而，国际空间站现在依然是由俄罗斯和美国的任务控制站操控，俄罗斯也在不断地向国际空间站提供转运服务，除了口头交锋之外，似乎并未受到地缘政治的影响。

印度的太空计划从主要关注国内发展已经演变为对太空探索和军事能力的关注。基于地缘战略的考虑，在过去十年间大大扩充了其民用和军事太空计划。印度的火星飞船于2014年抵达火星，其科学成就得到了世界充分肯定，并使印度成为继中国之后亚洲第二大航天国家。这种声望与地缘政治息息相关，因此具有举足轻重的意义。

欧洲国家正在考虑发展更具自主性的军事空间能力。他们不想依赖美国，因为在攸关欧洲安全问题方面（如卫星图像），有些欧洲国家认为美国过于“吝啬”。事实上，针对欧洲联合空间活动问题，与空洞的愿景相比，协商一致的决策机制往往使后续行动举步维艰，在某些情况下，迫使欧洲国家需要单独行动。例如，在巴黎遭遇袭击后⑯反恐拨款压力倍增的情况下，2016年法国仍大幅增加了军事太空预算，情报、监视和侦察成为拨款重点。

日本重新定义了其宪法允许的太空活动范围，日本太空活动曾经仅限于和平用途，“和平”被狭义地定义为“非军事”。多年来，日本一直利用两用技术的模糊性，发展可用于军事目的的民用太空技术，但在2009年，日本将“和平”重新解释为“非侵略性”。此后，日本防卫省对一系列用于国家安全目的的天基能力表示了兴趣，并在这方面与美国密切合作，尤其侧重于太空态势感知和天基海洋

---

⑮ Mike Gruss，“操纵俄罗斯航天器引起了所有人的注意”，《太空新闻》，2015年7月17日。http：//spacenews. com/manipulation－Russian－satellite－has－everyones－attention/。

⑯ Peter B. de Selding，“新太空计划增加情况下的国防预算”，《太空新闻》，2015年11月19日。http：//spacenews. com/Paris－attacks－pressure－French－defense－budget－as－new－space－programs－ramp－up/

监视。特别是日本与美国在弹道导弹防御技术方面的合作引发了争议，因为这类技术有可能被用作进攻性反卫武器⑰。

无一例外，世界上所有国家都十分关注太空利用，即使只是通过太空资产传递信息的“用户”。没有任何国家认为可以舍弃太空资产提供的广泛利益。西方国家对朝鲜和伊朗等国的太空活动感到担忧，但这些国家往往以“只许州官放火，不许百姓点灯”态度行事，美国尤其如此。在一个全球化的世界，航天工业亦已全球化，试图拒绝一个国家、企业或个人发展太空技术是一厢情愿的事情。

鉴于越来越多的各类实体（包括政府和非政府实体）参与航天活动，太空环境正变得更加复杂。随着技术的进步，美国已经无法“控制”太空（美国是否曾真正拥有这种能力也备受争议）。太空碎片、无线电频率使用、太空资产、新的产权问题等挑战层出不穷。然而，这些挑战都不需要或无法通过军事手段有效加以应对。太空环境的复杂性意味着，为应对太空挑战和实现太空目标，必须综合利用国家力量工具。美国必须起到带头作用。政策“微调”也许已经不够，一场范式转变正在有序进行。

---

⑰ Saadia M. Pekkanen，“美日军事空间联盟承诺以‘新方式’实现增长”，《福布斯》，2015年10月27日。www. Forbes. com/sites/saadimpekkanen/2015/10/27/u－s－Japan－military－space－alliance－promises－to－grow－in－new－ways/#3a39457241F9。

致谢

30多年来，笔者一直在观察、研究、撰写和谈论太空问题，并有幸成为这种学术专业团队的一员。也许是因为太空问题固有的国际性和跨学科性质，从技术怪才到政策专家，在很大程度上，需要太空专业人员共同努力完善知识和文献。在很多问题上，人们的观点和研究具有很大差异性，但每个人的观点都得到了彼此尊重。

在本书撰写过程中，航天界的许多同仁给予了笔者巨大帮助和鼓励，对此表示由衷的感谢。我曾请求大卫·芬克勒曼（David Finkleman）博士阅读了本书的多个章节，以便借助他的技术专长以及长期在太空相关领域的军旅和政府服务经验，使本书中对相关技术问题的论述具有专业性。作为一名政策专家，芬克勒曼博士在这方面提供了巨大帮助，并提供了宝贵意见。安全世界基金会（SWF）主席兼联合创始人辛达·阿森诺（Cynda Arsenault）和马里兰大学国际与安全研究中心高级研究员特丽莎·希钦斯（Theresa Hitchens）也阅读了本书多个章节并给出了反馈。笔者有幸在安全世界基金会咨询委员会任职两届，非常尊重和赞赏辛达·阿森诺的视野和安全世界基金会专业人员所做的实质性工作。笔者也十分高兴与特丽莎·希钦斯在另一个太空战略项目上曾共同工作，在此期间，笔者开始动笔撰写此书。这个项目催生了笔者很多想法，并最终帮助笔者形成了结论，对此笔者充满感激。安德鲁·迪特莫（Andrew Dittmer）指挥官是2015—2016年我在海军战争学院教过的学生。当我询问谁拥有太空从业经验时，他勇敢地举起了手，并为此付出了很多的精力。在我日程产生冲突时，安迪在一次会议上代笔者进行了精彩的发言。此外，他也阅读了本书大部分内容，并给出了许多宝贵意见。轨道ATK公司的吉姆·阿穆尔（Jim Armor）和维珍银河公司的里奇·达尔贝洛（Rich DalBello）耐心阅读了本书关于商业航天和新太空的章节，并给出了意见。大卫·肯德尔（David Kendall）借助其在加拿大航天局和联合国和平利用外层空间委员会的长期经验，对多边太空活动提出了深刻见解。

笔者还要感谢海军战争学院提供的学术支持，使笔者有机会参与政策辩论，并参与了重要政策问题方面的国内和国际对话，这令我们教职员工受益匪浅。海军战争学院的学生也对教员的研究工作充满关注与兴趣，并乐于分享各种个人见解，他们的实际经验也为完善本书的观点提供了帮助。

最后，我要感谢我的家人和朋友，他们的耐心和宽容才使本书得以问世，有时笔者过于“专注”写作，而忽略了周围许多人。

显而易见，本书的撰写得到了太多的支持、鼓励和帮助，对此笔者深表感激。同时，笔者在此声明，笔者对本书的内容、结论和缺陷负全部责任。书中的观点仅代表笔者个人，不代表海军战争学院、国防部或美国政府的观点。

目　录

第一章 保护太空资产

不幸的是，进取型领导者往往是能接受风险的乐天派。

——福雷斯特·摩根①

“如果你不在乎去哪里，那走哪条路都没有关系。”在刘易斯·卡罗尔（Lewis Carroll）的《爱丽丝梦游仙境》② 中，柴郡猫向爱丽丝说过这样的话。然而，从理论上讲，政策制定者和战略家向来关注他们要去哪里，所以能够在工作中时刻牢记要实现的目标，在此过程中，政策制定者制定目标，而战略家则负责制定实现上述目标的计划。在太空问题上，特别是美国的太空安全政策，保护太空资产多年来一直是政策制定者及战略家追求的目标。大量研究都不约而同地将实现美国太空目标所需完成的工作视为重点，充分利用美国力量的所有要素成为人们的基本共识。

保护太空环境和美国在轨太空资产具有重要意义，美国政府不同部门从多个层面反复思考战略目标及手段问题。美国近些年来的最新太空战略包括：2010 年和 2015 年发表的《国家安全战略》、

① Forrest Morgan，《太空威慑和先发制人：初步评估》，兰德公司，加州圣莫尼卡，2010 年出版，第 28 页。

② 1865 年由麦克米伦出版社首次出版。

2010 年《国家太空政策》、2010 年《四年一度防务评估》，以及 2011 年《国家安全太空战略》③。2015 年《国家安全战略》的指导方针简述如下：

> 世界通过网络、太空、天空和海洋等共享空间连接在一起，实现了人员、商品、服务和思想的自由流动。这些共享空间是全球经济和公民社会的动脉，由于竞争的加剧和挑衅行为的出现，太空使用权正面临风险。因此，我们应继续推动负责任行为的规则，同时确保美国有能力访问这些共享空间④。

《国家太空政策》重申了这些总体思路与目标："美国认为可持续性、稳定性、自由进入和使用太空攸关美国的国家利益"⑤。《国家安全太空战略》也重申了上述目标，并补充了与安全更直接相关的目标。尽管这些政府太空文件认为，太空环境越来越"拥挤、对抗、充满竞争"，但《国家安全太空战略》也认识到与所有航天国家合作的重要性，因为太空的本质是"任何国家都不拥有、但所有国家都依赖的公域"⑥。具体而言，由于美国并不拥有太空，所以"与负责任的国家、国际组织和商业公司合作"⑦，寻求"所有太空国家之间的共同点"⑧，保持稳定并解决与所有国家相关的问

③ 美国国防部和国家情报总监办公室，《国家安全太空战略：非机密摘要》，2011 年 1 月。http：//archive. defense. gov/home/features/2011/0111_ nsss/docs/NationalSecuritySpaceStrategyUnclassifiedSummary_ Jan2011. pdf

④ 白宫，《国家安全战略》，2015 年 2 月，第 12 页。https：//www. whitehouse. gov/sites/default/files/docs/2015_ national_ security_ strategy. pdf。

⑤ 白宫，《国家太空政策》，2010 年 6 月 28 日，第 3 页。https：//www. whitehouse. gov/sites/default/files/national_ space_ policy_ 6－28－10. pdf。

⑥ 《国家安全太空战略》，第 i 页。

⑦ 同上，第 8 页。

⑧ 同上，第 5 页。

题，就变得极为重要。人们想象中的拥挤、对抗、充满竞争的太空环境既带来了挑战，也带来了机遇，前提是，维持这种环境符合所有航天国家的自身利益。

基于人们对太空环境的现有认识，《国家安全太空战略》给出了如下安全目标：

> ● 加强太空安全与稳定；
>
> ● 保持和加强美国在太空方面的国家安全战略优势；
>
> ● 激发航天工业基地的活力，为美国国家安全提供支持⑨。

《国家安全太空战略》明确指出了实现这些目标的如下手段：

> 《国家安全太空战略》要求利用国家各种力量，实现美国在太空领域的领导作用。美国将采取一系列配套战略方针，以实现国家安全太空目标：
>
> ● 促进以负责任、和平和安全的方式利用太空；
>
> ● 提供更好的美国太空能力；
>
> ● 与负责任的国家、国际组织和商业公司建立伙伴关系；
>
> ● 防止与慑止对攸关美国国家安全的太空基础设施的攻击；
>
> ● 做好战胜攻击行为的准备，并能在恶化的环境下开展行动（补充重点）⑩。

最后两条包括发展能够“慑止、抵御和战胜侵略”的军事能力，

⑨《国家安全太空战略》，第4页。

⑩ 同上，第5页（斜体字为新增）。

这一内容摘自2010年《四年一度防务评估》，并被纳入《国家安全战略》[11]。由于太空的特征长期保持不变，这可被视为美国的长期太空目标。因此，研究人员和战略家需要解决的重要问题便成为如何最优地实现这些目标。

2008年，在为外交关系委员会进行的一项研究中，布鲁斯·麦克唐纳（Bruce MacDonald）指出，“很显然，某些目标符合美国的利益……防止太空冲突应作为美国的主要安全目标，……为实现这一目标，美国应利用所有力量手段，而非仅仅是军事手段”[12]。同样，美国空军学院艾森豪威尔太空与国防研究中心的罗杰·哈里森（Roger Harrison）大使、德隆·杰克逊（Deron Jackson）和柯林斯·沙克尔福德（Collins Shackelford）在2009年进行了一项关于太空威慑问题的研究。该研究的前提假设是，美国“建立了一个严重依赖卫星的军事结构，却没有对其太空系统的生存能力进行相应改进，从而为非对称、先发制人的攻击提供了一个典型的机会”。为此，他们提出如下问题：“如何实现威慑战略，从而令潜在的敌方相信，这类攻击将得不偿失？[13]”换言之，如何防止太空战争？为回答上述问题，他们建议采用四级“分层法”[14] 来应对太空威慑的挑战，包括建立国际规范、形成利益共同体、报复和拒止。值得注意的是，前两个层级侧重于美国外交和经济力量，而非军事手段。

2010年，在兰德公司的一项研究中，福里斯特·摩根提出了一项太空威慑战略，旨在通过解决潜在对手的利弊决策算计来保护美

---

⑪ 《国家安全太空战略》，第10页。

⑫ Bruce W. MacDonald，《太空武器和美国安全》，外交关系委员会专题报告第38期，纽约，2008年9月，第10页。

⑬ Roger G. Harrison，Deron R. Jackson 和 Collins G. Shackelford，《太空与国防》日报，第三卷第一期“太空威慑：风险微妙制衡”，2009年夏，参见第1－30页中第1页。

⑭ 同上，第18页。

国的太空资产。虽然该战略谴责在太空使用武力，但也清楚地表明，美国将按照自己选择的方式、时间和地点严厉惩罚对美国及其盟友太空系统的任何攻击，即通过惩罚实现威慑。但是，该战略特别重申了实现太空稳定这一根本利益，并论述了实现这一政策目标的方式：

> 相关政策包括外交干预、条约谈判和其他建立互信的措施，既是为了达到稳定性效果，也是为了展示美国的领导力，将美国塑造为一个负责任的全球大国，并具有通过美国力量保护所有航天国家利益的道德权威⑮。

美国的太空政策在道德权威方面也至关重要。如果美国期望其他国家在太空领域听从自己的领导，美国必须在致力于太空稳定性方面占据道德制高点。除通过惩罚实现威慑之外，该战略还讨论了通过拒止实现威慑的重要性。换句话说，只能通过不同措施促进太空的稳定性，而不存在一味灵丹妙药。

然而，问题就在于此。虽然这些文件和研究再三强调，利用美国的各种力量是有效应对太空安全问题的必要手段，但在实践中，人们越来越青睐于军事手段，具体而言是通过惩罚实现威慑，最好能使其他国家言听计从，而更为现实的方式是排除或弱化其他国家。过于强调军事手段反而令美国处于不利地位。

人们通常认为美国拥有外交、信息、军事和经济等权力工具，然而，特别是自9·11 事件以来，美国主要仰仗“军事”手段。安德鲁·巴切维奇（Andrew Bacevich）在其《美国新军国主义》一书中指出，美国在其所利用的权力工具中，军事手段比重日渐

⑮ Morgan，《太空威慑和先发制人》，第16页。

增大。

过去，美国政策制定者认为，只有在外交失败（或至少假装外交失败）的情况下才会使用武力。用副总统迪克·切尼的话说，在我们这个时代，人们最终认为，武力“能够更有效地推动外交……”。然而，政策制定者们越来越将胁迫视为一种万能工具[16]。

肖恩·凯[17]（Sean Kay）、史蒂文·西蒙（Steven Simon）和乔纳森·史蒂文森[18]（Jonathan Stevenson）等研究人员认为，与小布什政府时期相比，奥巴马试图让美国回到更传统的现实主义、不干涉主义立场。在一些政策领域，奥巴马政府不顾大量的批评声音，坚定地致力于回到综合使用政策工具的立场，例如与古巴关系正常化、与伊朗谈判核协议。然而，不论过去还是现在，在太空政策制定方面，都是由热衷于用军事手段解决所有问题的人所主导。

太空稳定性

实现太空稳定符合美国的基本国家安全利益[19]。太空稳定环境是持续利用太空的前提。安全世界基金会（SWF）将太空可持续性定义为“全人类为和平目的和社会经济发展目标继续长期利用外层空间的能力”[20]。忧思科学家联盟发表的一份报告指出，“美国高度重视确保太空环境的可持续性、保障卫星安全，以及加强太空与地面

---

⑯ Andrew J. Bacevich，《美国新军国主义》，牛津大学出版社，纽约，2013 年，第 19 页。

⑰ Sean Kay，《美国寻求安全：理想主义的胜利与现实主义的回归》，Rowman and Littlefield 出版社，马里兰州兰哈姆，2014 年。

⑱ Steven Simon 与 Jonathan Stevenson，《外交事务》，第 94 卷第 6 期，“美国和平的终结”，2015 年，第 2－10 页。

⑲ Morgan，《太空威慑和先发制人》，第 ix 页。

⑳ “太空可持续性”，安全世界基金会。http：//swfound. org/our－focus/space－sustainability/。

的稳定性”[21]。然而，可持续性只是一个概念，或者说是抽象概念。不同于物理定律，可持续性等抽象概念有着许多不同的定义。虽然抽象概念有助于描述事物的总体特征，但容易引起混淆和歧义，例如定义不正确，这都需要完善或进一步阐明。太空政策充满了抽象概念。

例如，为了细化概念，研究人员对“先发制人稳定性”与“危机稳定性”两个概念之间的差异进行了研究。先发制人稳定性是指核威慑的结构动态。查尔斯·格拉瑟（Charles Glaser）将危机稳定性描述为“在危机中，各国不采取先发制人的动机有多少，也就是说，不去为了击败敌人的攻击而先发制人”[22]。兰德公司在 1989 年研究了战略防御倡议（SDI）对危机稳定性的影响[23]。研究发现，如果对手认为自己的进攻性战略力量受到了威胁，不稳定性将会增加。

关于可持续性问题，保持稳定性被视为拥有利用太空能力的前提；因此，与其说将可持续性本身视为一个目标，不如说稳定性才是最终目标。根据这一观点，可持续性是实现太空利用能力的源泉。在任何情况下，可持续性都离不开稳定性；各国民众都依赖卫星，所以维护卫星的太空运行环境是当务之急，也是美国国家安全的根本利益。

全球定位系统（GPS）导航卫星如同互联网一样，已成为全球性公共设施。全球定位系统卫星不仅能让司机找到从 A 点到 B 点的路，还能精确传输授时信号，提供必要的通信服务，从而使司机能

---

[21] Laura Grego 和 David Wright，《保卫天空：美国为提高太空安全性和可持续性应采取的十个步骤》，忧思科学家联盟，马萨诸塞州剑桥市，2010 年 11 月，第 1 页。

[22] Charles Glaser，《战略核政策分析》，普林斯顿大学出版社，新泽西州普林斯顿，1990 年，第 45 页，引用于摩根的《太空威慑和先发制人》，第 1－2 页。

[23] Dean Wilkening、Kenneth Watman、Michel Kennedy 和 Richard Darilek，《战略防御与危机稳定》，兰德公司，加州圣莫尼卡，1989 年。https：//www. rand. org/content/dam/rand/pubs/notes/2005/N2511. pdf。

在加油站使用信用卡购买汽油，也能使游客通过自动取款机在异地提取现金。事实上，全球定位系统卫星催生了全球银行系统。此外，卡车运输企业、出租车服务公司、快递企业、公用事业，以及其他高度依赖运输的行业，全球定位系统是其商业模式的重要支撑，使用全球定位系统跟踪其资产，全面提升整体生产力水平，包括改善燃油效率和综合生产率。随着全球定位系统的出现，跨洋客机航道可以更加密集，提高了效率和安全性。一个名为“蓝军追踪系统”的军事项目利用全球定位系统，使美军能够识别远处的部队或车辆是敌是友。全球定位系统只是提供地面服务的众多太空资产示例之一（全球定位系统是一个卫星星座）。

通信、气象、地球观测、科学、情报和军事卫星也在绕地球运行。这些卫星能够跟踪对人口密集地区构成威胁的风暴、操作无人机、为农民提供信息从而使作物轮作实现最大收益，此外，还能在人们难以进入的叙利亚等地执行全天候监视等众多任务。截至 2015 年 12 月 31 日，全球共有 1381 颗在轨卫星，美国拥有的最多，568 颗，其次是俄罗斯，有 133 颗，中国拥有 177 颗，其他国家共有 503 颗㉔。显然，美国是能够利用太空环境促进信息技术发展的最大受益国，这种信息技术已成为日常生活以及国家安全不可或缺的因素。太空企业理事会和马歇尔研究所在 2008 年发起了一系列活动，充分展示了“没有太空的一天”带来的负面影响㉕。关于太空安全的一个重要共识是，太空资产具有全球性价值。

因此，必须维护太空环境的稳定性。正如海顿将军所言，几种

㉔ 忧思科学家联盟，基于南加州大学卫星数据库。www. ucsusa. org/nuclear - weapons/space - weapons/satellite - database. html#. VjOBb4QbDqO。

㉕ Jeff Kueter，“没有太空的一天”，国家太空信息安全指导委员会空间信息安全研讨会发言，乔治·马歇尔研究所，2011 年 10 月 25 日。http：//marshall. org/wp - content/uploads/2013/09/1022. pdf。

不同方式都会危及太空环境的稳定性，包括人为威胁。尼尔·德格拉斯·泰森（Neil deGrasse Tyson）等科学家曾对电影《地心引力》缺乏技术方面的精确性提出批评㉖。但除了影片的娱乐价值之外，这部电影确实提高了公众对太空碎片这一现实问题的认知水平，至少增加了人们对太空碎片的好奇心，人类在开启太空利用的60多年时间里，在太空留下了很多危险的垃圾，小到脱落的油漆，大到重达数吨的卫星体。然而，如何利用太空定期传输各种信息，通常并未引起公众的注意㉗。

人们并不指望全球定位系统的普通用户能够了解卫星保持在轨道上的轨道动力学原理，也不指望他们了解导航卫星运行的工程学原理，同样的道理，人们并不期待普通汽车司机能够了解内燃机，也不期待飞机乘客能了解空气动力学。但汽车司机确实需要了解一些基本知识，才能进行简单的机械维修、加油以及偶尔的更换轮胎和机油。但针对太空资产，情况有所不同，甚至立法者也不能掌握太空基础知识。美国国家海洋和大气管理局的一位气象学家在国会作证时表示，希望获得建造一颗新气象卫星的拨款，却被一位立法者告知，这并非重点事项，因为美国已经拥有了天气预报频道。与此同时，军队内部对太空的重要性缺乏认识，这令海顿将军备感失望，他讲述了自己与一名空军军官的谈话："我们当时谈到太空目前面临的威胁……他却说，这并不是什么大问题，因为如果无法利用

㉖ Angela Watercutter，"天体物理学家尼尔·德格拉斯·泰森在推特上核查《地心引力》"，连线杂志，2013年10月7日。www.wired.com/2013/10/neil-degrasse-tyson-gravity/。

㉗ Joan Johnson-Freese，"《地心引力》评论：这一切都是关于嗡嗡声"，《太空新闻》，2013年10月14日。http：//spacenews.com/37693gravity-its-all-about-the-buzz/。

太空，我们也可以使用无人机”[28]。连立法者和军方对太空资产的性质和重要性都缺乏基本了解，就不难理解公众在如何才能保护太空环境和太空资产这一问题上随波逐流的态度。人们往往忽视稳定的重要性，更难以发现现有计划与稳定目标的矛盾之处。然而，对于向来成本高昂的太空活动来说，公众的支持对获得持续投资至关重要。

从某种程度上说，保持稳定这一概念可追溯到冷战和核威慑时期。但是，冷战时期国际体系为两极格局，而如今却是多极化，无论美国政治家们是否希望或愿意向民众坦诚相告。坦诚相告意味着要承认美国的单极时代已经过去，美国再也无力支配或控制全球，更不用说主宰太空。世界日益趋向多极化，显然，虽然美国依然在很多方面名列前茅，但再也无法单方面强加其意志。然而，面对如此显而易见的事实，在政客的嘴里却扭曲为如下说辞：有人丢掉了美国的“领导力”，导致美国的“衰败”，只有自己所在的政党才能拯救美国。因此，对政客而言，不与握有选票的公众讨论这一会引起麻烦的现实才更保险。

卡特总统 1979 年关于能源政策的演讲被视为一场“信任危机”或“败笔”，造成的负面后果已成为参选政客的第一大教训。在石油危机最严重的时期，美国司机需在黎明前起床排队加油，这本身就让民众大为不满，卡特却不知深浅地告诉民众，要勒紧裤腰带，量入为出。他告诉民众，消费“并不能满足人们对生命意义的追求，如果生活失去了信心和目标，囤积货物也无法填补这一空虚”[29]。不

㉘ Gen. John E. Hyten，2015 年全国航天研讨会摘要，科罗拉多州斯普林斯，2015 年 4 月 13 日至 16 日。www. afspc. af. mil/About - Us/Leadership - Speeches/Speeches/Display/Article/731707/general - john - hyten - 2015 - space - symposium。

㉙ Andrew J. Bacevich，《权力的极限：美国例外主义的终结》，大都会出版社，纽约，2008 年，第 33 页。

出所料，其政治对手里根抓住了这一机会，他对美国民众信誓旦旦，他们不必也不该忍受不公，作为辛勤工作的美国人，理应收获相应回报，里根最终凭借这一说辞顺利入主白宫。对未来参加竞选的所有政客而言，教训十分简单，即永远不要对美国民众说他们不想听的话，因为美国民众已经将自己视为天选之人，将美国视为“天选之国”。根据例外主义者的历来观点，美国宪法自由和个人自由证明了美国的特殊性，甚至表明美国是身负特殊天命的国家㉚。他们认为美国能够做其他国家不能做或做不到的事情，例如阿波罗计划。在例外主义者看来，美国独占龙头地位仅仅算是差强人意，只有让其他国家难以望其项背才能心满意足。因此，美国民众厌恶多极化观点，在政治候选人例外主义言论的不断熏染下，美国民众近来更是将例外主义定义为应有权利㉛。

然而在某些领域，相比于政客们的含糊其词，情报机构更为直言不讳。在美国国家情报委员会发布的两份最新报告《全球趋势2025：转型的世界》和《全球趋势2030：变换的世界》中，均承认多极世界的确定性。国际专家举行的研讨会分析了《全球趋势2030》，相关结论如下：

> 对于美国未来的轻视态度，新兴大国表现得十分敏感。在研讨会的演讲和对话中，尤其是与相关地区的专家交谈时，“羞辱”和“尊重”等词汇反复出现。随着新兴大国力图提高在国际秩序中的影响力和认可度，这些国家很可能会与美国产生外交分歧。面对美国的“霸权主义”行为以及对别国的广泛干预，新兴

㉚ Walter Russell Mead，《特殊的天意：美国外交政策及其如何改变世界》，劳特利奇出版社，纽约，2002年。

㉛ Bacevich，《权力的极限》第一章“挥霍的危机”，第15－66页。

> 国家精英和民众的反抗意识愈发强烈。很多国家支持世界多极化的动机之一便是希望降低美国的主导地位。特别是在这些国家认为其国际地位受到威胁的情况下，维护和保护国家主权将被奉为该国的首要任务[32]。

虽然国际社会不希望也不赞同美国实行霸权主义，但对于引导未来的稳定性而言，由美国在多极世界体系中继续发挥领导作用将越发重要，因此美国必须充分理解、接受和处理国际体系规范，并从道德制高点出发加以践行。在处理争议（尤其是太空问题）时，美国必须放弃追求首要地位的行事原则。

主宰太空：老调重弹

在参谋长联席会议制定的美军《2010 年联合作战愿景》中，论述了军方对“何为足够的安全”的解释。其中讲到，“在 21 世纪，美国武装部队将重点谋求全谱优势”[33]。全谱优势指在各种战争形式中占据明确的主宰地位，区别于霸权或至高无上。主宰论与“控制”论和优势地位论相辅相成。

“太空控制”是美军四项太空任务之一，其他三项分别为太空力量增强、太空支持和太空力量运用。2002 年，参谋长联席会议对“太空控制”定义如下：

> 太空控制行动保证友军在太空的行动自由，同时根据指示剥夺敌军的行动自由，包括保护美国及其盟

㉜ 美国国家情报委员会，《全球趋势 2030：变换的世界》，美国国家情报委员会 2012－001，国家情报总监办公室，华盛顿特区，2012 年 12 月，第 102 页。www. dni. gov/nic/globaltrends。

㉝ 参谋长联席会议主席，《2010 年联合作战愿景》，参谋长联席会议办公室，华盛顿特区，第 2 页。www. dtic. mil/jv2010/jv2010. pdf。

> 友太空系统的各个方面，以及压制敌方太空系统。太空控制行动涵盖太空防御任务的各个方面，还包括友军的进攻与防御行动，并在事件影响太空行动时，获得并保持太空优势与态势感知㉞。

通过太空控制行动，美国基本可以在太空为所欲为，同时拒绝其他国家进入太空。

在2013年的一篇文章中，罗杰·哈里森解释了“太空控制”的吸引力和空洞承诺。

> 从政治角度而言，太空控制是一种强有力的学说，它符合美国的例外主义及其作为世界大国的国际使命，一直以来都是太空政策辩论的主题。撇开未建成的系统不谈，美国既无法将自身意志强加于强硬的太空对手，也很难找到志同道合的合作者或与既有伙伴达成一致，因此，美国所期望的太空控制始终无法成为现实，只能是虚张声势。但尽管无法付诸具体实践，太空控制概念依然是十分活跃的理论㉟。

虽然在2013年这篇文章问世时太空控制论无人问津，但此后不久，它又如凤凰涅槃般重新崛起。

多年来，即使在冷战最激烈的时期，美苏两国都一致认为“克制”是维护太空稳定性这一重大利益的最佳选择。整个“太空竞赛”时期，为了避免代价高昂、危险重重且两败俱伤的太空竞赛，

㉞ 参谋长联席会议，《空间行动联合理论》，联合出版物3－14，2002年8月9日，参谋长联席会议办公室，华盛顿特区，第9－10页。www. dtic. mil/doctrine/new_ pubs/jp3_14. pdf。

㉟ Roger G. Harrison，“剖析拥挤、对抗和充满竞争的太空”，Astropolitics期刊，第11卷第3期，2013年，参见第123－131页中第127－128页。

战略克制始终成为最得人心的政策，尤其包括限制太空军事行动、支持被动而非主动的军事系统。这些战略思想催生了1967年《外层空间条约》（OST），该条约涵盖了美苏两国均默认永久有效的克制协议，抑制了夸大渲染的军事威胁，同时也阻止了军方酝酿A－119等拙劣计划的意图（A－119计划是1958年美国空军设想在月球背面引爆核武器的计划，旨在彰显美国军事力量）[36]。但实践证明，在两极世界可行的战略，在单极世界和现在的多极世界更难施行。

甚至到1972年签署《反弹道导弹条约》之后，美苏两国仍奉行有条件的反卫武器技术克制政策，即一方的克制要以另一方的克制为前提[37]。但在克林顿时代及共和党“与美国的合同”中，克制政策开始面临挑战。冷战结束后，美国迎来了占据至高地位的单极时代，以维护美国和世界其他国家的利益为理由，开始强调维护美国霸权地位，并在小布什政府时期达到顶峰。

在小布什政府期间，太空主宰论十分盛行，“转型”与“变革”成为当时寻求国防部资助的每个军事项目的主题。转型即利用技术实现能力的飞跃，这是国防部长唐纳德·拉姆斯菲尔德的首选战争方式。从哈佛大学经济学家托马斯·谢林（Thomas Schelling）为罗伯塔·沃尔斯特特（Roberta Wohlstetter）的《珍珠港：预警与决策》撰写的序言可知，“转型”与拉姆斯菲尔德的“已知的已知”“未知的已知”和“未知的未知”哲学概念是相辅相成的。谢林在书中写道：“美国的计划总是倾向于将不切实际的事物当作未知事物……此外，美国还错误地忽视了一个事实，即具有强大威慑力的国家也可

㊱ Antony Barnett，“美国计划为全人类进行一次大型核爆炸”，《卫报》，2000年5月14日。https：//www. theguardian. com/science/2000/may/14/spaceexploration. theobserver。

㊲ Nancy Gallagher和John D. Steinbruner，《重新考虑空间安全规则》，美国艺术与科学院，马萨诸塞州剑桥市，2008年，第11页。

能成为众矢之的”[38]。因此，美国必须能够预料意外情况，并以极大的杀伤力和极快的速度予以回击。美国在伊拉克“震慑”行动中所用的转型能力展示了这种无可比拟的杀伤力和速度优势。据称，在这种转型能力的支撑下，美国足以维持“仁慈的霸权”地位，随心所欲地维护自身及他国利益[39]，不仅成为领导者，更能成为世界的支配者。太空资产为美军提供了关键的力量增强能力，显然美国必须主宰太空。

通过一系列空军文件以及其他文件，可以追溯优势地位论与太空控制论及相关政策的起源。2002 年 8 月，参谋长联席会议办公室发布的《太空作战联合条令》指出，“太空控制可以保证友军的太空行动自由，并在必要时击败妨碍或攻击美国及其盟友太空系统的敌方行动，并抑制敌方的太空能力”[40]。此后不久，美国空军制定了 2003 年《转型飞行计划》[41]。该计划充分解读了新的政治环境，涵盖实施轨道武器计划，其中包括被称为“上帝之杖”的超高速金属棒，它可以在不产生任何放射性物质的情况下将巨大的钨棒从太空撞向地球，产生堪比核武器的动能[42]。这一想法并不新奇，甚至并非美国空军原创。早在 20 世纪 50 年代，科幻作家杰瑞·波奈尔（Jerry Pournelle）在波音公司工作时就已将这一想法酝酿成型，并将其命名为“雷神”。正如他在 2006 年接受《纽约

[38] 引用于 Robert D. Kaplan，《拉姆斯菲尔德的正确之处》，《大西洋月刊》，2008 年 7 月/8 月。www. theatlantic. com/magazine/archive/2008/07/what - rumsfeld - got - right/306870/。

[39] Mike Moore，《暮光之战：美国愚蠢的太空霸权》，独立研究所，加州奥克兰，2008 年，第 2 章“全局优势”，第 21 - 40 页。

[40] 参谋长联席会议，《联合空间行动理论》，第 11 页。

[41] 美国空军，《飞行转型计划》，2003 年 11 月，美国空军，华盛顿特区。www. au. af. mil/au/awc/awcgate/af/af_ trans_ f lightpla. n_ nov03. pdf。

[42] 美国空军，《飞行转型计划》，2003 年 11 月，美国空军，华盛顿特区。www. au. af. mil/au/awc/awcgate/af/af_ trans_ f lightpla. n_ nov03. pdf，附件 D。

时报》采访时所解释的那样，“人们每隔一段时间就会重新发现这一概念”㊸。虽然空军确实密切关注对这一概念的发展研究，但当它在《大众科学》等出版物上引起广泛关注时，却对此矢口否认㊹。提到空军 2004 年《转型飞行计划》，太空研究员特丽莎·希钦斯及其同事指出：

> 美国空军官员将 2003 年《转型飞行计划》轻描淡写为一份“愿望清单”，但 2004 年《转型飞行计划》将此系列文件描述为“报告文件”，“尽管它并非关于空军行动的新政策指南或建议，但也反映了美国空军在基于能力的规划、项目和预算流程中，已制定和批准的决策、信息和倡议”。㊺

就目前所知，“上帝之杖”仍然只是概念上的武器，但美国空军依旧推进了太空武器计划。

《转型飞行计划》系列文件重点关注硬件发展。2004 年空军条令文件 2-2.1《太空对抗作战》增加了另一项重要内容，即如何使用以及在何处使用太空武器。文件指出，美国将寻求：

> 在太空域获得对另一部队一定程度的主宰权，使陆、海、空、天和特种作战相关部队在给定时间和给

㊸ Jonathan Shainin，“上帝之杖”，《纽约时报》杂志，2006 年 12 月 10 日。www.nytimes.com/2006/12/10/magazine/10section3a.t-9.html?_r=0。

㊹ Eric Adams，“上帝之杖”，《大众科学》，2004 年 6 月 1 日。www.popsci.com/scitech/article/2004-06/rods-god。

㊺ Theresa Hitchens、Michael Katz-Hyman 和 Jeffrey Lewis，“美国太空武器：大目标，小焦点”，《核不扩散评论》，第 13 卷第 1 期，2006 年 3 月，参考 35-56 页中第 37-28 页。https://www.nonproliferation.org/wp-content/uploa.ds/npr/131hitchens.pdf。引用美国空军《转型飞行计划》摘要，2004 年，第 10 页。

定地点开展行动，且不受敌方部队的阻碍性干扰[46]。

该定义与美国国防部对空中优势的定义极度相似："在空战中的支配程度，使一支部队能够在特定时间和地点开展行动，而不受到空中和导弹威胁的阻碍性干扰"[47]。尽管如此，借鉴空域经验获得太空主宰权十分困难。这是因为空战范围相对较小，时间较短，且指挥官易于了解局势变化和人员任务分配，但太空域的情况却与此截然不同。

2006年《国家太空政策》取消所有形式的克制政策，采纳军方的优越地位论与政策方向，但军方显然并不希望大肆宣扬这一转变。

> 在即将迎来"哥伦布日"三天小长假的周五下午，白宫科技政策办公室终于在有限范围内发布了有关新政策的综合文件，为美国的多项太空计划提供总体指导。几乎可以肯定的是，人们必将在这慵懒的周末将相关报道抛之脑后，新政策发布之初未掀起任何波澜。事实上，小布什总统于8月31日就已签署这份文件，但发布时间显然拖延了数个星期，并尽可能减少宣传，延续美国政府低调处理太空政策的做法，以避免过多的审查与争议[48]。

但这一新政策最终还是受到了美国甚至全世界的关注与审查。

小布什的支持者声称，2006年《国家太空政策》与1996年克

---

[46] 空军理论文件2－21《反太空作战》，2004年8月2日，美国空军，华盛顿特区，第55页。www. space－library. com/0408_ afdd2－2. 1. pdf。

[47] 美国国防部，《军事及相关术语词典》，联合出版物1－02，2016年2月15日修订，第10页。www. dtic. mil/doctrine/new_ pubs/jp1_ 02. pdf。

[48] Joan Johnson－Freese，《太空的野心：美国对主宰太空的追求》，宾夕法尼亚大学出版社，宾夕法尼亚州费城，2009年，第58－59页。

林顿政府出台的《国家太空政策》没有什么不同。例如，2006年的政策与1996年的政策都不赞同使用太空武器。但事实上两者之间存在一些很微妙的变化。1996年版本将民用项目放在第一位，其次是军事项目，而2006年的政策颠倒了二者顺序。小布什的《国家太空政策》不再强调军备控制，且几乎未提及国际合作[49]。如果说这些是每届政府都可能改变的政策优先级问题，那两版《国家太空政策》还存在一个最大区别，即基调差异。例如，1996年的《国家太空政策》指出，美国“拒绝对主权国家在太空获取数据的基本权利进行任何限制”，而2006年的《国家太空政策》指出，美国“拒绝对美国在太空开展活动和获取数据的基本权利进行任何限制”[50]。1996年版规定的所有主权国家共同享有的权利，在2006年版政策中变为仅针对美国一国。

到2014年，在军备控制方面再次出现2006年小布什政府执政期间的相似言论。2014年，负责军备控制、核查和合规事务的助理国务卿弗兰克·罗斯（Frank Rose）在声明中表示，如果太空军备控制协议“公平、可有效核查并能加强所有国家的安全”，美国将遵循该协议[51]。除这些堂而皇之的空话外，罗斯在2015年11月的讲话中表示，如果军备控制措施“公平、可有效核查，能够增强美国及其盟友的国家安全”，美国将考虑采纳这些措施[52]。作为美国太空政策

㊾ 参见《太空评论》“1996年和2006年《国家太空政策》文件的逐条比较”。www. thespacereview. com/archive/745a. pdf。

㊿ 同上。

51 Frank A. Rose，“美国将继续在确保太空长期安全和保障方面发挥领导作用”，美国驻日内瓦代表团，2014年6月10日（重点补充）。https：//geneva. usmission. gov/2014/06/10/u - s - will - continue - to - take - the - 1eadership - in - ensuring - the - long - term - safety - and - security - of - space/。

52 Frank A. Rose，“太空军备控制面临的挑战和务实的前进方向”，2015年11月30日在中国北京举行的第三届东盟地区论坛太空安全研讨会上的讲话（重点补充）。www. state. gov/t/avc/rls/2015/250231. htm。

中反复出现的一大要点，罗斯于2015年讲话中的措辞必然有一定的可信度。此次讲话还声称应由美国决定什么能加强他国安全。对此，其他国家甚至美国盟友都避之不及。

伦敦《泰晤士报》发表了一篇题为《美国想要一切——生命、宇宙和一切》的文章，总结了国际社会对2006年《国家太空政策》的看法。文章指出，美国2006年版政策不再将太空视为人类最后的边疆，而是据为美国“第51个州”，“小布什总统签署的新《国家太空政策》认为美国有权控制进入地球以外的太阳系的活动，这体现了美国荒谬的占有野心”[53]。在太空领域，美国盛行浮夸、强硬的言辞和优越地位论，与9·11事件后美国在其他领域发布的政策和战略颇为相似。

多年来，美国有时毫不遮掩对统治地位的渴望，有时则含糊其词地玩弄语言游戏，例如“进攻性反太空作战”。2004年，美国空军条令开始引入进攻性反太空作战的概念，详细说明了如何规划和执行对抗太空系统和卫星的进攻性与防御性行动[54]。进攻性反太空作战允许使用太空武器。此外，进攻性反太空作战不仅包括先发制人的行动，还包括预防性行动。

自19世纪提出“卡罗琳测试”以来，习惯国际法规定必须是在“刻不容缓、压倒一切、没有选择余地且没有时间考虑”的情况下，行使先发制人的自卫[55]。然而，预防性行动是指在短期内采取行动，

---

[53] Bronwen Maddox，“美国想要一切——生命、宇宙和一切”，《泰晤士报》，2006年10月19日。www. timesonline. co. uk/tto/opinion/columnists/bronwen ma. ddox/article20522770. ece。

[54] Theresa Hitchens，“美国空军反太空作战条令：回答与提出的问题”，《国防情报中心》，2004年10月3日。www. space4peace. org/articles/counter_ space_ doctrine. htm。

[55] Anthony Clark Arends，“国际法和先发制人地使用军事力量”，《华盛顿季刊》第26卷第2期，2003年春季，参考第89－103页中第91页，引用了韦伯斯特先生给阿什伯顿勋爵的信，1842年8月6日。www. diplomaticlawguide. com/Documents/03spring_ arend－l. pdf。

抵御长期的潜在威胁。换句话说，是在形成威胁之前将其扼杀在摇篮之中。由于太空技术具有军民两用的模糊性，以及在确定数百英里甚至数千英里外太空中发生的行动的责任时面临的距离障碍（the tyranny of distance），在判断、预测和应对他人活动方面，将存在很大的出错概率。考虑到上述因素，尽管进攻性反太空作战可能会声称采取先发制人的防御性行动[56]，但这些行动很可能是预防性的，也很可能伴随着意外、误解和误判情况。

含糊其词的语言加上太空技术的两用性，导致根据个人观点去解读时，要么很简单要么很费解。自2000年以来[57]，美国一直在测试端到端的导弹防御系统，并将此视为一种防御权。然而，导弹防御和反卫武器所需的能力几乎完全一致。虽然与导弹防御相比，反卫武器需要更高的动能和闭合率（closing rate），二者在物理学方面有所差异，但基本原理是相同的。20世纪80年代，美苏两国均开展了反卫武器测试并受到谴责。在当今世界，国际政治社会虽然接受导弹防御测试，却同样谴责反卫武器测试。因此，各国效仿美国，将反卫武器试验称作导弹防御试验，避免开展产生永久性轨道碎片的试验。如此一来，各国既能测试反卫武器能力，又能避免遭受政治谴责[58]。例如印度下定决心发展反卫武器能力。

2006年以来，印度一直在尝试导弹防御与反卫星拦截的结合[59]。受《核不扩散条约》遗留问题的影响，印度被排除在核地位之外。

---

[56] Joan Johnson－Freese，“不断升级的美中军事太空言论”，《中美聚焦》，2015年7月21日。www. china. usfocus/peace－security/esealing－u－s－sino－military－space－rhetoric/。

[57] “美国弹道导弹防御时间表：1945—2013年”，忧思科学家联盟，www. ucsusa. org/nuclear－weapons/us－missile－defense/missile－defense－timeline#bf－toc－2。

[58] Joan Johnson－Freese，“中国正在学习的空间计划”，《中美聚焦》，2013年7月12日。www. china. usfocus. com/peace－security/chinas－anti－satellite－program－theyre－learning/。

[59] Victoria Samson，“印度导弹防御/反卫星关系”，《太空评论》，2010年5月10日。www. thespacereview. com/article/1621/1。

印度似乎已下定决心，要在国际军控条款将各国再次划分为反卫武器拥有者和非拥有者之前，拥有反卫武器能力。中国于2010年开始进行“导弹防御”试验，并在2013年和2014年开展了进一步的“导弹防御”试验[60]。

在奥巴马政府执政时期，主宰太空的言论开始有所缓和，转变为采用更加克制的方法保护太空资产，继续研究和开发各类技术，并努力寻求推进双边和多边外交。这一时期的政策和行动也基本符合上述说辞。2012年，国务卿希拉里·克林顿宣布支持《国际太空行为准则》[61]，后来得到空军太空司令部司令威廉·谢尔顿（William Shelton）的认可[62]。

奥巴马政府不再固守太空资产的国家自主权，而是鼓励全球共同参与，通过共享关键太空能力保护美国太空资产。实际上，忽视全球化对太空安全的潜在积极影响早已被视为是目光短浅的表现[63]，但小布什政府基本完全无视这一观点。一定意义上讲，一个国家的卫星越是暴露在风险之中，该国就越能尽力消除一切风险。奥巴马政府接受并确实致力于至少在一段时间内采取克制、平衡的方法。

但军事和政策界部分人士仍在伺机追求主宰权与控制权。2013年5月，某国实施太空发射，并称其为科学任务，但美国认为其实

---

⑥⓪ Ting Shi，“中国四年来第三次导弹防御试验成功”，彭博新闻社，2014年7月24日。www. bloomberg. com/news/articles/2014 – 07 – 24/china – says – third – missile – defense – test – in – four – years – successful。

⑥① “外层空间活动国际行为准则”，美国国务院，2012年1月17日。www. state. gov/secretary/20092013clinton/rm/2012/01/180969. htm。

⑥② Sydney J. Freedberg, Jr.，“为什么美国国防部寻求国际太空‘行为准则’”，《打破防御》期刊，2012年3月22日。http：//breakingdefense. com/2012/03/safe – passage – why – the – pentagon – wants – an – international – code – of – c/。

⑥③ Simon P. Worden与Joan Johnson – Freese，“全球化太空安全”，《联合部队季刊》，2002—2003年冬季，第65 – 71页。

际上在进行反卫武器试验[64]。此后，优越地位论再次涌现，并最终改变政策方向。奥巴马总统也十分关注此次试验，他委任美国国家安全委员会（NSC）领导各机构共同努力，研究如何应对感知到的高度威胁环境。希钦斯对后续计划作出了如下解释：

> 2014 年夏，美国国防部秘密进行“太空组合审查”，研究了威胁、卫星生存能力以及卫星应对威胁的能力。国会于 2014 年年底通过《2015 财年国防授权法案》时也参与进来，命令国防部长和国家情报总监汇报“进攻性太空作战”在威慑和打击对美国航天器的威胁方面的作用，并授权拨款发展“进攻性太空控制和主动防御战略与能力”[65]。

在“太空组合审查”之后，美国政府和空军特别采取了一种俗称为“太空保护”的方法，并规定该方法仅用于确保国防部和情报界随时使用卫星[66]。美国国家安全委员会的太空政策主任奇拉格·帕里克（Chirag Parikh）将这一思维变化描述为“范式转换”[67]。自那时起，从国防部副部长鲍勃·沃克（Bob Work）[68] 到战略司令部

---

[64] Brian Weeden，“犹在镜中”，安全世界基金会，2014 年 3 月 17 日。http：//swfound. org/media/167224/through_ a_ glass_ darkly_ march2014. pdf；Za. chery Keck。“某国秘密测试一枚反卫星导弹”，《外交学者》，2014 年 3 月 19 日。

[65] Theresa Hitchens，“太空军事化的暂停按钮”，《美国航空航天》，2016 年 4 月，参见第 38 – 43 页中第 42 页。

[66] Mike Gruss，“更广泛太空保护战略的解体”，《太空新闻》，2015 年 4 月 26 日。http：//spacenews. com/disaggregation – giving – way – to – broader – space – protection – strategy/。

[67] Mike Gruss，“美国军事卫星研究的延迟将受限”，《太空新闻》，2015 年 5 月 7 日。http：//spacenews. com/delays – in – u – s – military – satellite – studies – could – be – limiting/。

[68] Colin Clark，“国防部副部长援引‘太空控制’：分析人士担心太空战升级”，《打破防御》期刊，2015 年 4 月 15 日。http：//breakingdefense. com/2015/04/depsecdef – work – invokes – space – control – analysts – fear – space – war – escaTation/。

（STRATCOM）司令海军上将塞西尔·哈尼（Cecil Haney）[69]，再到《六十分钟时事杂志》的海顿将军，这些国防官员均公开主张采取主宰性、强硬的方法保护太空资产。

此前担任奥巴马政府“太空外交官”的弗兰克·罗斯也愈发青睐更为强硬的太空政策，这从他在科罗拉多斯普林斯举行的2015年“太空基金会研讨会”上的发言中便可见一斑。罗斯在会上表示，“某国继续发展反卫武器，这仍是太空环境的重要挑战”。他提到美国太空政策旨在“威慑他国的干扰与攻击，保卫美国太空系统，帮助盟友防御太空系统，并在威慑失败的情况下进行反击”。最后这句“在威慑失败的情况下进行反击”就涉及“进攻性反太空作战”。他在演讲中还表示，“我们要与盟友及伙伴统一战线，继续公开指责中俄等国的破坏性行动”[70]。

如果说威慑是美国战略的重要组成部分，那战略信息和信号则更为重要。兰德公司2010年的研究报告解释了其中的原因。

> 虽然发展反太空计划与能力的确是明智之举，但公开表达主宰太空的意图并不能阻止他国攻击美国太空系统；相反，由于世界各国普遍重视太空战略环境的先发优势，因此反而容易促使潜在对手发展类似能力，并在发生危机时，为对手采取先发制人的行动提供了动机和理由。
>
> 要想更有利于阻止他国攻击美国太空系统，美国太空政策应当避免关于拒绝他国使用太空的挑衅言论，

---

[69] Jim Garamone，“Stratcom负责人：美国必须保持太空主导地位”，美国国防部，2015年2月6日。www. defense. gov/News - Article - View/Article/604064。

[70] Frank A. Rose引自Colin Clark，“美国就反卫武器向俄罗斯施压：太空控制支出增加两倍”，《打破防御》期刊，2015年4月16日。http：//breakingdefense. com/2015/04/space - control - spending - triples/。

并明确谴责向太空、从太空或在太空使用任何武力，除非是为了报复本国太空系统遭受的攻击[71]。

尽管在说服美国民众和国会增加预算时，虚张声势地对抗威胁会卓有成效，甚至是必要手段，但在成功阻止潜在对手危害美国利益方面，这种方法往往会适得其反。克制并不意味着停止发展反太空技术，而是将外交手段作为首选方案，同时也不放弃其他手段。共和党和民主党政府都曾采取过这种方法。

卡特总统和里根总统都曾采用双轨方法或对冲方法来缓解与武器系统相关的安全困境。20 世纪 70 年代，卡特总统采用双轨方法应对反卫武器威胁。一方面，他积极与苏联谈判反卫武器威胁问题，另一方面，为促成谈判或防止谈判失败，他同时也努力推动发展先进的空射反卫技术[72]。80 年代里根政府时期，北约也采取类似方法部署欧洲中程核力量。在欧洲部署陆射巡航导弹和“潘兴Ⅱ”导弹时，北约一边反对苏联部署 SS-20 导弹，一边寻求与苏联达成军控协议。这种双轨方法促成了美苏 1987 年《中程核力量条约》。

可以说美国目前正在采取类似的双轨或对冲方法处理反卫武器问题，即在发展进攻性反太空作战能力的同时，通过联合国寻求外交途径。然而，如果美国挥舞着“太空控制”和“美国主宰”的大旗，却不在外交工作中发挥领导作用，不仅无法彰显美国对外交目标的重视，还会造成覆水难收的影响。因为美国国内机构的这种行为不但不能促进外交进步，还可能导致战争爆发。

安德鲁·巴切维奇（Andrew Bacevich）指出了追求太空控制和主宰地位对军队的影响[73]。总体而言，主宰地位是进一步行动的基

---

[71] Morgan，《太空威慑和先发制人》，第 39 页。

[72] Michael Krepon 与 Christopher Clary，《太空保障与太空主导权的选择：反太空武器化的案例》，斯廷森中心，华盛顿特区，2003 年，第 6 页。

[73] Bacevich，《美国新军国主义》。

准。霸权地位只是最基本的要求，任何未能积极推动美国扩大与其他国家地位差距的行为，都将被视为阻碍行为。巴塞维奇提供的有关海上霸权和太空霸权的例子中，反映了这种态度的后果。

> 根据美国未来海军的一项典型研究分析，“在美国海岸线获取海上优势，并将优势延伸至远方战区，是保卫美国的必要条件”。当然，美国海军已然拥有毋庸置疑的全球优势，该研究的真正意义在于论证从根本上增强优势的紧迫性。撰写本报告的军官表示，只要资金充足，海军就能实现更大优势，“无论是海上、海下、陆地、空中、太空还是网络空间”，未来海军都能获得“压倒性的精确火力”“无处不在的监视”，以及“对机动区域的主导性控制”。本报告以及其他几乎所有报告均表明，获取远方战区的霸权地位是“防御”的先决条件，但却忽视了其中隐含的政治和战略问题。这种对军事主宰地位的追求也延伸至银河系。据一位高级国防官员表示，尽管美国“在太空能力方面享有许多优势”，但遗憾的是，“美国还不具备太空霸权优势，不能主宰太空”。外太空是美国必须控制的“终极高地”，他敦促应立即采取行动弥补这方面的不足。在军事力量方面，仅有优势还远远不够[74]。

寻求主宰权已成为军队的重中之重。

亚瑟·塞布罗夫斯基（Arthur Cebrowski）上将曾于 2001 年至 2005 年担任美国国防部部队转型办公室主任，他虽然同样追求主宰

---

[74] Bacevich，《美国新军国主义》，第 18 页。

权，但对主宰权需求的理解却与上述解释有所不同。塞布罗夫斯基认为，即使美国的太空军事能力远超所有国家，也不能过于自满。在下述《暮光之战：美国愚蠢的太空霸权》的摘录中，迈克·摩尔（Mike Moore）解释了塞布罗夫斯基的观点及其对该观点的看法。

> 塞布罗夫斯基认为，作为“唯一的超级大国”，（美国）必须“与自己竞争以避免停滞”。这一点值得深思。在军事能力建设方面，让一个国家秉持“与自己竞争”的原则是否是明智的建议？或许有人认为这堪称金玉良言，但也有人认为这将是加速国家衰亡的罪魁祸首[75]。

摩尔正确地指出，尤其是在资源受限的环境中，主宰地位的可行性仍是一项需要质疑的问题。

从经济、技术和政治角度而言，即使在最理想的情况下，全面、明确的主宰地位也不堪一击。在伊拉克或阿富汗战争中，公路上的简易爆炸装置便可以有效反抗世界上装备最好、最训练有素的战斗部队。在太空中，距离障碍、广阔的覆盖区和物理学问题都将影响主宰优势。然而，受利益驱使，即使违背物理定律，美国军工复合体及其所有组成部门仍然趋之若鹜，不断尝试研究不切实际的东西。因此，尽管投入的资金如同掉入了无底洞，但出于恐惧，美国民众仍然支持继续追求不可战胜的神话。

恐惧政治

美国《国家利益》杂志前总编辑罗伯特·戈兰-维莱拉（Robert Golan-Vilella）讲述了总统候选人奥巴马 2008 年在洛杉矶发表的演

[75] Moore，《暮光之战》，第 29 页。

讲。奥巴马称："我希望不仅只是结束战争，更希望结束让我们陷入这场战争的心态。"据奥巴马顾问解释，他所说的心态是指"恐惧政治"。戈兰-维莱拉将恐惧政治定义为"对威胁缺乏了解与判断能力。这种心态认为，任何对美国的潜在威胁都是'关键'或'特殊'威胁，因此面对威胁时，无论采取何种措施都是合理的"[76]。

尽管在奥巴马及其顾问看来，恐惧政治很大程度上是小布什政府针对9·11事件的反应措施，但操纵恐惧政治并非一种全新策略。美国开国元勋们互相指责对方的各种行为，包括谴责对方玩弄阴谋。两党候选人都成功地利用"恐惧"对付对手。在20世纪40年代末和50年代，共和党人指责杜鲁门政府失去了对某国的统治，称其对共产主义态度过于软弱。约瑟夫·麦卡锡甚至声称共产党人正在侵入美国关键机构。尽管知道事实并非如此，肯尼迪政府还是指责艾森豪威尔政府任由他国缩小与美国的导弹发展差距[77]。第二次世界大战期间对日裔美国公民的拘禁，以及冷战期间称苏联为"邪恶帝国"，这两次事件尽管目的不同，但都与恐惧相关。拘禁是为了回应公众的恐惧，而将苏联称为"邪恶帝国"则是为了政治利益制造公众恐惧。

塔夫茨大学教授迈克尔·格伦农（Michael Glennon）阐述了为政治利益制造公众恐惧的原因[78]。他在结论中讲到，美国实际上存在两种平行政府。第一种包括三个部门，即公民课程中所教授的行政、

---

[76] Robert Golan - Vilella，"为什么恐惧政治永远存在"，《国家利益》杂志，2014年10月29日。http：//nationalinterest. org/feature/the - politics - fear - will - never - go - away - 11556。

[77] Judy Woodruff在美国公共电视网新闻时刻采访Beverly Gage与Stephen Walt，"我们从过去的选举中得知的恐惧政治"，《美国公共电视网》，2016年1月26日。www. pbs. org/newshour/bb/what - past - elections - can - teach - us - about - fear - politics/。

[78] Michael Glennon，"国家安全与双重政府"，《哈佛国家安全杂志》，第5卷第1期，第114页，http：//harvardnsj. org/wp - content/uploads/2014/01/Glennon - Final. pdf。

立法和司法部门。第二种是由国家安全机构的官员网络组成、能够真正掌控实权的政府。这些官员“重视军事和情报安全，而非政治和外交安全”⑲。由于并不存在过多的安全问题，再加上追求太空主宰权只需一份政府合同，因此这些人为了保护自身权力基础而制造恐惧，避免被谴责未能预测威胁或不能应对所有感知到的威胁，从而免受9·11事件独立调查委员会或班加西袭击事件听证会的问责。当然同时也有另一层原因，即确保不断增加预算。

长期以来，美国太空领域的军事预算高于世界上所有其他国家的总和。2002年以来，美国国防部的太空活动预算始终超200亿美元，2012年更是高达260亿美元。2013年，美国国防部太空预算受到自动减支的影响⑳，空军太空司令部官员称当年预算减少了5.08亿美元，并预计在2014年减少约4.62亿美元。谢尔顿将军警告说，削减预算“将破坏所有项目的开展”㉑。然而，根据列克星敦研究所的研究人员洛伦·汤普森（Loren Thompson）的说法，即使预算大幅减少，特别是相对于联邦预算中其他方面的预算削减，军事太空仍将保持“良好态势”㉒。

2016财年，美国国防部获得了高达50亿美元的太空安全资金。2015年春，海顿将军担心政府预算决议只按上年水平为政府活动提供资金，为避免增加预算的提案化为泡影，他在国会表示资金绝对

---

⑲ 同上，第26页。

⑳ 总统航空航天报告，2014财政年度活动，http：//history. nasa. gov/presrep2014. pdf。

㉑ Mike Gruss，“谢尔顿将军：削减预算将破坏军事太空计划”，《太空新闻》，2013年9月23日。http：//spacenews. com/37270shelton – sequestration – could – break – military – space – program/。

㉒ Debra. Werner，“2014年美国军事太空预算定为80亿美元”，《太空新闻》，2013年4月17日。www. space. com/20702 – united – states – military – space – budget – 2014. html。

是最要紧的事情，资金充足才能确保军队继续使用卫星[83]。在海顿将军发表关于军事太空糟糕状况的言论前后，恰逢《六十分钟时事杂志》发布旨在宣传大幅增加太空预算的文章——《太空正在沦陷》。

2016 年 3 月，美国国防部长卡特在旧金山联邦俱乐部发表讲话时，将国防部 2017 年的太空支出资金设为 220 亿美元，超过同一时期用于空军非机密太空行动预算的两倍[84]。预算数额的不同通常取决于是否包含某些项目，是否包含机密项目，以及核算方法的不同。但最重要的是，可以确定军事太空活动支出十分庞大。

必须实现均衡发展

毋庸置疑，一个强有力的美国军事太空计划是至关重要的，但为了在实现可持续性最终目标的同时维持稳定性，必须保证该计划更大更广、严谨缜密、面面俱到、预算合理且并非恐惧驱动。充满挑衅、追求优越地位的太空战略不仅与实现威慑的目标背道而驰，还会升级风险。2008 年，布鲁斯·麦克唐纳（Bruce MacDonald）在美国外交关系委员会的研究工作中，提到中美太空冲突存在升级风险，这将危及稳定性与可持续性。他讲道：

> 面对冲突升级风险，中美两国都不希望使用反太空武器，而是希望为两国和其他航天国家塑造一个更稳定、更安全的太空环境，避免太空领域陷入更加激

---

[83] 路透社，“美国官员敦促提供资金以减缓太空脆弱性”，2015 年 3 月 25 日。www. reuters. com/article/2015/03/25/us - usa - military - space - threat - idUSKBN0ML2TM20150325 #axZJdluniE3bMjKQo. 97。

[84] Mike Gruss，“卡特在硅谷之行期间将国防部太空预算定为 220 亿美元”，《太空新闻》，2016 年 3 月 2 日。http：//spacenews. com/during - silicon - valley - trip - carter - puts - 22 - billion - price - tag - on - pentagon - space - spending/。

烈的军事竞争漩涡[85]。

太空战面临两种危重风险：产生破坏性碎片和升级为地面战争，甚至核战争。使用动能武器的太空战争会产生时速超过 27000 千米的碎片，如果这些碎片击中另一个物体，那么其本身就相当于一种毁灭性武器，在电影《地心引力》中，为了戏剧效果，甚至夸张地提出这些碎片有可能引发所谓的凯斯勒综合征[86]。但讽刺的是，中美两国都造成了严重的碎片问题。1985 年，美国测试了从 F－15 飞机发射的小型寻的飞行器（MHV）反卫武器。该小型寻的飞行器在大约 402 千米的高空拦截并摧毁了美国一颗报废卫星。经过近 17 年的时间，这次试验产生的碎片才通过在重新进入地球大气层时的燃烧或因摩擦力消耗而完全消除，但在此过程中，美国试验产生的碎片从未对其他卫星产生任何不利影响，也未发生任何碰撞。2007 年，一个国家测试了一枚直接上升式反卫导弹，摧毁了一颗报废卫星。此次试验高度几乎是 1985 年美国试验的两倍。撞击产生的碎片使近地轨道上的碎片总数增加了 25%[87]，这些碎片需要历经数十年甚至数百年，才能在卫星密集的近地轨道中消散。最讽刺的是，美国凭借先进的碎片追踪能力，不止一次地插手警告他国需要调整其卫星，以免与试验产生的碎片相撞[88]。2013 年，一国在 2007 年反卫武器试

---

[85] MacDonald，《太空武器和美国安全》，第 4 页。

[86] David Finkleman，“对太空碎片环境稳定性的新见解”，论文于 2014 年 9 月 29 日至 10 月 3 日在加拿大多伦多举行的第 65 届国际宇航大会上发表。

[87] 关于外交政策分析研究所的要点文档，国会山圆桌会议，“天基传感器：导弹防御系统等”，2015 年 7 月 14 日，www. ifpa. org/pdf/iwgRoundtablePointPaperSpaceBasedSensors. pdf。添加至近地轨道的碎片数字因计算方法而异。另见：T. S. Kelso，“2007 年反卫武器试验及其碎片对太空环境的影响分析”，光学和空间监视夏威夷国际会议，夏威夷茂宜岛，2007 年。https：//celestrak. com/publications/AM0S/2007/AM0S－2007. pdf/。

[88] “美国去年就碎片威胁警告 147 次”，《太空新闻》，2011 年 6 月 20 日。http：//spacenews. com/us－warned－china－debris－threats－147－times－last－year/。

验中产生的一块太空垃圾与一颗名为"太空球透镜"（BLITS）的俄罗斯激光测距纳米卫星相撞，产生了更多碎片⑧⑨。由此达成了更广泛的共识，即为避免大规模反卫武器冲突大量增加太空碎片，所有国家都是休戚与共的利益共同体。

海顿将军曾说，不制造碎片是太空战的一个"限制因素"。他警告说，"无论任何行动，都要避免制造太空碎片"⑨⑩。尽管该限制因素十分明确，但美国国防部过去仍始终关注如何在碎片环境中作战的问题，但如今，维持太空环境已被纳入国防部的太空目标。

麦克唐纳指出，随着中国的太空军事能力越来越强，中美两国实力更加旗鼓相当，除了碎片制造问题外，还将引发冲突升级等其他风险。

> 也就是说，美国不仅会威胁攻击中国的太空资产，还会威胁攻击地面资产，包括反卫武器指挥控制中心和其他军事能力。但这类行动涉及攻击中国领土并可能造成大量直接伤亡，所产生的政治影响远远超过美国太空硬件设施的损失，并可能因此致使冲突升级，陷入双方都不愿看到的更具破坏性的战争⑨①。

除麦克唐纳外，美国安全世界基金会研究人员维多利亚·萨姆森（Victoria Samson）也担心此举会造成冲突升级局面。她批判美国的这种言论没有区分针对美国非机密和机密卫星的行动，表示

---

⑧⑨ Karl Tate，"俄罗斯卫星与反卫武器碎片阐述"，《太空网站》，2013年3月8日。www. space. com/20145 - russian - satellite - chinese - debris - crash - infographic. html。

⑨⑩ Lee Billings，"太空战争将比以往任何时候更近了"，《科学美国人》，2015年8月10日。www. scientifiearnerican. com/article/war - in - space - may - be - closer - than - ever/。

⑨① MacDonald，《太空武器和美国安全》，第4页。

"如果我们进入敌对状态，局势将会迅速升级"[92]。

特丽莎·希钦斯在2012年《时代》杂志的采访中，合理地推断了太空战升级可能面临的最糟糕局面。

> 假设A国和B国是两个拥有核武器的航天国家，两国长期存在边境冲突并爆发危机。A国凭借其卫星能力得知B国正在调动军队，并在局势非常紧张、战争一触即发的地区开设军事仓库。A国由此认为"B国即将发动进攻"。因此，A国可能将决定先发制人地打击B国通信卫星，以降低B国向边界移动的能力，为自己留出时间进行防御。假设发生这种情况，直至B国成功投入使用另一颗替代卫星前，B国在长达12小时内无法使用卫星。B国会怎么做？在此期间，B国无法获取外界信息，急切关注本国是否即将遭受入侵或是否将遭到核打击。上述假设并非完全虚构的危机升级情况，这与美国空军兵棋推演（美军场景规划演习）的内容有一定的相似性。回到A国与B国间的假设场景中，反卫武器博弈最终演变为核弹问题，B国对A国进行了核打击，此场景在5分钟之内就戛然而止了。由此可见，"太空正在沦陷！"的担忧并非遥不可及，而是在相关兵旗推演中反复发生的问题，我对此充满担忧[93]。

---

[92] 引自Colin Clark，"国防部副部长强调实行太空控制；研究人员担心太空战升级"，《打破防御》期刊，2015年4月15日。http：//breakingdefense. com/2015/04/depsecdef - work - invokes - space - control - analysts - fear - space - war - escalation/。

[93] 世界经济论坛，"如果太空是战争的下一个前沿将会怎样"，《时代周刊》，2012年10月3日。http：//world. time. com/2012/10/03/what - if - space - was - the - next - frontier - for - war/。

尽管升级为核对射事件是不可想象的，但在军方的兵棋推演中，核武器也同样被视为一种作战武器。

在2010年兰德公司的报告中，摩根也表达了对局势总体升级，特别是核武器升级的担忧，并指出：

> 为阻止对手破坏美国的卫星预警系统，可能升级采用核威胁向对手实施威慑。然而，一旦对手认为这种升级无法避免，且先发制人实施核打击更加有利时，这种威慑效果几乎就会荡然无存[94]。

与过去相比，近来的研究倾向于淡化和忽视升级风险，并支持推进战争计划。在新美国安全中心（CNAS）的2016年研究报告中，作者埃尔布里奇·科尔比（Elbridge Colby）指出，“没有人真正相信有限的太空攻击一定或可能带来全面核战争”[95]。为佐证观点，他写道，“相关美国高级官员已发出电报，称美国确实不确定是否会对针对其太空资产的攻击作出大规模反击”[96]。虽然这条信息是否被接收，还是被隐藏在其他控制、支配和拒止利用太空的电报信息中尚不明确。但该研究也主张美国应做好准备，采用默认规则（即使不理想）但可接受的行动应对一场有限的太空战。

科尔比提出了稳定性或歼灭的替代目标：非歼灭。该目标建立在几个前提和假设之上，包括“敌方同意”的假设[97]。例如，该框架的基本前提包括“率先引发太空战属于升级风险和不负责任行为”，将被“推定为非法行为”。但该框架拒绝“不率先使用”的承

---

[94] Morgan，《太空威慑和先发制人》，第14页。

[95] Elbridge Colby，《从避难所到战场：美国太空防御与威慑战略框架》，新美国安全中心，华盛顿，2016年1月，第17页。

[96] 同上，第18页。

[97] Elbridge Colby，《从避难所到战场：美国太空防御与威慑战略框架》，新美国安全中心，华盛顿，2016年1月，第20页。

诺，指出“如果太空军事力量对比出现不利趋势，这种承诺可能对美国造成长期过度限制”[98]。因此，除非先发制人才能符合美国最佳利益的情况外，美国显然应当拒绝率先使用太空武器。无论太空战发展为如美国所愿的有限战争，还是其他形式的战争，都将带来不可估量的风险。

鉴于太空战的危险性，麦克唐纳指出了 2008 年太空战略的矛盾之处，以及 2016 年太空战略的合理之处。首先，自 2002 年以来，美国太空政策文件出现了拒绝对手使用太空资产的言论，即优越地位论，这导致许多像美国一样使用太空的国家产生了相当大的焦虑。首先，美国从隐晦暗示转变为公开表达“控制”太空的愿望。其次，正如前文所述原因，美国自发布 2006 年《国家太空政策》以来一直将太空视为“重要利益”。麦克唐纳指出这两点做法存在冲突。

> 一方面，将本国太空能力视为重要的国家利益，而另一方面，却保留在太空攻击他国的权力（如此一来，将招致对方对美国“重要”太空资产进行报复性攻击），这种做法完全无法自洽，甚至自相矛盾。攻击他人卫星会招致报复，危及“重要的国家利益”，使美国遭受比攻击方更严重的损失[99]。

明智的决策应以目标为导向，且内部逻辑自洽。因此，美国要想维护利用太空的重要利益，就应像防御和击败攻击一样同等重视避免攻击。然而，在面对损害安全的情况时，美国往往采用惩罚的威慑手段，相对而言，通过拒止实施威慑的努力要少得多。

---

[98] Elbridge Colby，《从避难所到战场：美国太空防御与威慑战略框架》，新美国安全中心，华盛顿，2016 年 1 月，第 21 页。

[99] MacDonald，《太空武器和美国安全》，第 13 页。

深入细致研究“拥挤、对抗、充满竞争”的太空环境，对于了解正在制定的威胁评估和战略的背景至关重要。太空环境管理意义重大，但任何一个国家都无法凭借一己之力控制太空环境。追求太空控制不仅徒劳无功，还将付出巨大代价，甚至造成适得其反的后果。

第二章　拥挤、对抗并充满竞争的太空环境

发生任何事情都不是好事情。因此，尽可能不发生任何事情对我们最有利。

——19 世纪英国首相索尔兹伯里[①]

将太空环境描述为拥挤、对抗并充满竞争，呈现出一幅不祥景象，显然是在暗示，与过去相比，态势越来越具有威胁性。环境当然发生了变化，而对热衷于维持现状的人来说，这可不是个好兆头。即使在上世纪 60 年代，美国在太空环境中占据“主宰地位”的说法也有些夸大其词。然后，作为美国民用太空计划领导者的美国国家航空航天局（NASA），通过阿波罗计划确立了美国的优势地位（近主宰地位）[②]。阿波罗计划是美苏两国进行技术“太空竞赛”[③] 的产物。虽然美国轻松地赢得了这场竞赛，但这场竞赛的本身就足以证

① 引自 Bernard Porter，《狮子的份额：英帝国扩张史（1850 — 2004 年）》，第 4 版，培生教育出版社，英国哈洛，2004 年，第 189 页。

② 值得注意的是，除了在阿波罗计划实施期间以及上世纪 90 年代中后期一段短暂的时间之外，军方的航天预算一直与 NASA 的航天预算齐平甚至更多。Marcia S. Smith，《美国太空计划：民用、军用和商用——美国国会研究服务局状态报告》，2005 年 5 月 24 日更新。www. spaceref. com/news/viewsr. html？ pid = 16917。

③ 关于技术民族主义与太空的更多信息，参见 Joan Johnson - Freese，《地缘战略、技术民族主义向太空推进》，结构化信息标准促进组织（OASIS），第 20 期，2014 年 7 - 12 月，第 9 - 22 页。

明美国并不是唯一拥有强大太空能力的国家。即使在那个时代，美国也不太可能拥有太空“主宰地位”，因为美国没有能力对苏联进入太空或从事太空活动进行控制。然而，当时的航天国家俱乐部只有美苏两个国家。

太空战略环境一直被描述为拥挤、对抗并充满竞争。这些术语可以单独使用，也可以组合使用，甚至在 2011 年《国家安全太空战略》首次正式使用这些术语之前，并未提出明确定义④。研究人员发现，拥挤、对抗并充满竞争这些概念被人们认定为事实，并在美国军界乃至全球广泛流传后，美国政府高官仍未对这些概念进行明确定义。正如一位研究人员所言，最初这只是一种惯例，即“将复杂的战略问题简化为短语、隐喻或口头禅，是目前战略思维的一种表达方式”⑤。也有学者指出，这种过度简单化存在问题：将太空环境简单描述为“拥挤、对抗和充满竞争”是一种“错误习惯”的延续，在政策讨论中把复杂思想简化为几个术语或口号会产生严重误导⑥。上述概念流传甚广却没给出明确定义，这表明这只是用作向公众和国会渲染“威胁”的一种营销工具，而不是严肃的学术表达。

国防部负责空间政策的副助理部长格雷戈里·L. 舒尔特（Gregory L. Schulte）2012 年在新加坡的一次演讲中给出了定义⑦，

④ Kevin P. Chilton 上将，“在竞争激烈的世界中确保航天能力”，《高度前沿》，第 3 卷第 1 期，2006 年 11 月，第 2 页。www. afspc. af. mil/Potals/ 3 /documents/ HF /AFD - 061128 - 043. pdf。William J. Lynn Ⅲ，《在美国战略指挥太空会议上的演讲——就太空政策做出的评价》，内布拉斯加州奥马哈市，2010 年 11 月 3 日。https：// www. stratcom. mil/speeches/2010/56/2010_ Space_ Symposium_ RemarksonSpacePolicy/。

⑤ Roger G. Harrison，“解读 3C 太空政策：拥挤的、存在竞争和争议的太空”，《天缘政治》，第 11 卷第 3 期，2013 年，123 - 131 页：第 123 页。

⑥ Bob Butterworth，“奥巴马政府的‘3C 太空政策’正在失效”，《突破防御》，2011 年 11 月 7 日。http：//breakingdefense. com/2011/11/obama - administrations - three - cs -means - a - failing - space - policy/。

⑦ Gregory L. Schulte，“保护太空中的地球——在新加坡南洋理工大学拉惹勒南国际研究院的演讲”，2012 年 5 月 9 日。

可作为进一步研究的基础。由于轨道上“物体”数量的缘故，包括现役系统和可追踪碎片，空间被认为是拥挤的。此外，太空被认为竞争日益激烈，因为航空航天领域的参与者越来越多，包括各国、财团和企业参与者。但是，太空环境的这两个属性可以被认为是太空作为一个产业部门以及作为探索和开发环境的自然演变，而上述两个目标都得到了美国的长期支持。每种发展演变都带来了机会和挑战，这是我们需要考虑的首要问题。然后不妨思考一下太空环境的对抗性：这种对抗性表现在，各国都在发展反太空能力并将其纳入军事理论和武装力量。太空环境的对抗性争议似乎催生了美国的《国家安全太空战略》，因此，美国这种思维模式所释放的信号很可能对其他国家产生某种影响。

拥挤

多年来，太空是美国和苏联的专属领域，且花费不菲。两国都试图将太空域用于建立己方优势，以弥补战略不足。对美国来说，可利用侦察卫星了解铁幕背后的重要情报信息，这是一种不可替代的手段。对苏联来说，洲际导弹为苏联提供了与美国进行核对峙所需的能力：确保相互摧毁（MAD）。卫星还为两国提供了一种手段，用于监测对方对条约的遵守情况（主要指核活动）。因此，在 1972 年签署的《限制战略武器条约》（SALT）中，双方同意不首先干预这些“国家技术核查手段”（指卫星）。此外，《限制战略武器条约》谈判导致了《反弹道导弹条约》在同年签署，对用于击落导弹的系统进行了限制性规定，以避免军备竞赛，因为双方都认为没有赢家。

1965 年，法国成为第三个拥有太空发射能力的国家。紧随其后的是日本和中国（1970 年）。1971 年至 2012 年期间，英国、欧洲空间局、印度、以色列、乌克兰、伊朗和朝鲜加入了这一名单。有些国家（尤其是欧洲国家）通过欧空局也拥有了航天发射能力，现在有更多国家拥有了太空发射能力。各国都认为，利用太空是他们至关重要的权利，这一内容成为1967年《外层空间条约》的基本原则。美国现在期望其他国家能安贫乐道，这无异于说，美国期望其他拥有技术和经济实力的国家放弃利用太空的权利，与此同时，美国不仅承认而且大肆炫耀太空为美国提供了众多优势。

此外，不仅仅是有能力向轨道发射有效载荷的国家数量在增加。一些私营企业如今也在提供（相对）低成本进入太空的机会。这是崭露头角的“新太空”实体的一个缩影，这些实体将塑造未来，并将打破政府的垄断地位⑧。太空探索技术公司、蓝色起源公司、Bigelow航空航天公司、轨道ATK公司、凯斯勒公司（Kistler）、追星公司（Starchaser）、ARCA航天公司，以及维珍银河公司都在竞相开发新的航天发射技术。

除了因越来越多的实体拥有航天发射能力必然带来的拥挤外，研究人员和政府报告还给出了造成“拥挤”的其他因素，包括轨道碎片、无线电频率资源和轨道资源有限等⑨。未来各种小型卫星的数量有望继续增加，甚至出现太空旅游，这些轨道物体数量的增加将进一步加剧太空的拥挤程度。其中，轨道碎片是近期最具潜在威胁的拥堵问题。

美国航空航天公司（Aerospace Corporation）将太空碎片定义为“位于地球轨道上的任何无功能的人造物体”⑩。从航天员遗落的工具、到火箭级和寿命即将终结的卫星，都是美国太空监视网（SSN）

---

⑧ Bhavha Lai，“顺应国际趋势，调整航天政策”，《科学技术问题》，2016年夏季，第63－74页。

⑨ Harrison，“解读3C太空政策”，第123－126页；Gregory L. Schulte，对参议院军事委员会战略部队小组委员会所作证词，2011年5月11日。

⑩ Marlon E. Sorge和Mary Ellen Vojtek，“太空碎片减缓政策”，《交联杂志，航空航天》，秋季，2015年12月10日。

探测、跟踪、识别和编目的数以万计的大于 10 厘米的太空碎片。美国太空监视网用于跟踪太空碎片和后续运行的资产。位于加利福尼亚范登堡空军基地的联合太空作战中心（JSPOC）负责该网络的运行，并通过空间轨道计划共享部分数据。还有数量不详的更小尺寸的碎片，因尺寸过小而无法跟踪，但它们仍然很危险。由于这些小碎片飞行速度极高，当这些碎片与卫星传感器或表面发生碰撞时，会出现类似喷沙或弹片的效果。航天飞机在执行任务后不止一次不得不更换挡风玻璃，因为一小块碎片撞击就能造成玻璃表面的损坏。NASA 的太空碎片首席科学家尼古拉斯·约翰逊表示，最大的碎片风险来自不可追踪的物体⑪。不过，大碎片也可能构成威胁。2011 年，国际空间站的工作人员不得不采取紧急措施，因为一块以 46670 千米/小时速度飞行的巨大太空垃圾，有可能与国际空间站轨道相交。虽然通常有充分时间让空间站脱离危险，但那次通告只提前了 15 个小时，没有足够的时间进行机动。这块碎片与空间站仅差 335 米⑫。

2007 年之前，大多数太空碎片是来自太空任务的垃圾。但是一国在 2007 年对一颗退役气象卫星进行了动能反卫试验，增加了数千块不同大小的碎片⑬。随后在 2009 年 2 月，一颗失效的俄罗斯卫星与一颗正常运行的美国商业卫星铱星相撞并摧毁了这颗卫星，这次碰撞又增加了 2000 多块可追踪的太空碎片⑭。这些并不是第一次太

⑪ NASA，“太空碎片和人类航天”，《NASA》，2013 年 9 月 27 日。www. nasa. gov/mission_ pages/station/news/orbital_ debris. html。

⑫ Kenneth Chang，“时速 29000 英里的险情，太空碎片威胁空间站航天员生命安全”，《纽约时报》，2011 年 6 月 28 日。www. nytimes. com/2011/06/29/science/space/29junk. html? _ r=0。

⑬ Leonard David，“反卫星实验：太空碎片云环绕地球，令人担忧”，Space. com，2007 年 2 月 2 日。www. space. com/3415 - china - anti - satellite - test - worrisome - debris - cloud - circles - earth. html。

⑭ NASA，“太空碎片和人类航天”。

空碰撞。1996 年，法国军事侦察卫星 Cerise 的重力梯度杆因与碎片撞击而损坏，这是人们知道的第一次空间碰撞事件。

但是发生灾难性事故的几率有多大？NASA 认为，这种几率极低。

> 运行中的航天器经常被非常小的碎片（和微流星体）击中，几乎没有影响。碎片防护罩也可以保护航天器部件不受直径 1 厘米以下碎片的影响。两个大型物体（直径>10 厘米）意外碰撞的概率非常低。最严重的此类碰撞事件发生在 2009 年 2 月 10 日，当时一颗在用美国铱星和一颗废弃的俄罗斯宇宙号卫星相撞[15]。

除了碰撞之外，其他方式也能形成碎片。

2014 年 2 月，一颗国防气象卫星计划（DMSP）卫星发生爆炸，工程技术人员认为这是航天器内的电池设计缺陷所致；这一爆炸事件在其极地轨道上产生了大量碎片。随后在 2015 年 11 月，美国国家海洋和大气管理局（NOAA）的一颗卫星解体，同样位于极地轨道，产生了更多碎片。幸运的是，联合太空作战中心发现，上述卫星造成的碎片当时并没有构成什么威胁。2016 年 3 月，一颗日本天文卫星发生故障，也产生了碎片[16]。然而，随着在轨航天器数量的不断增加，可以预计碰撞和事故数量也会增加[17]。

因此，也许需要了解的正确问题不是增加了多少太空物体，而

---

⑮ NASA，“常见问题 15：轨道碎片”，《NASA 轨道碎片计划办公室》，2012 年 3 月更新。http：//orbitaldebris. jsc. nasa. gov/faqs. html#15。

⑯ Mike Gruss，“美国空军：尚无证据表明有碎片撞击卫星致其故障”，《太空新闻》，2016 年 3 月 29 日。http：//spacenews. com/u – s – air – force – no – evidence – malfunctioning – japanese – satellite – was – hit – by – debris/。

⑰ Jeff Foust，“NOAA 气象卫星在轨道上解体”，《太空新闻》，2015 年 11 月 27 日。http：//spacenews. com/noaa – weather – satellite – suffers – in – orbit – breakup/。

是碰撞的概率是否在增加。研究员鲍勃·巴特沃斯（Bob Butterworth）给出了一个比方："以开车为例，我并不关心弗吉尼亚州北部有多少辆汽车；我关心的是在我途经的时间和地点有多少车辆。"⑱ 与目前不完整的情报相比（情报不完整部分原因是并非所有空间参与者都愿意分享信息），更准确地了解物体在太空的位置更为重要。2014 年，联合太空作战中心发出了 671727 次交会（碰撞）预警⑲。并非所有这些预警都导致了规避机动，有些是计算方式问题，不是错误，而是利用过于精确的数据和处理方式将非威胁确定为威胁⑳。然而，毫无疑问，人们需要增加对轨道在役和退役物体的态势感知能力，国防部的政策指令对此也提出了明确要求㉑，此外，太空态势感知也是多国论坛讨论的主题。在美国和国际社会，人们都在努力探讨如何应对碎片问题。

2013 年 2 月，机构间碎片协调委员会（IADC）向联合国和平利用外层空间委员会介绍了未来低地球轨道环境的稳定性问题。机构间碎片协调委员会认为，存在灾难性碰撞的风险，且这种风险还在持续增加。机构间碎片协调委员会是一个由 12 个成员组成的政府间机构，自 1993 年以来一直致力于跟踪和研究太空碎片问题。自 2005 年以来，委员会的一些成员国独立研究了各种情况下低地球轨道卫星群的长期演变趋势。这项研究的目的是为了回答如下问题：如果进行认真的碎片减缓努力，太空碎片对空间资产构成的风险是否会

⑱ Butterworth，"奥巴马政府的'3C 太空政策'"。

⑲ 美国政府问责局，"太空态势感知：工作状况和计划预算"，政府问责局-16-6R，政府问责局，华盛顿州华盛顿特区，2015 年 10 月 8 日，第 2 页。www.gao.gov/assets/680/672987.pdf。

⑳ 对联合预警的更多详细技术分析指出了监视的局限性。David Finkleman，"太空监视技术和避碰技术的现状"，国际天文学大会，以色列耶路撒冷，2015 年 10 月。

㉑ 国防部指令 3100.10，《太空政策》，2012 年 10 月 18 日。www.dtic.mil/whs/directives/corres/pdf/310010p.pdf。

因此而降低？2009 年，机构间碎片协调委员会做出决定，对低地轨道空间物体的稳定性进行评估，旨在确定是否有必要使用主动清除碎片措施以稳定未来的低地轨道环境。换句话说，除了仔细观察并在需要时采取行动之外，世界还需要做更多的事情吗？机构间碎片协调委员会的环境和数据库工作组进行了此项评估活动，主要参与者包括意大利、欧洲空间局、印度、日本、美国和英国。机构间碎片协调委员会最终得出结论，需要采取行动以保护空间的可持续性，如果每年能清除五件大型太空垃圾，就会大大降低发生灾难性事件的可能性[22]。

1995 年，NASA 首次发布关于减少太空碎片的准则。1997 年美国政府发布的《轨道碎片减缓标准方法》取代了上述准则[23]。美国政府的这些准则由机构间碎片协调委员会进行了进一步完善，并在 2007 年作为共识原则加以发布，随后在联合国的认可下被联合国和平利用外层空间委员会采用[24]。基本上，这些原则要求卫星所有者提供 25 年的卫星寿命，在寿命结束后重返大气层，使卫星在重返时燃烧，而不是成为太空碎片；或者将卫星放置在指定的坟墓轨道。但这些原则只在部分国家得到了落实。例如，在美国，所有美国卫星广播的传输都需要得到联邦通信委员会（FCC）的许可证。2004 年，联邦通信委员会修订了其许可规则，要求卫星运营商对减缓轨道碎片的计划给出文字说明。换句话说，至少在理论上，未来与卫星相关的碎片产生数量将有望降低。然而，是否所有国家或运营商都遵守这一规定，还有待观察。

㉒ 相关信息可在以下网站获取：www. iadc - online. org/index. cgi？item = docs_ pub。

㉓ 美国政府《轨道碎片减缓标准方法》，1997 年。www. orbitaldebris. jsc. nasa. gov/library/USG_ OD_ Standard_ Practices. pdf。

㉔ 联合国外层空间事务厅，《和平利用外层空间委员会太空碎片减缓准则》，联合国，维也纳，2010 年。http：//orbitaldebris. jsc. nasa. gov/library/Space% 20Debris% 20Mitigation% 20Guidelines_ C0PU0S. pdf。

清除太空垃圾虽然面临巨大的技术挑战和高昂费用，但这也不是影响 2013 年机构间碎片协调委员会建议落实的唯一障碍。清除工作很可能需要采取国际协调一致的行动，或者至少需要国际社会达成默契。轨道上的每一块垃圾都是某个国家的资产。虽然有人建议针对太空垃圾采用类似国际海洋打捞法的思路，从而清除被“遗弃”的“碎片”㉕。然而，根据《外层空间条约》，各国目前仍拥有对其航天器的“管辖权和控制权”，即使该航天器已经无法使用或成为碎片。此外，人们对清除方式也提出了许多建议，如利用激光和抓钩，这种清除方式还有其他潜在用途，包括用作反卫武器。因此，即使一个国家清除自己的碎片，也需要各国之间建立“信任”，而互信是一种极其难以达到的状态，而且随着全球太空军国主义的兴起，情况会变得更糟，甚至完全无法实现互信。可悲的是，也许只有当碎片造成的太空灾难导致人类付出生命代价时，人们才会认真对待合作进行碎片清除问题㉖。因此，尽管从技术上讲，对美国和其他国家表示担忧的碎片拥堵问题采取措施是可能的，但恐惧、惰性和拖延的政治传统很难在短期内加以扭转。与此同时，人类发射到太空的卫星数量会越来越多。

就如同在地面上一样，太空的轨道资源是有限的，至少理想的轨道是有限的，地球静止轨道就如同太空中的比弗利山庄。在地球静止轨道，地球、月球和其他行星引力共同作用使卫星相对于地球某一点保持静止。地球静止轨道位于距地球赤道约 35786 千米的高度，其半径为 42164 千米。虽然这是一个相当大的半径，但其能够

㉕ Wayne White，“太空先锋法案”，《太空评论》，2014 年 10 月 27 日。www. thespacereview. com/article/2627/1。

㉖ Joan Johnson - Freese，“清除太空垃圾：合作模式”，《突破防御》，2014 年 5 月 2 日。http：//breakingdefense. com/2014/05/taking - out - the - space - trash - a - model - for - space - cooperation/。

容纳的卫星数量仍然有限。此外，占据空间位置的卫星需要特定的无线电频段；因此，存在无线电频段和轨道位置两大限制因素。这些无线电频段必须有所不同，而且卫星之间必须保持足够距离，以防止传输干扰。此外，适合从欧洲到北美和跨太平洋信号传输的轨道位置（Slot）数量有限。目前，地球静止轨道上已有 493 颗卫星㉗，在目前技术条件下，这也许已经接近容量极限。

国际电信联盟负责分配轨道位置和无线电频段，该组织成立于 1865 年，负责管理跨国电报通信。随后，该联盟还承担起了无线电连接和轨道位置管理工作。在过去很长一段时间，只有美国和苏联有能力发射轨道卫星，国际电信联盟的工作主要是记录卫星位置，然后对卫星所有者进行登记。然而，随着更多的国家拥有卫星发射能力，问题变得更加复杂，国际电信联盟不得不承担起吃力不讨好的监管工作。

许多国家开始竞争宝贵的轨道位置，目前的规则是先到先得。1993 年，印度尼西亚占据了汤加要求的一个轨道位置㉘。2015 年，菲律宾抱怨某国抢占了属于菲律宾的一个轨道位置㉙。这些争端最终往往在国际电信联盟加以解决。

有时有些国家不顾他国的抗议，试图将卫星“挤到”另一个位置，因为担心本国卫星受到信号干扰。

> 一些研究人士担心，如果无视全球规则，可能会对卫星传输的国际秩序造成破坏。他国正积极推销其卫星

㉗ 截至 2015 年 12 月 31 日，忧思科学家联盟，基于美国南加州大学卫星数据库。www. ucsusa. org/nuclear - weapons/space - weapons/satellite - database. html#. VkSkSYS4nqO。

㉘ “轨道停泊位置即将占满”，《洛杉矶时报》，1993 年 9 月 20 日。

㉙ Kevin N，“某国抢占菲律宾在太空中的卫星预留位置”，Manila Livewire，2015 年 8 月 29 日。www. manilalivewire. com/2015/08/philippines - satellite - slot - in - outer - space - grabbed - and - occupied - by - china/。

发射服务，以低廉的价格与西方同行展开竞争[30]。

虽然国际秩序并未崩溃，但这个案例足以说明地球同步轨道卫星的价值，同时还必须正视拥挤问题。

随着地球同步轨道位置的大量占用，业界不得不强化其游戏规则，并找到解决问题之道。到2008年，卫星技术的进步使得卫星间所需的间隔从原来的3°减小到2°[31]，最近，这一间隔还得到了进一步缩小。由于地球同步轨道位置极为珍贵，最近又出现了“纸上卫星”这一特殊现象。有些卫星只停留在纸上设想阶段，并在国际电联注册，以便为使某国占有一个轨道位置，但并无建造或运营该卫星的打算。因此，国际电联规定，必须在注册后7年内将卫星送入轨道，而不是以前的9年。

某些无线电频段也变得供不应求，由于频段使用的增加，无线电频段“拥挤”现象也显著增加。2011年，舒尔特对这一问题给出了如下解读：

> 到2015年预计将有多达9000个卫星通信转发器进入轨道。随着越来越多的转发器投入使用，无线电频率干扰的可能性就会增大。这种拥挤正在使各方的太空运行变得复杂化[32]。

军方已经并将继续与业界合作，寻找缓解干扰问题的方法，尤

---

[30] David Holley，“日本政府称某国新卫星违反世界公约”，《洛杉矶时报》，1994年7月25日。http：//articles. latimes. com/1994 - 07 - 25/business/fi - 19621_ 1_ apt - satellite。

[31] Mark Holmes，“热门轨道泊位还有吗？”《通过卫星》，2008年3月1日。www. satellitetoday. com/publications/via - satellite - magazine/features/2008/03/01/hot - orbital - slots - is - there - anything - left/。

[32] Schulte，对参议院军事委员会所作证词，第2页。

其是应对电子战造成干扰的方法[33]。毫无疑问，越来越多的卫星和对带宽似乎无止境的需求意味着国际社会需要解决更复杂的问题，包括如何应对太空碎片的增加。

低地球轨道也越来越拥挤。鉴于低成本的发射服务令进入低地球轨道更为容易，因此有更多国家希望能效仿美国，以便利用太空资产获得众多收益。预计未来将涌现大量小型卫星、纳卫星、皮卫星和立方体卫星[34]，其中许多卫星最初由大学开发，旨在以较低成本进入太空。英国萨里卫星技术公司起源于萨里大学，是科学家们使用商业现货（COTS）组件建造卫星的创意之作。现在该公司自豪地宣称，已承担的世界上小卫星任务该公司最多。

最初由加州州立理工大学和斯坦福大学开发的立方体卫星，旨在帮助全世界的大学进行太空科学和探索实验，许多大学和机构也在做类似的研究。人们可以自己动手建造立方体卫星，只有鞋盒大小，制造和发射费用约为6.5万美元甚至更少。提瓦克（Tyvak）纳卫星系统公司是加利福尼亚州的一家小型企业，只有25名工程师，他们的卫星售价最低可以做到4.5万美元。他们拥有众多客户，包括资金雄厚的高中科学俱乐部乃至大名鼎鼎的NASA[35]。但是立方体卫星无法在轨道上完成规避碰撞的机动，此外，有些用户由于预算有限，也没有卫星退役后实现脱离轨道的设计。一个研究小组使用计算机高精度模型预测："到2043年，立方体卫星将造成数百万次

㉝ John Keller，"如何在未来电子作战中减少射频干扰，陆军寻求行业意见"，军事航天，2014年7月24日。www. militaryaerospa. ee. com/articles/2014/07/army－rim－rfi. html。

㉞ 小卫星指重量低于500千克（1100磅）的卫星；微卫星是重约10千克到100千克（22到220磅）的卫星；纳卫星的湿质量在约1千克到10千克（2.2到22磅）之间；立方体卫星重约21千克。此外，卫星还有其他种类。

㉟ Dave Baiocchi和William Welser Ⅳ，"太空的民主化"，《外交事务》，2015年5－6月，第100页。

近距离轨道交会，其中少数轨道交会将导致碰撞事件。”㊱ 2013年5月曾发生过一次立方体卫星碰撞事件，厄瓜多尔因此损失了其第一颗立方体卫星NEE-01 Pegaso。可以预见，未来会发生更多的低地球轨道碰撞事件。

简言之，拥挤意味着太空会比过去更繁忙，而且会出现更多问题。拥挤还意味着太空正在按照人们期待甚至渴望的方式发展演变，除非人类不想离开地面，或希望美国能够独享太空带来的便利。空域也很拥挤，然而，没人认为这是一种威胁，而是一种需要加以管理的区域。美国联邦航空管理局在2015年开始接受无人机注册申请，旨在更为有效地管理美国空域㊲。管理全球空域要有法可依，遵守这些法规符合所有利益相关者的利益。虽然飞机和航天器都属于两用技术，但太空缺失类似的规则。拥挤会带来一系列需要应对的重要问题，同时，为实现长期可持续性，人类必须处理好这些问题。没有任何问题存在一劳永逸的解决方案，因为毫无疑问，人类对太空的利用会不断提升，因此，人们需要也必须更好地管控这些问题。否则，就会对全球经济带来立竿见影的影响。

能导致太空碎片的碰撞越来越多，这并不意味着人们因此放弃利用空间轨道，但这将使利用成本更加昂贵。罗杰·哈里森大使一针见血地指出了问题的本质。

> 尽管人们发出许多警示，但民用和商业太空行业似乎仍在我行我素，对这些警示置若罔闻。许多人认为，手握真金白银的投资人会以“谨小慎微”的风格行事。

㊱ K. Jayalakshmi，“专家警告称，立方体卫星挤满了低地球轨道，对空间用户构成碰撞危险”，《国际商业时报》，2014年10月1日。www.ibtimes.co.uk/cubesats-crowding-low-earth-orbit-posing-collision-dangers-space-users-warns-expert-1468017。

㊲ 美国联邦航空管理局，“小型无人驾驶飞机登记自12月21日始”，《FAA》。https://www.faa.gov/news/updates/?newsId=84384。

> 然而现实情况却是，面对未来卫星可能会在战区和太空垃圾场中运行的可能性，长期项目却丝毫不受影响，反而不断向前推进。保险商和投资者似乎并不在意上述问题。新的商业发射企业层出不穷地涌现。毕竟，太空是一个广博的空间，人类是一种不过多关注远期目标的物种。拥挤的太空也许会成为长期现实，但这对人们实际工作的影响始终可以忽略不计㊳。

同样重要的是，“太空对抗”军事手段对太空拥挤问题于事无补，国际合作才是坦途。

充满竞争

如果有更多太空参与者对轨道位置和带宽展开争夺（确实如此），如果所有国家都希望拥有利用太空实现其目标的权利（确实如此），那与过去相比，太空竞争更加激烈。这也意味着美国在太空中的相对主导地位也有所下降。这是否意味着美国的安全在本质上因存在竞争性而受到削弱？但自恃颇高的美国军方并不习惯于自己的权威受到丝毫撼动，尽管这种心态越来越不现实。

随着新的玩家涌入航天业，美国正面临各种形式的太空竞争，包括积极与消极竞争，有些竞争可以用适当军事手段加以遏制，而有些则适得其反。积极竞争的效果之一是降低了发射成本。尽管美国对居高不下的发射费用抱怨了几十年，但直到太空探索技术公司等新兴私营企业出现，猎鹰 9 号火箭成功发射后，才真正降低了发射费用。直到那时，传统发射巨头才开始考虑修改其商业计划。哈佛大学历史学家尼尔·弗格森（Niall Ferguson）在 2011 年出版的

㊳ Harrison，“解读 3C 太空政策”，第 125－126 页。

《文明：西方和其他国家》一书中，将处于战争中的欧洲国家之间的竞争归结为技术进步的推动力，使西方最终赢得胜利[39]。竞争可以是一种积极的力量，但保持领先于竞争对手需要强大的内在动力与决心，而不应试图通过扼杀他人加以实现。历史一再表明，试图压制他人的做法既没有效果，有时还可能会适得其反。

美国最初在商业发射服务方面几乎处于垄断地位。但在上世纪70年代，美国为了保护国际卫星通信组织的垄断地位，对法德两颗通信卫星（交响乐-A卫星和交响乐-B卫星）的发射施加限制措施，此举促使法国下定决心，决定发展独立的欧洲发射体系。因此，在1973年，阿丽亚娜运载火箭被批准为欧空局的一个备选项目[40]。1981年，阿丽亚娜公司签署了首份商业有效载荷发射合同，发射了一颗美国通用电话电子公司太空网（Spacenet）电信卫星。到1985年，阿丽亚娜运载火箭在14个月内将5颗商业卫星送入太空[41]，美国商业发射的垄断地位不复存在。在一个互联互通的全球化世界里，如何实现合作与竞争的有效平衡，成为一个越发棘手的问题。

1958年《空间法》出台，从而创建了NASA，从那时起，美国一直倡导国际空间合作，但在此过程中不得不处理经济和国家安全等现实问题。这需要深思熟虑，以便预测采取或不采取某项行动所导致的一连串后果。例如，试图扼杀电信业竞争的举措导致了上世纪80年代发射服务的竞争。长期以来，美国在卫星销售方面一直保

---

[39] Niall Ferguson，《文明：西方和其他国家》，企鹅出版集团，纽约，2011年，第一章“竞争”，第19-49页。

[40] 关于对交响乐通信卫星更全面的看法，参见Richard Barnes，“交响乐通信卫星发射谈判”，转载于《新闻与记录》，第23卷第1期，2006年2月，第1-5页。http：//history. nasa. gov/nltr23-1. pdf。

[41] John H. Anderson，“欧洲航天VS美国航天”，《纽约时报》，1985年3月17日。www. nytimes. com/1985/03/17/business/europe-vs-america-in-space. html？pagewanted=all。

持最大的市场份额，直到 1999 年美国国家安全和与中国的军事/商业关系特别委员会（通常称为考克斯委员会）的报告之后，才结束这一局面。事实上，美国现在面临的竞争性卫星商业环境，在许多方面都是上述报告造成的自食苦果。

考克斯委员会报告认为美国国家安全面临着迫在眉睫的威胁，包括中国通过洛斯阿拉莫斯科学家李文和博士窃取了美国重要的核机，但其指控的依据却充满疑点[42]。此外，由于美国航空航天企业没有严格遵守《国际武器贸易条例》，使某国导弹计划得到了这些公司的帮助。导致的最终后果是，对美国卫星工业施加了严厉而繁琐的规定，采用武器系统出口管制的类似方式对卫星产业进行了限定。因此，美国卫星企业销售量逐渐下降，同时也迫使其他国家发展自己的卫星产业，以绕开美国的监管规定[43]。在考克斯委员会报告发布和新法规实施后的两年内，美国在全球卫星销售中占比从 75% 骤降到 45%[44]。

将卫星宣传为“不受《国际武器贸易条例》限制”成为欧洲航空航天企业的一个有利营销工具。换句话说，美国弄巧成拙，搬起石头砸了自己的脚，因为很多国家绕开美国开展卫星业务，而美国对两用太空技术的控制能力反而弱于以往。直到《2013 财年国防授权法案》才将商业卫星业务从《国际武器贸易条例》管控名单中删

---

[42] 双方达成和解，联邦撤销了对李博士的间谍指控，而李博士对一项不当处理政府文件的指控表示认罪。联邦法官詹姆斯·帕克为美国政府的诉讼方式向李博士道歉；Bob Drogin，“李文和获释：法官指责美国政府诉讼手段”，《洛杉矶时报》，2000 年 9 月 14 日。http：//articles. latimes. com/2000/sep/14/news/mn – 20908。

[43] Joan Johnson – Freese，“爱丽丝梦游执照境：1990 年以来的美国卫星出口控制”，《太空政策》，第 16 卷第 3 期，2000 年，第 195 – 204 页；Joan Johnson – Freese，《出口政策如何威胁国家安全》，《太空时报》，2001 年 1 – 2 月，第 4 – 12 页。

[44] Evelyn Iritani 和 Peter Pae，“美国卫星销售因严格控制出口崩溃”，《洛杉矶时报》，2000 年 12 月 12 日。www. sfgate. com/business/article/Strict – Export – Controls – Bring – U – S – Satellite – Sales – 2722146. php。

除，并澄清了《国际武器贸易条例》的适用范围。自 1999 年以来，上述条例的模糊性一直为人们所诟病[45]。这些改变使美国卫星工业在出口市场上再次具有竞争力，尽管对某些国家的卫星进出口仍然被禁止。虽然长期以来技术界对《国际武器贸易条例》颇有不满，但考克斯委员会的铁杆支持者仍坚称这些规定是两党共识的正确之举[46]。然而，许多政治和技术专家当时和现在都将其定性为一种党派伎俩，并讽刺克林顿总统的对华政策；在华盛顿，对华政策一直是一个容易达成共识的目标[47]。但美国必须认识到，试图阻止太空技术扩散无异于痴人说梦。美国可能一直是世界上自由市场的有力支持者，因此基于商业利润而进行的竞争既不令人意外，也不是滔天罪恶。除了追逐利润，竞争也事关声望，因为竞争力与领导力密切相关，最后才与地缘政治相关。

例如，在 20 世纪 60 年代，欧洲国家由于担心与美苏两个航天国家拉开不可逾越的技术差距，才拥有了启动太空计划的动力。此外，太空意味着技术，技术意味着工业化，而工业化意味着经济增长。因此，当年和现在的太空开发计划都有着务实的理由。然而，除了实用主义因素之外，还有更多原因。太空能够激发人们的想象力并彰显着代表未来的领导力。

伊朗在 2004 年创建了航天机构，在 2010 年投入了大量预算，

㊺ 美国国务院，《国际军火交易条例修正案》《美国军火清单第十五类修订》《联邦公报》，2014 年 5 月 13 日。https：//www. federa. lregister. gov/articles/2014/05/13/2014 - 10806/amendment - to - the - international - traffic - in - arms - regulations - revision - of - us - munitions - list - category - xv。

㊻ 见 Alastair Iain Johnston，W. K. H. Pa. nofsky，Marco Di Capua，和 Lewis R. Franklin，《考克斯委员会：一份评估》，国际安全与合作中心，加利福尼亚州斯坦福，1999 年 12 月。http：//fsi. Stanford. edu/sites/default/files/cox. pdf。

㊼ 考克斯委员会的评论，摘自 Joan Johnson - Freese 和 Theresa Hitchens，"考克斯委员会重回 NASA 艾姆斯实验室"，《太空新闻》，2013 年 2 月 18 日。http：//spacenews. com/33647cox - committee - redux - at - nasa - ames/。

然后在2015年毫无征兆地予以解散。虽然大多数观察家认为这是发展导弹的幌子，当然，这个机构既有助于发展火箭技术，也有助于发展导弹技术，但一些分析家认为，获得国际声誉和民族自豪感也是伊朗发射卫星工作的动力，后者甚至是更为重要的驱动因素[48]。正如内贾德总统所说："当我们有能力向太空发射卫星时，能极大鼓舞公众的士气。"[49] 2010年伊朗宣布了许多发射计划，并曾试图将乌龟和猴子送入轨道，但基本上都没有实现。伊朗航天局似乎成为了受害者，意识到了太空旅行的困难和昂贵，获得声望的代价也许超过了预期，超过了伊朗的支付能力。

即使是航天器和太空计划的名称也能唤起威武显赫的想象。水星、双子星和阿波罗是美国载人探月系列计划的名称，而"雷神""宇宙神"和"大力神"，最初是为了运载弹头而设计的，后来被改装为运载卫星。被命名为"旅行者"和"先驱者"的卫星探索计划则用于进行太阳系探索。俄罗斯的和平号空间站先后被翻译为"世界"、"和平"或"村庄"[50]。中国的神舟飞船用于搭载航天员，被命名为"天舟"或"神舟"。中国无人月球探索计划是以古代神话中的嫦娥命名。伊朗以"探险家"（Kavoshgar）和"信使"（Safir）命名其运载火箭。理查德·布兰森爵士将他的太空运输公司巧妙地命名为"维珍银河"，与他的越洋航空公司"维珍大西洋"相呼应，也许是想表明，最终太空旅行将很快像当今的陆地旅行一样普及。

---

[48] Abolghasem Bayyenat，"未来的骄傲：伊朗航天项目政治活动"，《外交政策》，2011年7月7日。www. foreignpolicyjournal. com/2011/07/07/pride - in - the - future - the - politics - of - irans - space - program/。

[49] Jassem A1 Salami，"伊朗刚刚取消其航天项目"，《无聊战争》，2015年1月27日。https：//medium. com/war - is - boring/iran - just - cancelled - its - space - program - 5bld5ce50bd6#. j5vi8ssb6。

[50] Frank Culbertson，提交给太空探索者协会大会的论文"名字又有什么关系呢?"，1996年10月3日。http：//spaceflight. nasa. gov/history/shuttle - mir/references/r - documents -mirmeanings. htm。

除了激发想象力之外，太空计划也是技术能力的象征，这种能力也代表着领导力，因此具有地缘战略意义。

美国电话电报公司开发的两颗Telstar卫星是首批能够实现跨大西洋电视信号传输的卫星。各国争先恐后，都希望成为电视信号首个接收国，法国成为胜利者，仅仅是因为英国的天线设置有误。法国接收了一段显示缅因州接收站外挥舞旗帜的信号[51]。民意调查显示，1962年，Telstar在英国的知名度超过1957年的全球首颗卫星“斯普特尼克”。一个名为“龙卷风”的英国乐队在1962年的一首名为《Telstar》的歌曲使这颗卫星声名远扬，这首歌在美国Top 100排行榜上名列第一[52]。各国争先恐后地接收卫星信号这一现象表明，他们认为这里蕴含着巨大价值。同样道理，在似乎没有真正的商业驱动因素，甚至没有商业计划的情况下[53]，各国也在大举投资发射技术和卫星的开发。2015年，继尼日利亚、委内瑞拉、巴基斯坦和玻利维亚之后，老挝成为拥有在轨卫星的国家，这些卫星均由中国资助、建造和发射。白俄罗斯在2016年发射入轨了一颗卫星，并特意声明这是基于商业目的，而不仅仅是为了国家声望[54]。然而，载人航天始终有着最耀眼的光环。

罗杰·哈里森指出：

> 反对载人航天的逻辑和经济因素并非无中生有，载

---

[51] Mark Williamson，《航天器早年历史》，IET技术史系列，国际工程技术学会，伦敦，2006年，第176页。

[52] Elizabeth Howell，“通信卫星：卫星第一次将电视信号发往大西洋彼岸”，Space.com，2013年2月12日。www. space. com/19756 - telstar. html。

[53] Joan Johnson - Freese和Roger Handberg，《声望陷阱：美国、欧洲和日本太空计划的比较研究》，肯德尔-亨特出版社，迪比克，1994。

[54] Peter B. de Selding，“白俄罗斯发射第一颗卫星是为了盈利，而不是声望”，《太空新闻》，2016年1月18日。http：//spacenews. com/belarus - puts - up - its - first - satellite - for - profit - not - prestige/。

> 人航天需要付出巨大的代价。到目前为止，用于国际空间站的费用已经高达 1200 亿美元，如果把这笔钱用于投资其他科学研究，绝对会得到丰硕成果，而这笔费用却主要是用于维持空间站的运行和航天员的生命[55]。

中国载人航天计划的批评者也提出了类似的观点，特别是在该计划的早期阶段[56]。

印度的太空计划曾经明确表示不会进行载人航天项目。被称为印度太空计划之父的维克拉姆·萨拉巴伊（Vikram Sarabhai）博士明确表示，航天项目必须立足于实际应用需求。直到最近，印度空间研究组织网站的主页还有萨拉巴伊的如下语录：

> 有些人质疑航天活动对一个发展中国家的意义问题。对我们来说，我们有明确的目标。我们并不幻想在月球和行星探索以及载人航天方面与经济发达国家一争高下。我们的关注点在于，我们能否在国家和国际社会发挥有意义的作用，我们必须在应用先进技术解决人类和社会实际问题方面独占鳌头。

但是，在过去十年，印度的太空愿景和航天计划已经发生了巨大的变化。

印度在 2009 年发布的《2025 年航天愿景》中概述了其太空计划。虽然该愿景仍然包含利用卫星通信和导航系统，以改善农村地区的连通性，加强成像能力用于自然资源管理和天气及气候变化研究等内容，但这一愿景增加了行星探索、开发重型运载火箭和可重

---

[55] Harrison，“解读 3C 太空政策”，第 127 页。

[56] “航天任务激发了民族自豪感，但也引来了批评”，《亚洲新闻科技版》，2005 年 10 月 13 日。www. asianews. it/news－en/Space－mission－generating－national－pride－but－also－criticism－4350. html。

复使用运载火箭以及载人航天计划等内容。最初具体内容包括在2020年之前实现载人登月，以及向火星、近地小行星和对太阳进行近距离机器人观测等任务。印度研究人员认为，这种思维方式的变化通常被解释为一种“演进”。另一种很大可能性是，面对他国的技术印度倍感压力，这也是印度改变思路的原因，最生动的例子是，印度于2014年成功进行了火星探索任务[57]。

2014年9月，印度的火星飞船（Mangalyaan）开始围绕火星运行。印度由此成为第一个到达火星的亚洲国家，也是首次探索任务就尝试绕火星飞行的国家，同时也是第四个绕火星飞行的国家。此前只有美国、苏联和欧洲到达过火星。火星飞船令印度成为航天大国，其重要性不容低估。中国一直伴随着航天成就的声望和相应的地区和地缘战略影响力，成为亚洲受益者，现在轮到了印度。火星飞船的成功也令研制公司——安特里克斯公司（Antrix）的技术研发能力得到了认可，并有望带来巨大经济回报。安特里克斯公司是印度空间研究组织下属的商业机构[58]。毫无疑问，航天两用技术也对印度雄心勃勃的军事太空计划至关重要。从许多层面看，航天活动能不断馈赠人类礼物。

印度以破纪录的时间和相对较少的预算成功抵达火星。火星飞船，即火星轨道器任务（MOM）的可行性研究于2010年开始。2012年开始开发航天器，仅在15个月后，火星飞船于2013年11月发射升空，并于9个月后抵达火星。印度空间研究组织称任务费用仅为7600万美元，远远低于同一周进入火星轨道的美国Maven任务

---

[57] “曼加里安”号的大部分描述来自 Joan Johnson - Freese，“（政治）行星是如何联手把印度探测器送上火星的”，《外交家》，2015年6月24日。http：//thediplomat. com/2015/06/how - the - political - planets - aligned - to - get - india - to - mars/。

[58] Samantha Subramanian，“为什么印度要登陆火星”，《纽约时报》，2014年9月26日。www. newyorker. com/business/currency/india - really - went - mars。

(然而 Maven 明显更复杂)，正如印度总理莫迪所言，这一费用甚至低于耗资 1 亿美元的好莱坞太空大片《地心引力》[59]。然而，印度的卓越成就并不是源于印度拥有更好的激励机制或比其他国家更好的科学和工程怪才。这一成就是国内和地缘政治因素的综合产物，印度可谓占尽天时地利之优势。

从地缘政治上讲，与中国的神舟载人航天计划和嫦娥探测登月计划相比，在亚洲的太空竞赛中，印度与日本和韩国一样，似乎被远远甩在身后。以美国阿波罗计划为例，太空探索历来具有重大的技术领导意义，印度不希望看到中国的地区太空领导地位稳如泰山。

印度想要做一些中国不曾尝试过的事情，印度想要“战胜”中国。登月竞赛已经分出胜负，但印度却先中国进行了火星探索。中国曾尝试借助俄罗斯于 2011 年发射“萤火一号”执行火星任务。但这次任务并未取得成功。这为印度提供了捷足先登的机会，以及随之而来的地缘战略声望。

中国的航天计划取得了巨大成功，与此同时，美国的载人探索计划主要集中在国际空间站任务方面，除航天员斯科特·凯利(Scott Kelly)在太空停留一年引发了美国公众的关注外，并没有太多轰动一时的太空活动。NASA 的火星探索计划还遥遥无期，而且摇摆不定，因此难以吸引公众的注意力。这导致了人们形成了一种看法，即中国在航天活动方面正在“打败”美国。虽然中国取得的航天活动成就美国多年前就已经取得，但随着时间的推移，上述看

[59] “我们的火星任务比拍摄《地心引力》电影还省钱”，莫迪总理在 PSLY C－23 火箭发射之后说，新德里电视台，2014 年 6 月 30 日。www. ndtv. com/india－news/our－mars－mission－cheaper－than－the－movie－gravity－pm－modi－after－pslv－c－23－launch－582320。

法变成了现实，人们认为美国在与中国的太空竞赛中有时显得有些落败[60]。因此，当印度向NASA提出，为火星飞船提供深空导航和跟踪支持时，NASA很爽快地答应下来。作为回报，美国科学家可以分享印度航天器的重要科学数据，而美国政客则得意地看到，中国在航天活动中，被一个美国支持的民主国家所反超[61]。

航天飞行活动意味着一个国家拥有多方面的领导力。美国国家科学院空间研究委员会定期评估航天活动给领导力带来的全面进步，研究成果包括《美国太空探索的未来》（2009年）、《NASA的战略方向和国家需要达成的共识》（2012年），以及《探索之路》（2014年）[62]。不幸的是，对美国来说，一般公众往往将太空领导地位等同于载人航天活动；此外，自航天飞机于2011年退役后，美国的载人航天活动只有借助于俄罗斯将航天员送往国际空间站，这种对俄罗斯载人航天活动的依赖进一步强化了人们的看法，认为美国正在逐渐失去在太空领域的领导地位[63]。然而，与此同时，海顿将军在《上方的战斗》中，却设想了一个完全不同的场景和视角。

---

⑩ Eugene Chow，“美国正暗暗与中国进行一场太空竞赛，而且赢面越来越小”，《周刊》，2014年2月11日。http：//theweek. com/articles/451227/undertheradar - space - race - china. - losing。Adam Minter，“美国正与中国展开太空竞赛”，《彭博观点》，2014年6月9日。www. bloombergview. com/articles/2014 - 06 - 09/china - has - u - s - in - a - space - race。

⑪ 美国发言人办公室，“美印联合简报：太空合作”，美国国务院，2013年6月24日。www. state. gov/r/pa/prs/ps/2013/06/211029. htm。

⑫ 美国国家科学院国家研究委员会，《美国太空探索的未来：国家需求与民用太空项目的统一》，国家研究院出版社，华盛顿特区，2009年；国家研究院国家研究委员会，《NASA的战略方向与国家需要达成的共识》，国家研究院出版社，华盛顿特区，2012年；国家研究院国家研究委员会，《探索之路：美国太空探索计划的基本原理与方法》，国家研究院出版社，华盛顿特区，2014年。

⑬ Joan Johnson - Freese，“美国出让太空领导权”，《弗莱彻论坛》，第39卷第1期，2015年冬季，第91 - 98页。www. fletcherforum. org/wp - content/uploads/2015/04/Johnson - Freese. pdf。

对抗

太空被认为充满对抗和竞争，这两者之间的区别需要加以澄清，在《美国国防部军事术语词典》[64]或《太空条令》[65]中仍然没有给出相关定义。罗杰·哈里森建议，“美国不同机构……给出了对抗性太空的定义，是指能力、动机和意图的综合[66]。”哈里森进一步指出，空军太空司令部司令罗伯特·克勒（Robert Kehler）将军（2007年至2011年担任空军司令部司令，2011年至2013年担任战略司令部司令）首先使用了“对抗”一词，旨在体现对“主宰地位”的虚幻追求，但却没有给出具体定义。

从哲学上讲，主宰和“控制太空”是冷战后单极世界的论调，美国自视为公正的霸主，这暗示美国抱有的崇高义务，为“表现良好的实体”保障太空安全，并拒绝“邪恶实体”进入太空。正如美国所认为的那样，这是为了全人类的利益。在对抗性太空，环境变成受物理定律的约束，人类必须学会照顾自己，并远离恶魔。尽管控制太空颇有世界主宰者的色彩，但在现实世界，主宰和控制太空无异于痴人说梦。因此，控制太空所要应对的威胁必须加以修正，使目标更容易实现，以便不断提升技术以应对这些威胁，如“对抗性”太空环境。人们将对抗性太空环境理解为能力、动机和意图的综合。但是，鉴于绝大多数太空技术具有双重用途，因此很难解读动机和意图，实际上，是能力因素决定着太空的对抗性。这种观点也符合传统的军事思维方式，即能力等同于威胁。根据定义，任何

---

[64] 《美国国防部军事术语词典》，www. dtic. mil/doctrine/doddictionary/index. html。

[65] 参谋长联席会议，《空间行动联合理论》，美军联合出版物 3 - 14，2002 年 8 月 9 日，参谋长联席会议办公室，华盛顿州华盛顿特区。www. dtic. mil/doctrine/new_ pubs/jp3_ 14. pdf#search = “space”。

[66] Harrison，“解读 3C 太空政策”，第 127 页。

具有双重用途的东西都具有军事能力，因此可以而且已经被认为是一种威胁。

解读中国在航天方面的意图比研究已知能力要困难得多[67]。必须以来自各种官方和非官方信息为基础进行分析研究，因此只能对中国的意图进行大致解读。低估其能力并以最友善的方式揣测其意图存在如下风险，即面对已经形成的威胁，应对准备不足；高估能力并以最坏的方式揣测其意图则会导致另一种风险，即因采取过于激进的行动反而增加了对美国能力的威胁。因此，在进行相关研究并得出结论时，必须秉持谨慎态度。

公开资料，特别是专业期刊，经常被用作信息源，人们以此推断中国正在进行的航天项目，其实有些航天项目只是处于设想阶段。此外，大多数技术期刊都具有高度专业性，其主题涉及光学、轨迹、传感器等技术细节，因此很难据此推断其背后的意图。长期从事中国研究的拉里·沃策尔指出，"分析意图"的难度部分在于，"中国的科学文摘中的大多数技术文章虽然也谈及如何进行太空战，并分析了美国的优势和弱点，但这些都停留在理论探讨阶段[68]。"

除了专业期刊之外，中国国内公开的商业信息和研究论文的数量正在成倍增加。中国学术界和媒体出现了更广泛的观点。在市场竞争的推动下，媒体机构的数量正在激增。然而，大多数美国人都知道，依靠《国家问询报》或某篇博客了解"事实真相"存在风险，而美国的研究人员似乎并不总是认为，面对中国不同的消息来源，必须采取有所甄别的眼光。例如，虽然美国人认为，人们鼓励

---

[67] 本节中的部分材料来自 Joan Johnson－Freese，对美中经济与安全审查委员会所作证词，2015 年 2 月 18 日。www. uscc. gov/sites/default/files/Johnson%20Freese_ Testimony. pdf。

[68] Larry M. Wortzel，"中国与太空战场"，《亚洲网络备忘录 346》，2003 年 10 月 15 日。www. heritage. org/research/reports/2003/10/china－and－the－battlefield－in－space。

大学教授或战争学院学生要“跳出框框”，提出不同的国防政策观点，但这未必反映美国政府的立场。但这一规律似乎并不十分适用于中国。

2000 年，一位初级军官曾发表观点：“对于那些依靠坦克和飞机永远无法赢得与美国的战争的国家来说，攻击美国的太空系统可能是一个不可抗拒的诱人选择。”[69] 这句话旨在说明，美国作为唯一的超级大国，在 1990—1991 年的海湾战争中展示过其军事力量和空间能力，但仍然可以加以战胜。上述观点成为人们解读中国“意图”时最常引用的一段话。他对美国太空脆弱性的大部分“研究”只是对美国政府文件的照本宣科，包括 1997 年和 2001 年《四年一度防务评估》和 1998 年《太空司令部长期计划》[70]。这只是一种宣传手段，旨在引发美国的反应；这一手段果真奏效。来自中国众多来源的信息增加也增大了沟通失误的可能性。在这种情况下，研究人员必须仔细考察信息来源。不幸的是，在“寻求主宰地位”的时代，耸人听闻的解读和疏于事实核实的现象并不少见。有些研究者表示，这种现象仍在继续。

例如，五角大楼在 2003 财年和 2004 财年关于中国军力的年度报告[71]提到了某国的“寄生”卫星，这类卫星可能被用作反卫武器。然而，忧思科学家联盟的研究人员格雷戈里·库拉奇（Gregory Kulacki）和大卫·赖特（David Wright）发现，简单通过互联网搜

---

[69] 《美军的软肋和战略弱点》，新华社，2000 年 7 月 5 日。

[70] Gregory Kulacki，《中国军方太空战略权威来源》，忧思科学家联盟，马萨诸塞州剑桥，2014 年 3 月，第 2 页。www. ucsusa. org/sites/default/files/legacy/assets/documents/nwgs/China - s - Military - Space - Strategy. pdf。

[71] 引自 Gregory Kulacki 和 David Wright，《军事情报失察了吗——寄生星案例》，忧思科学家联盟，马萨诸塞州剑桥，2004 年 8 月 16 日。www. ucsusa. org/sites/default/files/legacy/assets/documents/nwgs/parasite_ satellite_ 8 - 17 - 04. pdf。

索，这些寄生卫星故事的制造者来自某小镇，他自称为“军事爱好者”[72]。这位“军事爱好者”的故事于2000年10月首次出现在互联网上，随后被反复多次引用，甚至成为了五角大楼的研究课题。网站上还有几十篇关于他国战胜美国“秘密”武器的报道。寄生卫星似乎更像是这个人虚构的故事，而不是事实。

还有其他误解的例子。莱特·帕特森空军基地的国家航空航天情报中心于2005年3月发布《对太空优势的挑战》一文，重点援引了某学院的文章，暗示中国将对在轨资产构成威胁[73]。格雷戈里·库拉奇和大卫·赖特再次追踪了这些引文和来源，发现存在几个关键错误，忧思科学家联盟关于中国军事太空能力的研究论文对上述错误进行了全面论述[74]。对中文原文省略了一些关键词，而且对相关内容也有误解。例如，“应该”（表示对一个尚未作出的决定的建议）被错误理解为“将要”（表示中国打算做什么或正在做什么）。此外，发现此文作者是一个初级教官，主要负责对初级军官进行实弹射击和模拟训练，该部门没有进行反卫武器的研究，而且该机构后来已被撤销。对于美国政府规划工作来说，这并不完全是一个权威信息源。

除五角大楼的年度报告外，美中经济与安全审查委员会也发布了一份关于中国军事能力的年度报告，包括与太空有关的信息，这些信息也受到了质疑。例如，在2008年，简单通过互联网搜索，就

---

[72] 引自 Gregory Kulacki 和 David Wright，《军事情报失察了吗——寄生星案例》，忧思科学家联盟，马萨诸塞州剑桥，2004年8月16日。www. ucsusa. org/sites/default/files/legacy/assets/documents/nwgs/parasite_ satellite_ 8 - 17 - 04. pdf。

[73] 引自 Gregory Kulacki 和 David Wright，“关于美国对华情报的新问题”，2005年9月15 日。www. ucsusa. org/sites/default/files/legacy/assets/documents/nwgs/nasic - analysis - final - 9 - 15 - 05. pdf。

[74] 同上。

会发现报告内容不符合事实[75]。相关谬误包括上文提及的已被撤销的中国组织机构被认为仍在运行；报告称成功发射了一枚先锋火箭，但实际纯属子虚乌有；报告还暗示中国没有专门的中继卫星，但实际上中国已经发射了一颗，对此中国媒体进行了大量报道。2014 年库拉奇发表一篇题为“2014 年美中经济与安全审查委员会报告：这么多年过去了，问题仍在继续”[76]。在这篇文章中，库拉奇列举了美中经济与安全审查委员会对中国核潜艇分析研究存在的问题，并指出该委员会过于意识形态化，此外，对中国意图的解读一贯语焉不详。然而，这些报告却被国会和五角大楼等部门用于政策制定和预算规划。

即使不存在意识形态上的倾向，各部门在分析解读与中国航天意图相关信息时也会遇到不少困难。其中存在三个突出问题：语言障碍、信息源选择不当，以及对原始材料评估缺乏重视。没有中文能力或中文能力有限的评估者，只能评估那些翻译成英文的资料，而这部分资料的译者本身翻译能力也许就存在不足。为官方提供翻译的机构，如外国广播信息服务局（FBIS），可能不熟悉航空航天的技术语言，因此他们的资料来源仅限于中国报刊和网络帖文等内容，其中一些内容的可靠性值得怀疑，同时也会存在意识形态的偏见，这也往往被研究者所忽视。最后，在没有严谨评估消息来源的情况下，观点和宣传性内容（这类文章在美国也很普遍）被研究者

---

⑮ Gregory Kulacki 和 Joan Johnson - Freese，中美经济安全与审查委员会备忘录。www. ucsusa. org/assets/documents/nwgs/memo - to - uscc. pdf。

⑯ Gregory Kulacki，“2014 年中美经济与安全评估委员会报告：多年后依然懈怠”，《核万物》，2014 年 11 月 24 日。http：//allthingsnuclear. org/gkulacki/the - 2014 - uscc - report - still - sloppy - after - all - these - years。

视同于政策[77]。所有这些因素都使一个已经被双重用途技术弄得一团糟的问题变得复杂。

解读开发两用技术背后的动机和意图，充其量只是猜测。同样重要的是，大多数国家没有足够的财力和产业能力，分别实施民用太空计划和军用太空计划，因此，人们普遍认为，开发军民两用技术使政府具有良好的投资回报。为最大限度利用资源，中国、法国和日本等许多国家建立了相关部门和业务，专门用于两用技术的开发。这些国家与美国相比，空间活动和组织机构在军事和民用之间的界限更为不清，尽管美国军民项目之间的界限往往也是模糊不清。例如，在航天飞机项目之前，美国的民用运载火箭诞生于导弹项目，而航天飞机的货舱经过了专门设计，以便能够运载美国的大型侦察卫星。然而，总的来说，美国在技术开发以及将两用技术用于民用和军用太空计划方面，更多的是由于巧合而非政策规定。

由于太空技术在很大程度上具有双重用途的性质，因此几乎所有航天活动都可以被视为具有军事用途。因此，了解任何国家正在从事的航天活动，比知道这些活动背后的动机和目的要容易得多。例如，可以观察到太空中的同轨交会和接近操作的卫星。该卫星是用于评估另一颗卫星的损坏情况等良性操作，还是用于撞向另一颗卫星等不良动机，或者两者兼而有之，很少能根据硬件加以判断确定。

2008 年，作为神舟七号任务内容之一，航天员翟志刚进行中国首次太空行走，这是中国“三步走”载人航天计划第二阶段的一个预定步骤。一颗名为伴星一号（BX－1）的小型卫星从飞船顶部释

---

⑦⑦ Gregory Kulacki，《公开出版物中的反卫星（ASAT）技术》，忧思科学家联盟，马萨诸塞州剑桥，2009 年 7 月 1 日。www. ucsusa. org/sites/default/files/legacy/assets/documents/nwgs/Kulacki－Chinese－ASAT－Literature－6－10－09. pdf。

放出来。这颗伴星“从近距离传回神舟七号的图像，然后离开几千米的距离，在神舟七号脱离轨道后测试与神舟和轨道舱的组网技术”⑱。随后，关于伴星一号的真正目的、真正意图，甚至它是否试图接近（从而威胁）国际空间站的猜测甚嚣尘上。例如，华盛顿特区国际评估和战略中心的高级研究员理查德·费希尔就表示：

> 我们不知道伴星一号实际接近国际空间站的距离。但对我来说，在3.1千米每秒的接近速度下，神舟七号在45千米处已经太近了。我预计，随着时间的推移，来自国会的质询将披露更多伴星一号经过国际空间站的相关数据⑲。

虽然伴星一号对国际空间站构成的实际风险非常值得怀疑⑳，但这些指控却引起了巨大轰动。

透过硬件无法了解一国的意图，只能了解其能力。中国近年来发射了一些实验性卫星，特别是“创新”和“实践”卫星。这些卫星的既定任务包括地球观测、太空天气实验、太空碎片观测、机械臂观测，以及测试太空维护的技术能力，包括抵近操作。中国媒体提到中国的遥感卫星系列是为了救灾、地球观测和科学实验。这些卫星的发射引发了人们对其预期用途的众多猜测，这与国际社会对美国 X－37B 轨道试验飞行器的预期用途充满好奇如出一辙：人们

---

⑱ “神舟七号”，《天文索引百科》。www. astronautix. com/flights/shezhou7. htm。

⑲ 引自 Peter J. Brown，“在太空中，中国比美国快一步”，《亚洲时报在线》，2008年10月25日。www. atimes. com/atimes/China/JJ25Ad02. html。

⑳ David Wright 和 Gregory Kulacki，《中国神舟七号“伴随卫星”（BX－1）》，忧思科学家联盟，马萨诸塞州剑桥，2008 年 10 月 21 日。www. ucsusa. org/sites/default/files/legacy/testfolder/aa－migration－to－be－deleted/assets－delete－me/documents－delete－me/nuclear_ weapons_ global_ sec－delete－me/UCS－Shenzhou7－CompanionSat－10－21－08. pdf。

猜测这一轨道器或被用作太空武器[81]。

让华盛顿头疼的不只是中国。在冷战后的几年里，克林顿政府认为与俄罗斯进行太空合作符合美国的利益，最终在 1993 年向俄罗斯提出在国际空间站项目中进行全面合作。俄罗斯不仅可以为该项目带来许多航天经验，并有望分摊一些成本，此外，还有更广泛的外交政策考虑[82]。具体来说，苏联解体后，让无事可干的俄罗斯航空航天工程技术人员在世界范围内寻找工作，这不符合西方的利益。但后来政治环境发生了改变。2014 年，奥巴马政府对俄罗斯某些官员和特定经济领域进行了制裁，希望说服俄罗斯总统普京改变其侵略性和反美的外交政策。随后，俄罗斯副总理德米特里·罗戈津用其英文推特账户向美国发出了一个信息："在分析研究了美国对俄罗斯航天工业的制裁后，我建议美国用蹦床将其航天员送到国际空间站。"[83]

自航天飞机退役以后，美国一直依赖俄罗斯提供往返国际空间站的航天员运输服务，俄罗斯不太可能放弃价值高达数千万美元的这种服务订单。国际空间站也由位于得克萨斯州的休斯敦中心和莫斯科郊外的科罗廖夫中心进行控制，两国共同处理运行业务。此外，即使在俄罗斯与美国出现激烈政治纷争期间，国际空间站仍能保持这种持续合作，这也是为未来提供的"经验教训"。具有讽刺意味的是，美国的"宇宙神"火箭也使用俄罗斯制造的 RD－180 发动机。

---

[81] Sharon Weinberger，"X－37B：军用航天飞机的秘密"，《BBC》，2014 年 11 月 18 日。www. bbc. com/future/story/20121123－secrets－of－us－military－spaceplane。

[82] John Logsdon 和 James R. Miller，《美俄载人航天合作影响评估》，NASA 合同，2001 年 2 月。www. nasa. gov/externalfla. sh/iss－lessons－learned/docs/partnersusrussia. pdf。

[83] 引自 Adam Taylor，"俄罗斯副总理建议美国用蹦床送航天员去往太空；应该是在开玩笑"，《华盛顿邮报》，2014 年 4 月 30 日。https：//www. washingtonpost. com/news/worldviews/wp/2014/04/30/russias－deputy－pm－tells－u－s－astronauts－to－go－to－space－on－a－trampoline－the－joke－may－be－on－him/。

美国和俄罗斯在航天领域存在相互依赖关系。现在，美国似乎更关注俄罗斯军事太空计划的复苏。然而，这种复苏不会出现出乎人们意料的奇迹。

在苏联时期，苏联以“斯普特尼克”号卫星和尤里·加加林开启了人类航天时代的先河。虽然美国借助阿波罗计划赢得了太空竞赛的金牌，但俄罗斯的太空探索成就也不可小觑。俄罗斯早期的太空探索成就过去和现在都是民族自豪感的重要来源，这在冷战后的年代里受到了影响。俄罗斯从一个全球超级大国变为所谓的“拥有导弹的上沃尔特（Upper Volta）”[84]，普京非常清楚这个名称的含义。20 世纪 90 年代，美国向俄罗斯保证，在俄罗斯认可德国统一后，美国不会将北约东扩至前华沙条约国，但此后不久，美国就开始了北约东扩[85]，因为俄罗斯过于衰弱，无力对此采取任何行动。在 2012 年总统竞选辩论中，共和党候选人米特·罗姆尼（Mitt Romney）将俄罗斯称为美国的头号敌人，遭到众人的嘲笑。然而，罗姆尼的先见之明最近得到了验证。俄罗斯复兴太空能力只是普京恢复俄罗斯民族自豪感和尊严的一种方式。其军事太空计划也是复兴太空能力的内容之一，这也符合俄罗斯的国家重大安全利益。

像中国一样，俄罗斯也注意到，自科索沃战争以来，美国军队利用太空能力获得了极大优势，俄罗斯因此下定决心，希望尽快弥补太空技术差距。在俄罗斯 2014 年的军事学说中，重点论述了对俄罗斯联邦构成主要外部威胁的三大天基能力：“全球打击能力”、

---

[84] Alexander Golts，“普京想恐吓其他国家，好让他们重新重视俄罗斯”，《莫斯科时报》，2014 年 7 月 11 日。www. huffingtonpost. com/alexander - golts/putin - russia - world - fear_ b_ 6122028. html。

[85] Mary Alise Sarrotte，“失信于人？关于北约扩张，西方到底对莫斯科说了什么？”《外交事务》，2014 年 9 - 10 月。https：//www. foreignaffairs. com/articles/russia - fsu/2014 - 08 - 11/broken - promise。

“在太空部署武器的意图”，以及“战略性非核精确打击武器”[86]。俄罗斯显然认为，必须有能力应对上述威胁。

俄罗斯认为，信息是决定未来战争的重要因素，并将提升信息战能力视为重点。“信息打击行动包括信息袭击作战、信息武器战和信息打击，其目的是削弱敌人的部队指挥和控制能力以及武器控制系统，并摧毁其信息资源。”[87] 为实现上述目标，俄罗斯必须保持利用太空的能力，因此，俄罗斯与中国一样，拒绝被拒止利用这一能力。俄罗斯还将其核威慑力视为国家安全的主要保障，这点与中国再次不谋而合；因此，莫斯科强烈坚持反对美国在其周边部署导弹防御系统，这一反对态度主要基于政治姿态而非技术必需[88]。

美国一直坚称，在欧洲部署导弹防御能力不是针对俄罗斯（而是针对伊朗），而俄罗斯却不这么认为，至少口头不予认可。2013年，为了让俄罗斯放心，美国副助理国务卿弗兰克·罗斯重申了在2012年芝加哥北约峰会上发表的导弹防御意图：

> “北约在欧洲的导弹防御不会破坏战略稳定。北约导弹防御不针对俄罗斯，也不会损害俄罗斯的战略威慑能力。”借助透明度以及与美国和北约的合作，俄罗斯将亲眼看到这个系统是针对欧洲–大西洋地区以外的弹道导弹

---

[86] James R. Clapper，《美国情报界全球威胁评估》，参议院军事委员会，国家情报总监办公室，2016 年 2 月 9 日，第 9 页。

[87] Jana Honkova，《俄罗斯联邦太空军事方针及其太空军事能力》，政策展望，乔治·马歇尔研究所，弗吉尼亚州阿灵顿，2013 年 11 月，第 3 页；引自 Igor Morozov，Sergey Baushev 和 Oleg Kaminskiy，“太空及现代军事活动特征”，《Vozdushno – Kosmicheskaya I Obobona》，第 4 期，2009 年。http：//marshall. org/wp – content/uploads/2013/11/Russian – Space – Nov – 13. pdf。

[88] Joan Johnson – Freese 和 Ralph Savelsberg，“为什么俄罗斯一直反感欧洲导弹防御：政治”，《突破防御》，2013 年 10 月 17 日。http：//breakingdefense. com/2013/10/why – russia – keeps – moving – the – football – oneuropean – missile – defense – politics/。

> 威胁，而且北约的导弹防御系统既不能消除也不能破坏
> 俄罗斯的战略威慑能力[89]。

然而，在俄罗斯2014年的军事理论中，将导弹防御视为其第四大威胁；此外，俄罗斯还威胁要采取一系列反制措施应对导弹防御系统的部署[90]。与许多其他问题一样，普京采取咄咄逼人的挑衅性反西方（特别是反美）态度在国内民众中得到了很大支持，并转移了民众对俄罗斯经济困境的注意力。

俄罗斯针锋相对的做法似乎并非局限于地面。2015年，经过一些奇怪的机动，俄罗斯将其一颗军事卫星停在了国际通信卫星组织的两颗卫星之间。美国军方利用一些国际通信卫星组织的卫星执行任务，包括无人机任务和通信，因此俄罗斯卫星的机动引起了五角大楼的愤怒。然而，俄罗斯人对此置之不理，并辩解说“俄罗斯这颗卫星绝不可能是一个侵略者”[91]，而且发生碰撞的可能性很小。不过，这并不是引起美国关注的俄方唯一活动。俄罗斯在2013年和2014年发射通信卫星，并进行了申报登记，但其中也搭载了未申报的小型物体，这些物体在有效载荷周围进行了机动，这些机动受到了研究人员的关注和质疑，认为俄罗斯其实是在测试反卫能力[92]。

俄罗斯若希望自己在军事太空能力方面看齐甚至超过美国，目前既具有优势也存在劣势。因为在苏联解体后，许多军事太空系统

---

[89] Frank A. Rose，“关于‘实施欧洲分阶段适应性导弹防御方案’的讲话”，波兰国防大学，波兰华沙，2013年4月18日。www. state. gov/t/avc/rls/2013/207679. htm。

[90] 俄罗斯联邦军事原则，2014年12月25日，https：//www. offiziere. ch/wp - content/uploads - 001/2015/08/Russia - s - 2014 - Military - Doctrine. pdf。

[91] Laurence Peter，“美国对军事卫星产生焦虑，俄罗斯对此不屑一顾”，《BBC新闻》，2015年10月20日。www. bbc. co. uk/news/world - europe - 34581089。

[92] Laura Grego，“俄罗斯的小型机动卫星：监视器还是反卫星？”，《核万物》，2014年12月1日。http：//allthingsnuclear. org/lgrego/russias - small - maneuvering - satellites - inspectors - or - asats。

只是苟延残喘，俄罗斯不像美国那样依赖太空系统。因此，不像美国的卫星那样，俄罗斯的卫星并不是一个有吸引力的攻击目标；这对俄罗斯这类国家尤其重要，因为此类国家的经典军事理论更看重进攻，甚至是先发制人的打击[93]。无论是出于自愿还是需要，在历史上俄罗斯一直采用许多不太复杂的卫星，这些卫星的寿命有限，但能够迅速更换。俄罗斯拥有美军羡慕不已的恢复能力。但是，在将太空愿望转化成现实能力方面，俄罗斯有一条艰辛漫长的道路要走，包括发展全面能力以及将这些能力用于作战行动。出于政治需要，俄罗斯必须向其他国家提供“格洛纳斯”（GLONASS）的导航能力，以吸引用户远离全球定位系统（GPS）和美国的影响。在使用蓄意挑衅性策略招致美国和国际社会的愤怒方面，俄罗斯并不是唯一国家。

2016 年 2 月 7 日，朝鲜成功发射了名为“光明星-4 号”的第二颗卫星，这是一颗地球观测卫星。平壤放烟花庆祝，政府发言人称国际社会阻止发射的努力不过是“对着月亮吠叫的小狗”[94]。大言不惭、挑衅和蔑视性语言显然始终是朝鲜外交政策的主调。虽然朝鲜声称发射卫星是基于国际规范，是对外层空间的和平利用，但国际社会对朝鲜的行为则有不同观点。

一次发射是否真的是为了将卫星送入轨道，可以从技术上加以辨别。忧思科学家联盟的大卫·赖特在对比典型的液体燃料洲际弹道导弹（ICBM）和朝鲜用于卫星发射尝试的银河运载火箭的轨迹时解释说：

> 卫星发射和弹道导弹的轨迹非常不同……两者的形

---

⑨③ Honkova，《俄罗斯联邦方针》，第 4 页。

⑨④ 有关 2016 年朝鲜卫星发射的分析和信息主要来自 CNN 关于该事件的社论。见 Joan Johnson - Freese，“朝鲜发射卫星为何令人不安?”，CNN，2016 年 2 月 9 日。http: // edition. cnn. com/2016/02/09/opinions/north - korea - satellite - launch - freese/。

状和火箭发动机燃烧时间都不同……洲际弹道导弹发动机燃烧300秒，而银河-3发动机的燃烧时间几乎是这个时间的两倍。洲际弹道导弹能更快地达到高速，且飞得更高[95]。

尽管如此，朝鲜可以从一次成功的卫星发射中学到如何成功开发弹道导弹的许多相关知识。

朝鲜很善于在太空技术的两用性方面做文章，并将其用作宣传工具，从而实现远程弹道导弹的试验。虽然朝鲜拥有能够到达韩国和日本大部分地区的导弹，但官方尚未对射程为1500千米以上的导弹进行飞行测试。然而，朝鲜已经进行了五次发射尝试，以便将卫星送入轨道，由于技术基本相同，他们可以从中学到关于远程导弹的许多知识。

2016年2月之前，朝鲜唯一成功的卫星发射是在2012年12月，尽管卫星到达了轨道，但似乎一直没有正常工作。朝鲜声称卫星进入轨道后传送了“金日成将军之歌”和“金正日将军之歌”，但这一说法从未被朝鲜以外的观察家证实，很多人在密切关注朝鲜的太空活动。2009年，朝鲜也曾自豪地宣称成功发射了一颗卫星，并称该卫星正在向地球传送革命歌曲。当时，朝鲜官员也是唯一听到这种歌曲的人。这并不奇怪，因为根据美国和韩国的跟踪结果，这颗卫星没有进入轨道，而是掉进了大海[96]。

然而在2016年，美国战略司令部表示，他们探测到与朝鲜“光明星-4号”发射有关的两个物体：一颗卫星和火箭助推器的最后一

---

[95] David Wright，“朝鲜即将发射火箭：我们对它了解多少?”，忧思科学家联盟，2016年2月5日。http://allthingsnuclear.org/dwright/north-korea-is-launching-a-rocket-soon-what-do-we-know-about-it。

[96] Tania Branigan，“朝鲜火箭发射‘失败’”，《卫报》，2009年4月5日。www.theguardian.com/world/2009/apr/05/north-korea-rocket-launch。

级。在发射后不久美国官员报告称，该卫星在轨道上翻滚，无法发挥任何功能[97]。如果朝鲜能够与这颗卫星进行通信，只能表明朝鲜操作卫星的能力更为强大，这也是越来越多国家关注的未来太空对抗能力。从近期来看，这次成功发射使朝离拥有洲际弹道导弹又近了一步；尽管他们仍面临几个难题，如重返大气层问题，显然仍远远没能攻克。但是，朝鲜坚持获得这些能力，加之他们最近声称进行的氢弹试验，鉴于朝鲜经常表现得反复无常，国际社会有理由感到震惊。

在 2016 年发射期间，联合国安理会召开紧急会议，谴责朝鲜违反联合国决议，该决议禁止朝鲜以任何名义进行弹道导弹技术试验，并警告将采取“重大措施”进行回应。然而，这些措施是什么，人们却不得而知。一些联合国官员表示，对这个已经基本被孤立的国家实施进一步的经济制裁将是一个恰当的回应。朝鲜最重要的盟友反对采取进一步“制裁”方案。该盟友是朝鲜的主要贸易伙伴，也是朝鲜粮食、武器和能源的主要进口来源国。该国一直在帮助金正恩政权，且历来反对针对朝鲜进行严厉的国际制裁，因为其担心如果朝鲜政权垮台，大量难民会涌入。然而，朝鲜近来的发射活动给该盟友带来了压力，要求朝鲜遵守国际社会规则，鉴于自身的财政吃紧和朝鲜近乎荒唐的行为，该盟友对这项工作越来越没有耐心。

这次发射还使已经很棘手的亚洲地缘政治关系更加复杂。几乎可以肯定的是，在 2016 年 2 月的发射活动之后，美国将加快在亚洲建立导弹防御系统的计划。具体而言，美国和韩国官方已经表示，他们将考虑“尽可能早地”在朝鲜半岛部署末段高空区域防御系统，

---

[97] Nash Jenkins，“朝鲜卫星在轨道上出现翻滚情况”，《时代周刊》，2016 年 2 月 9 日。http：//time. com/4213428/north - korea - satellite - tumbling/。

即萨德（THAAD）系统[98]。中国因在南海建造人工岛与美国发生冲突，反对部署能够深入中国领土的雷达系统。使事态更加复杂的是，中国也是韩国最大的贸易伙伴。此外，日本和澳大利亚正在考虑对朝鲜采取某种行动，以此响应联合国的制裁决议。

与此同时，朝鲜官员继续发出挑衅性声明，表示将进行更多的发射活动。朝鲜根据天气预测和超级碗时间决定朝鲜卫星发射时间，希望以此吸引更多关注。朝鲜一旦掌握了核和导弹技术，国际社会和平就会面临挑战。

2008 年 6 月，印度国防部长安东尼宣布，成立综合太空小组，隶属于综合国防司令部。其目的是为了应对印度太空资产面临的日益增长的威胁。但印度发展和整合军事太空能力的后续进展一直很缓慢，主要是各军种之间的官僚主义问题所致。2012 年，时任国防研究与发展局（DRDO）局长萨拉斯瓦特（V. K. Saraswat）明确提出，印度在太空域采用防御性战略，重点坚持太空非武器化原则。然而，萨拉斯瓦特进一步表示说，需要建立“一系列的能力”，以确保太空安全，包括保护卫星和通信及导航系统，并拒止敌人使用其“太空系统”[99]。两用技术导致的模糊性为“保护”留下了很多选择余地，尤其为导弹防御的开发和测试敞开了大门。

2015 年，俄罗斯国防部长绍伊古宣布，创建一个俄罗斯武装部队的新军种：空天军。这一军种将俄罗斯空军、防空、反导和太空部队置于一个统一司令部之下。此外，《莫斯科时报》的一篇文章

---

[98] Anna. Fifield，“美韩就反导系统开启谈判”，《华盛顿邮报》，2016 年 2 月 7 日。https：//www. washingtonpost. com/world/south - korea - united - states - to - start - talks - on -thaad - anti - missile - system/2016/02/07/leaf2df8 - 9dc4 - 45e3 - 8ffl - d76a25673dbe_story. html。

[99] Amit Saksena，“印度与太空防御”，《外交家》，2014 年 3 月 22 日。http：//thediplomat. com/2014/03/india - and - space - defense/。

称，俄罗斯政府正在：

> 投入20万亿卢布（约3200亿美元），在十年内以全新的装备取代70%的军队硬件，并重新调整军事理论和组织结构，以反映俄罗斯对当前威胁的全新认识。近年来，北约东扩成为俄罗斯的最大战略关注[100]。

据报道，其中20%的资金用于购买和开发S－500等系统，旨在实现在大气层边缘拦截目标的能力，包括拦截弹道导弹。俄罗斯不仅在扩大其军事太空能力，而且还在扩大运用它们的能力。与此同时，其他国家也在行动。

2015年有媒体放出风声，称中国人民解放军内部正在组建中国的“太空部队”。

无独有偶，美国空军在2016年2月成立了第一支太空任务部队，旨在进行重组，以精简指挥系统。此前，在2015年宣布重组后不久，空军未来作战主任马丁·惠兰少将就重组的依据进行了论述。惠兰说：“我们对空中、太空和网络进行了艰难的同步与重组工作”，这是因为太空任务的指挥链有时令出多门[101]。另一个理由是，可以更好地发挥在不同作战岗位上学到的专长。

所有的重组和现代化工作既表明太空资产的效用，也表明将其纳入作战部队运用方面面临的挑战。太空能提供各种场合所需的能力，这必然引出谁是责任人这一问题，并有可能造成内部冲突。此外，相关工作表明，有必要对部队进行全面和专业的训练，以更好

[100] Matthew Bodner，“俄军合并空军和太空司令部”，《莫斯科时报》，2015年8月3日。www. themoscowtimes. com/business/article/russian－military－merges－air－force－and－space－command/526672. html。

[101] Philip Swarts，“上将称，美国空军正改造太空司令部结构”，《空军时报》，2015年10月6日。www. airforcetimes. com/story/military/2015/10/06/usaf－revamping－space－command－strueture－general－says/73218694/。

地补充太空官僚机构的关键职位。

在一个“拥挤、对抗和充满竞争”的太空环境中，对抗意味着必须以类似的方式予以反击，这显然具有侵略性、军国主义色彩，且是一场零和游戏。每一方都希望拥有确保利用太空的能力；拥有这种机会一直被认为是一种普遍权利。但各国越来越强调独立自主的太空能力，并借助军事手段保护和保障本国权利。由此，长期以来许多国家的军方认定太空战无法避免。如果太空战果真无法避免，美国若没有做好保卫自身的准备将是一种失职；有人还提出建议，也许先下手为强能获得战术优势，并由此得出结论，需要扩充“进攻性太空对抗”计划。然而，如果太空战争并非不可避免，那么就应该把用在“防御和致胜”计划上的一半精力放在预防上，前者充其量不过是一种自我宽慰方式。而且，编造自我陶醉的预言肯定不符合美国的最大利益。因此，有必要深入剖析“太空战不可避免”这一观点。

第三章 避免修昔底德陷阱

和平并非没有冲突，而是有能力以和平方式处理冲突。

——罗纳德·里根①

2015 年，哈佛大学教授格雷厄姆·艾利森（Graham Allison）在为《大西洋月刊》（*The Atlantic*）撰写的一篇文章中表示，根据既往史实，美国和中国开战的可能性“比目前人们认为的概率要大得多”②。艾利森教授的这一结论是基于过去 500 年间新兴大国与守成大国之间 16 个冲突案例，如同 5 世纪希腊历史学家修昔底德笔下的伯罗奔尼撒战争。修昔底德写道，“雅典崛起，引发了斯巴达的恐惧，战争便不可避免”③。在艾利森教授及其团队研究的 16 个案例中，12 个案例引发了战争。然而，艾利森教授认为，与中国的战争并非不可避免。中国对此回应道，“世界上本无‘修昔底德陷阱’，

---

① Ronald Reagan，尤里卡学院毕业演讲，1982 年 5 月 9 日。www. reaganfoundation. org/reagan - quotes - detail. aspx？ tx = 2096。

② Graham Allison，“修昔底德陷阱：美中是否走向战争？”《大西洋月刊》，2015 年 9 月 24 日。www. theatlantic. com/international/archive/2015/09/united - states - china - war - thucydides - trap/406756/。

③ Thucydides，《伯罗奔尼撒战争史》，公元前 431 年著，Richard Crawley 译。http：// classics. mit. edu/Thucydides/pelopwar. 1. first. html。

但大国之间一再发生战略误判，就可能自己给自己造成‘修昔底德陷阱’”④。这就是问题所在，也是修昔底德陷阱与太空的关系。战略误判往往由结构惯性驱动，而一个强大且不断扩张的军工复合体也会产生同样的结构惯性，这种惯性深深植根于中美两国太空方面的安全困境，并持续加剧这一困境。

为避免陷入修昔底德陷阱，艾利森教授对寻求快速解决方案的战略家发出忠告：即便拥有良好政治愿望和充足的预算，但也不能急于求成。

> 战略家此刻最需要的并不是一套新战略，而是需花时间进行反思。如果中国崛起引起结构性变化构成的挑战能导致真正的修昔底德陷阱，那么“再平衡”或重拾“介入和迂回”的言论，或总统候选人展示“更多肌肉”或“力量”的类似呼声，无异于病急乱投医。未来历史学家也许会把上述言论类比于1914年英国、德国和俄国领导人的痴人说梦。
>
> 一个拥有5000年历史和13亿人口的文明的崛起，并不是一个需要解决的问题，而是必须用一代人的时间加以管控的缓慢过程⑤。

美国政界人士是否有耐心、智慧和财力应对这一长期的巨大挑战，仍有待观察。同样道理，中国、俄罗斯、朝鲜等国领导人必须接受挑战，从更为宏观的视角看待自己的下意识行为。作为教授和外交家的约翰·斯托辛格（John Stoessinger）在其著作《为什么国家会走向战争》⑥（最初出版于1971年）中，重点阐述了领导人的

④　引自Allison，“修昔底德陷阱”。

⑤　Allison，“修昔底德陷阱”。

⑥　John Stoessinger，《为什么国家会走向战争》，圣马丁出版社，纽约，1971年。

个性在引领国家或追随者走向战争方面的关键作用。领导人的领导力和性格攸关战争与和平。

修昔底德陷阱的比喻尤其适用于太空，正如艾利森在德国挑战英国海军力量的案例中所指出的，按照英国的评估，最重要的是能力，而不是意图。同样，美国军方将太空描述为“拥挤、对抗和充满竞争”是基于对潜在竞争对手能力的评估；在太空领域，潜在竞争对手主要指中国，但也越来越多地涉及俄罗斯。因此，正如艾利森所言，为避免修昔底德陷阱，不仅要秉持维持现状的老套战略，还需评估不断变化的形势。

太空战不可避免吗?

在美国关于太空战的讨论中，传统上由四大思想学派主导，其中一个学派认为太空战争无法避免⑦。詹姆斯·奥伯格（James Oberg）在 1999 年出版的《天权理论》（*Space Power Theory*）一书中表示，“太空武器化概念的核心是军事实用主义与理想化的未来主义对立”⑧。自 1999 年以来，虽然太空战争不可避免的观点仍大行其道，但也涌现出一些略有差异的观点。

第一大学派认为，美国在军事和民用能力方面对太空的依赖使得太空主导权至关重要，因为太空代表着“终极高地”。第二学派认为，太空武器化难以避免，因此美国必须做好准备。第三学派认为太空具有极大的军事价值，但寻求对太空军事化的限制，以避免太空武器化，并主张为此目的达成军备控制协议。最后是太空净土派。这一派将太空视为一方净土，应保持与南极洲相似的地位。就如何

⑦ Bruce M. DeBlois，“太空避难所，一种可行的国家战略”，《空军杂志》，第 12 卷第 4 期，1998 年冬季，第 42 - 57 页。James Oberg，《天权理论》，美国空军学院，科罗拉多斯普林斯，1999 年。

⑧ James Oberg，《天权理论》，第 146 页。

管控全球不断增强的太空能力，这场论辩中每个学派都值得人们认真研究。

“终极高地”学派将太空类比于骑兵必须守住一个山头，这是观察周围地形的最佳位置，如有必要，即可投入战斗。如果只有具备空中优势才能赢得战争，那太空就是在地球上获得军事优势的终极高地。侦察卫星等太空资产可以让军方获得原本无法触及地区的情报。值得注意的是，这些学派的研究结论并非仅仅适用于美国。凯文·波尔彼得（Kevin Pollpeter）发现，中国的太空研究也提出过太空是制高点这一观点。他说，“中国研究人员常说‘谁控制了太空，谁就控制了地球’，外太空是军事行动的新高地。”[⑨]

太空被视为“制高点”，在很大程度上是因为，如何区分空与天，人们的观点一直在不断变化。美国空军用不同的名称来描述自己[⑩]：“空军”“空天部队”“航空航天部队”和“空天网”（air, space and cyber）部队。在界定和区分不同的域（domain）方面，中国似乎也面临着同样的困境[⑪]。

但是，由于太空能力的基本物理特征与地面和空中部队能力存在差异，将太空比作地球的“终极高地”有诸多不妥。地面部队可以在山顶防御和隐蔽。在保卫领空过程中，飞机可以进行快速机动，实现自我保护。然而，太空资产是黑暗天空中的明亮物体，以确定

⑨ Kevin Pollpeter，“太空，新领域：太空行动和中国军事改革”，演讲稿，新加坡南洋理工大学，2015 年 10 月 1－2 日，第 3 页。

⑩ Joan Johnson－Freese，《过渡到太空和空军：超越口号》，国家安全研究所赞助论文，1998 年。www. dtic. mil/dtic/tr/fulltext/u2/a367211. pdf。

⑪ Kevin Pollpeter 和 Jonathan Ray，“军事战略科学中的太空作战概念演变”，《中国正在发展的太空战略》，Joe McReynolds 编辑，詹姆斯敦基金会，华盛顿特区，即将出版。

且可预测的路径运行，这些资产就成了“活靶子”⑫。因此，将太空作为制高点既带来了优势，也伴随着风险。“终极高地”学派简单将军事行动的基本原则扩展到另一个域，但这些基本原则的适用性却存在局限。而第二大学派则基于更广泛的假设。

“地球上三分之二是水，三分之一是太空研究，而太空研究的大部分都由我主持”，人们通常认为这句话出自空军太空司令部前指挥官小汤姆·莫尔曼将军之口。暂且不论对与错，然而，其中大部分研究都很快被束之高阁。但是，当该项研究的负责人很快就任国防部长时，情况就完全不同了，2001 年，在唐纳德·拉姆斯菲尔德身上就上演了这一幕。《2000 财年国防授权法案》设立了国家安全太空管理和组织评估委员会，由唐纳德·拉姆斯菲尔德主持。该委员会的报告（即拉姆斯菲尔德报告⑬或太空委员会报告）于 2001 年 1 月公布，拉姆斯菲尔德随后成为国防部长。因此，这份报告并未被束之高阁，反而成为美国太空政策的基石。该份报告的主要结论是：

> 历史告诉我们，每一种媒介，包括陆海空，都见证过冲突。现实表明，太空也不会例外。鉴于这种确定性，美国必须开发相应的手段，以威慑和防御来自或在太空中的敌对行动⑭。

人们认为太空武器化不可避免。该报告发出警告：为避免“太

---

⑫ David C. Hardesty（美国海军舰长），“基于太空的武器：长期战略影响和替代方案”，《海军战争学院评论》，2005 年春季，第 58 卷第 2 期，第 45 - 68 页，详见第 46 - 48 页。https：//www. usnwe. edu/getattachment/5caf64d6 - 6ffc - 4c00 - b934 - 6cc9c02b77af/Space - Based - Weapons—Long - Term - Strategic - Implicati. aspx。

⑬ 唐纳德·拉姆斯菲尔德在担任国防部长之前主持了两个与太空有关的重要委员会，有时也称拉姆斯菲尔德报告：《太空报告》，2001 年；《评估弹道导弹威胁委员会报告》，1998 年。美国国家安全太空管理和组织评估委员会。

⑭ 引自《美国国家安全太空管理和组织评估委员会报告》的执行摘要，根据国际公法 106 - 165，2001 年 1 月 11 日，第 10 页。www. dod. gov/pubs/spaceintro. pdf。

空珍珠港事件”，美国就必须迅速果断地采取行动[15]。因此，“ahooga”卡通警报器的声音不仅响彻五角大楼，还响彻整个华盛顿。

在认同太空冲突不可避免的军官中，有位名叫约翰·海顿的空军上校（2002年）在《空天力量杂志》上撰文，就太空战不可避免这一观点，描绘了前进的道路，但文章同时指出，有必要制定太空“规则”。

> 太空冲突是不可避免的。人类开发或占领的任何边疆都从没摆脱过纷争，但美国拥有一个机会，可以设想并影响这种未来冲突的解决方案。应通过官方和非官方谈判，定义太空这一公域及其交通规则。同时，美国不能容忍在未来措手不及，也不能允许另一个国家首先部署天基武器。为确保不会发生上述情况，美国必须制定计划，全面发展太空控制能力，除非存在明确需求推迟部署天基作战武器的决策[16]。

难得的是，海顿将军仍在大谈交通规则，但给出了限定条件。2015年，在一个小型卫星会议上，海顿将军在发表主旨演讲后回答问题时说道：

> 我希望国务院在其中发挥作用，因为我想确保——我始终认为我们应该先谈判，我希望我们沿着这条道路走下去，我们去共同制定大家所认为的国际社会在太空

⑮ 《美国国家安全太空管理和组织评估委员会报告》，第8页。

⑯ John E. Hyten上校，“是和平的海洋还是战争的舞台：应对太空中不可避免的冲突”，《空天力量杂志》，2002年秋季，第16卷第3期，第78－92页。www.airpower.maxwell.af.mil/airchronicles/apj/apj02/fal02/hyten.html。

中负责任行为的规则[17]。

但海顿表示，为快速跟上对手的步伐，意味着“每个人都必须迅速行动”，他认为必须更快地采取行动。不幸的是，外交需要时间。2016 年 2 月，在佛罗里达州奥兰多举行的空战研讨会上，海顿再次谈到太空交通规则的必要性，声称各种军事行动都有明确的规则。他进一步表示，规范很重要，因为没有国际规范就很难制定交战规则[18]。然而，历史表明，美国不能对其他国家发号施令。因此，必须基于某种规范，其他国家才会关注规则的制定，制定规则对所有国家都有好处。

2015 年，艾利森将历史作为研究分析的基础，人们也常常以历史为依据确定事物的必然性。因此，发生在过去的历史也会在未来再现。历史教训是宝贵的，但正如艾利森所指出，如果人们思考并吸取了历史教训，历史并不能决定未来。军备控制学派没有从军事行动这一历史必然性假设出发，鉴于美国拥有最多的太空资产，并且最依赖这些资产，因此首先清楚什么是美国的长期利益，然后确定实现所设定目标的最可能途径。

军备控制倡导者认为，虽然太空武器在短期内可能会为美国带来优势，但从长远来看，太空武器实际上会引发一场谁都无法取胜的军备竞赛，从而威胁美国的安全。此外，太空武器可能会促使对手发起先发制人的打击，迫使美军形成“要么使用武器，要么失去武器”的心态，并导致事态迅速升级的危险，甚至升级到核战。

---

⑰ Gen. John E. Hyten，2015 年小型卫星会议主题演讲，犹他州立大学，2015 年 8 月 10 日。www. afspc. af. mil/About - Us/Leadership - Speeches/Speeches/Display/Article/731705/small - satellite - 2015 - keynote - speech。

⑱ 引自 Jennifer Hlad，“太空交战规则”，《空军杂志》，2016 年 3 月 1 日。www. airforcemag. com/drarchive/pages/2016/march% 202016/march% 2001% 202016/space - rules - of - engagement. aspx。

在小布什政府期间，军备控制思路显然遭到了排斥。负责军备控制和国际安全的副国务卿约翰·博尔顿（John Bolton）简洁明了地阐述了美国的立场："我们不打算就所谓的外太空军备竞赛进行谈判，我们认为这毫无意义。"⑲ 这一立场的背后逻辑是，美国领先于所有其他国家，军备控制只会对美国维持这一地位构成制约。现在，美国并未明确要放弃军备控制。弗兰克·罗斯在 2016 年 3 月表示，"我想指出，美国原则上不反对军备控制。"⑳ 然而，他提出了几个前提，即"军备控制是公平的"且"可有效核查"，这令许多实际工作难以推进。

艾森豪威尔中心在 2010 年对核查问题进行了一项研究㉑，得出了几个相互关联的关键点。首先，在所有主要航天国家的行为不进行相互制约的情况下，维持太空稳定的设想是一种痴人说梦。第二，没有任何国家会信任另一个国家进行的核查。相反，各国都会坚持进行独立核查，因此，限制性协议只能对那些能力最差的国家所进行的核查措施构成制约。由于美国拥有最强大的能力，严肃的建议（而不是外交辞令）不太可能超出其核查限制。第三，核查既取决于技术能力，也取决于对具体措施语言表述的准确性。这一问题的关键点是，"如果为了达成共识而牺牲具体性，由此产生的不具约束力、有限制和/或措辞模糊的'规范'制度可能会破坏而不是增加太

⑲　引自 IIP Digital，"国务卿博尔顿表示美国支持禁止裂变材料的条约"，2004 年 9 月 13 日。http：//iipdigital. usembassy. gov/st/english/texttra. ns/2004/09/20040913160101sjhtropO. 2767298. html#a. xzz3sEGFYpxa。

⑳　Frank A. Rose，"利用外交手段推动外层空间环境的长期可持续性和安全"，演讲稿，国际稳定利用外层空间研讨会，日本东京，2016 年 3 月 3 日。www. state. gov/t/avc/rls/253947. htm。

㉑　Roger G. Harrison 大使，引自 Space and Verification，第 1 卷，"政策影响，艾森豪威尔太空与国防研究中心"。http：//swfound. org/media. /37101/space%20and%20verifica. tion%20vol%201%20 -%20policy%20implications. pdf。

空的稳定性。”[22] 军备控制方面的努力在很大程度上不为公众所知，且被媒体所忽视，政府官员对这方面的关注度远不如太空对抗行动。然而，与惩罚性威慑相比，军备控制可以为美国争取更多的国际支持，从而实现太空的稳定。

这四个学派都清楚认识到军事太空资产的重要价值。在“伊拉克自由行动”中，卫星图像、目标和地形的三维雷达图、GPS制导武器、部队专用的10万多台轻型GPS接收机，以及一批各种用途的卫星都得到了使用。这种太空资产的大量使用“使军事行动能够在几分钟而不是几小时内作出响应，大幅缩短了‘杀伤链’时间”[23]，包括目标识别、针对目标派遣部队、攻击目标的决定和命令以及摧毁目标。但是，如果杀伤链的速度变得适得其反，即错误或过度反应的可能性增加，这一点也必须予以考虑。

美国、俄罗斯、中国、印度、日本和韩国都在开发飞行速度超过马赫数5的高超声速导弹，这将大大缩短杀伤链时间。美国常规快速全球打击项目（CPGS）的目标是在1小时内将武器发射到世界各地。然而，如果这些武器被怀疑携带核武器，那么将导致事态的快速升级[24]。

第四个学派是净土学派，即将太空变为一方净土，远离军事活动，或者至少将太空应用限制在被动行动中。然而，太空技术的两用性特征使人们很难区分主动行动和被动行动。另一方面，将太空视为一方净土与“太空战不可避免”的观点形成了鲜明对比[25]，这

㉒ Roger G. Harrison大使，引自Space and Verification，“关键要点”。

㉓ Erik Seedhouse，《新太空竞赛：中国与美国》，普拉克西斯出版社，英国奇切斯特，2010年，第80页。

㉔ Eleni Ekmecktsioglou，“高超声速导弹如何将美国和中国推向战争”，《国家利益》，2015年6月28日。http：//nationalinterest. org/feature/how－hypersonic－missiles－push－america－china－towards－war－13205。

㉕ DeBlois，“太空庇护所”。

与军备控制的思路较为接近。显然，太空是军力倍增器，太空能为地面提供军事优势，因此太空不太可能保持一个原始的、没有军事活动的净土状态。

具有讽刺意味的是，奥伯格指出，“将太空视为一方净土的观点十分流行，这是美国处心积虑之作。”㉖ 美国的军事太空计划令世界其他国家相形见绌，但与此同时，美国还将太空视为一方净土，此举旨在确保如果其他国家对太空采取行动，将会被视为侵犯了这一方净土。2016 年新美国安全中心的报告《从庇护所到战场》似乎证实了奥伯格的观点。该报告称，“由于在打击或干扰卫星方面存在重大技术挑战，美国太空资产多年来始终处于高枕无忧的状态㉗。国防部长卡特在 2016 年 3 月的一次讲话中，再次重申太空作为一方净土的日子已经一去不复返，因此，国防部现在必须“做好准备，以尽力防止冲突延伸到太空”㉘。其他国家也希望能够像美国一样从太空获得优势，因此也一直在努力提高本国的技术能力。

越来越多的国家正在启动或扩充军事太空计划。2014 年，欧洲空间局局长让-雅克·多尔丹（Jean - Jacques Dordain）对欧洲空间局未来扩充其军事航天活动发表了自己的见解：

> 直至目前，与其他航天大国相比，军事太空活动是欧洲最大的短板。欧洲的太空活动始于民用活动，迄今为止，军事太空活动的规模和范围都很有限。然而，军事太空计划的数量正在上升，即使民用活动可能包含军

㉖ Oberg，《天权理论》，第 8 页。

㉗ Elbridge Colby，《从庇护所到战场：美国太空防御和威慑战略框架》，2016 年 1 月，新美国安全中心，华盛顿特区，第 7 页。

㉘ Mike Gruss，“在访问硅谷期间，卡特将五角大楼太空开支定为 220 亿美元”，航天新闻网，2016 年 3 月 2 日。http：//spacenews. com/during - silicon - valley - trip - carter - puts - 22 - billion - price - tag - on - pentagon - space - spending/。

> 事或安全相关的用户，如伽利略或哥白尼项目。欧洲空间局本身不是一个民间机构，而是一个为和平目的服务的机构，其项目可能包含安全相关内容。如果欧洲需要将太空作为其安全和防御政策的有力工具，欧洲空间局将准备发展所需的项目[29]。

除了航天合作项目之外，欧洲各国也有各自的太空项目，这些项目大多与军事太空相关。例如，2016年，法国的军事太空计划追加投资5亿多美元，重点放在下一代光学成像航天器、信号情报和卫星通信[30]。甚至连日本这样的非军事国家，以“和平利用太空”为目的，现在也改变了这一限定，允许太空用于军事，这也是现实主义需要。或许最重要的是，简言之，将太空视为一方净土并不符合美国的最大利益。但是，直到最近，人们越来越认识到，让太空成为一个远离暴力的一方净土是当务之急。

随着时间的推移，通过计算机模拟和兵棋推演，人们对太空战的不利后果和升级方式有了更多的认识。然而，这些影响很少被公众所知，同样道理，人们对“上方的战斗”重点关注的威胁也知之甚少。自2001年以来，空军太空司令部一直在举办施里弗兵棋推演，以施里弗命名演习旨在纪念施里弗将军。1961年，施里弗成为空军系统司令部首任司令，负责所有导弹事宜。起初，施里弗兵棋推演是为了检验先进太空技术在各种情况下的效用，后来演变为一个机会，以思考政策和战略问题以及外交、经济和信息力量工具如

---

[29] “欧洲空间局局长采访”，欧洲空间局，2014年2月14日。www. esa. int/About_Us/Jean - Jacques _ Dordain/The _ European _ Space _ Agency _ director _ general _ in _ interview。

[30] Amy Svitak，“法国军事太空计划开支”，《航空周刊与太空技术》，2015年12月16日。http：//aviationweek. com/space/french - spending - military - space - programs - rising - 2016。

何发挥作用。推演最初的重点是太空系统相关的问题，后来也纳入了网络系统面临的挑战这一内容[31]。虽然触发冲突的具体场景是保密的，但通常来看，第一场施里弗兵棋推演是“让‘蓝方’友军对抗一个旗鼓相当的太空对手（‘红方’部队）。‘红方’一直威胁着一个较小的近邻‘褐方’，而‘蓝方’则代表‘褐方’进行干预。”[32]任何人都不难想象，蓝方代表美国，红方代表中国大陆，褐方代表台湾地区[33]。中国当然不会面临这种困难。

多年来，人们发现了大量问题，并总结了经验教训。其中最关键的问题是事态存在迅速升级的风险，以及太空战会造成深远后果。在太空战中，受到影响的不仅仅是军事太空资产。政府部门广泛使用的商业太空资产和军事资产，如全球定位系统，都会面临风险。在第五次施里弗推演之后，在推演中扮演美国总统的国会众议员特里·埃弗雷特（Terry Everett）描述了太空冲突造成的深远影响。

> 我不知道如何向美国民众解释，我们一直与联盟伙伴共同努力化解危机，这场危机已经导致全球运输和通信服务受到影响，使全球民众无法得到维持国家安全、商业、货物运输和日常生活所需的信息[34]。

地球能够给冲突提供“防火带”，如边界、海岸线、山脉，这些条件会导致部队和作战中止。但这些条件在太空中并不存在，这使太空成为一个固有的不稳定环境，事态容易迅速升级。此外，也没

---

[31] “施里弗兵棋推演结束，空军太空司令部”，2015 年 2 月 18 日。www. schriever. af. mil/news/story. asp? id = 123439473。

[32] “空军从首次战争游戏中获得洞察”，太空新闻日报网，2001 年 1 月 29 日。www. spacedaily. com/news/milspace - Old. html。

[33] Seedhouse，《新太空竞赛：中国与美国》，第 223 页。

[34] Terry Everett（美国众议员），“建立政治共识以遏制对我国太空系统的攻击”，《高边疆》，第 5 卷第 4 期，2009 年 8 月，3 - 8 页：第 3 页。www. afspc. af. mil/shared/media/document/AFD - 101020 - 017. pdf。

有“结束太空战争”的历史经验教训可供借鉴[35]。

过去的研究时常提到存在太空战升级风险，但往往被人们所忽视，直到最近，在 2016 年的新美国安全中心报告再次提出上述问题，并对攻击和预期的“战争迷雾”做出了“合理”响应的设想，但在以往的推演中也多未得到证实。

> 如果中国或俄罗斯与美国发生地区冲突，为削弱美国的力量投送，对美国相关的太空资产进行有差异攻击，同时对更广泛的美国太空架构置之不理，作为回应，美国是否会进行重大战略攻击？如此大规模的回应似乎不太现实，甚至是愚蠢和不负责任的行为。此外，针对美国主动用于局部战争的资产，其他国家是否会将其视为攻击的禁区？事实上，每一个理性的观察者都会做出判断，对美国太空资产的这种有区别的攻击未必非法，因为美国自身也承认，美国在很大程度上依赖其太空架构进行常规力量投送[36]。

假设一个对手，包括美国，在其一个或多个太空资产受到攻击时会保持谨慎和理性，无论从理论上还是结构上看，这样的假设都是危险的赌博。

施里弗推演发现了一系列挑战，包括如何实现太空资产的指挥和控制，以及如何与盟友资产进行整合与协调，但并没有简单的答案。军方保护高价值太空资产的能力，包括先发制人甚至预防性打击能力，也许取决于其快速果断行动的能力。然而，将采取快速行动的权力交给军方也会带来风险。林肯·布卢姆菲尔德大使

㉟ Everett，“建立政治共识以遏制对我国太空系统的攻击”，第 4 页。

㊱ Colby，《从庇护所到战场》，第 17－18 页。

（Lincoln Bloomfield）在第五次施里弗推演后论述了这一难题。

> 国家指挥当局面临的问题是，如果对威胁情况的描述有误，应该怎么办？如果第一次破坏行动是一次意外呢？如果是一次示威，意在向美国发出政治警告，不要插手两个敌对国家之间的各种事务，又该如何处理？如果错误归因于某个特定对手，甚至可能是由第三方有意操纵的网络攻击行动所致，该怎么办？这里有两个要点，所有危机升级的背后推手都是政治因素，而争论的问题背后是地缘政治因素；因此，美国对危机的管控必须由政府与军队领导人共同承担。其次，面对针对美国的太空攻击，若美国迅速加以回应，带来的风险大于收益，则应避免这种冲动，留出一段时间，以便更好地了解对手的意图，以免危机升级，造成不可挽回的后果[37]。

随着新技术的出现，升级的风险不仅没有减小，反而有可能增大，因为这会进一步挤压决策时间，缩短杀伤链，而且由于拥挤和更多的太空参与者，错误和误判的可能性也随之增大。越来越多的太空参与者令问题更加复杂化。

2012 年，在内华达州内利斯空军基地进行的第一次国际版施里弗兵棋推演（SW12I）中，美军认识到国际协调的必要性，这一问题也得到了解决。其目的是模仿北约的行动，依靠成员国提供的天基力量。9 个北约国家、澳大利亚、6 个北约组织、9 个美国组织和商业航天业代表参加了此次推演。这场推演收获了以下认识：所有国家和组织都需要建立协调和合作机制，在太空态势感知领域制定

㊲　Lincoln P. Broomfield 大使，“适用于士兵、科学家和公民的太空学说：确保太空领域安全所需的条件”，《高边疆》，第 5 卷第 4 期，2009 年 8 月，17－22 页：第 20－21 页。www. afspc. af. mil/shared/media/document/AFD－101020－17. pdf。

标准和准则，这通常意味着其他国家需要采用美国空军的标准。推演后的报告指出，“在正在进行的行动中，建立正确的合作渠道是一项具有时效性和高风险的挑战。”[38] 在高风险环境中快速采取行动，同时在快速变化的形势中应对多重挑战，这种相互矛盾的要求，成为人们最常关注的问题，甚至多次出现在非机密的太空推演报告中。

在 2015 年的推演中，来自美国各政府机构的约 175 名军方和文职专家，以及来自澳大利亚、加拿大和英国的代表参加了此次推演。尽管结果并未对外公布，但年度新闻发布会却提供了一些相关消息。

> 随着推演的展开，一场地区危机迅速升级，部分原因是强大对手的多域作战变得相互关联。推演参与者强调，一旦太空控制能力被用于实现有限的国家目标，遏制战争范围的升级将面临挑战[39]。

换言之，事态急剧恶化。

基于过去的分析、模拟，甚至是作战人员的陈述，必须进行谨慎的假设，太空战很可能导致事态的快速升级，带来可怕的后果。或者，如果假设可能发生有限的太空战争，并且对手会理解并认可美国并不希望事态升级这一态度，那么，就需要采取措施，确保其他国家清楚理解并认可美国的态度。这需要对话和行动，而目前并没有像战争计划那样积极地加以实施。然而，与太空战不可避免这一观点相比，太空对话和太空军备控制同样充满复杂性。

---

[38] 施里弗兵棋推演 2012 国际版：南盟司令部报告，第 4 页。www. act. nato. int/images/ stories/ events/ 2012/ swl2i/ swl2i_ report. pdf。

[39] “施里弗兵棋推演结束”，《空军时报》，2015 年 2 月 18 日。www. schriever. af. mil/News/Article – Display/Article/735507/schriever – wargame – concludes。

太空武器化

若问太空战是否不可避免，则必然要问太空武器化是否不可避免。从冯·布劳恩和沃尔特·多恩伯格（Walter Dornberger）在德国北部佩内明德发射第一枚 V－2 火箭起，太空就已开始军事化。但是，太空武器化方面尚未越过“官方”界限。但如何区分法律上和事实上的武器化取决于如何定义太空武器。

有时候，区分两者并不困难。2004 年《大众科学》报道的“上帝之杖”概念显然是一种太空武器，这个在轨平台能够以高超声速向地球投掷钨棒，使地面目标瞬间蒸发[40]。但在大多数情况下，太空技术可以军民两用，所以唯一需要确定的就是意图。

例如，2013 年和 2014 年，俄罗斯的四次太空发射引起了美国国防部的注意，美国安全世界基金会技术分析师布莱恩·维登（Brian Weeden）对此解释道：

> 在前三次发射中，俄罗斯将小型军用卫星送入近地轨道；其中两颗卫星与俄罗斯火箭级进行了交会与抵近操作（RPO），另一颗卫星似乎“撞上”了其位置附近的火箭级。在第四次发射中，俄罗斯将一颗军用卫星送入地球同步轨道。在发射后一年内，这颗卫星已数次移动到地球同步轨道活动带的不同位置[41]。

虽然交会与抵近操作可以是良性的，但也具备了具有破坏性的反卫星能力。导弹防御技术的使用意图也可能模糊不清。

---

[40] Eric Adams，“战争会变成这样吗?”科普，2004 年 5 月 12 日。www. popsci. com/military－aviation－space/article/2004－05/what－war－will－come。

[41] Brian Weeden，“在黑暗中跳舞：最近俄罗斯在太空中的接近和交会行动”，《太空评论》，2015 年 10 月 5 日。www. thespacereview. com/article/2839/1。

据报道，2015 年 11 月，俄罗斯打着导弹防御试验的幌子，试验了“努多尔”反卫星导弹[42]。由于发生碰撞后并未报道碎片问题，俄罗斯政府凭借这一模糊性，继续把导弹防御当作借口。在 2007 年某国进行反卫星试验的几个月后，2008 年美国实施了“燃霜行动”，利用导弹防御技术击落了一颗失效卫星。这一事件发生后，太空武器具备的能力逐渐明晰，而使用太空武器的意图愈发模糊。

2008 年 2 月，无论是偶然巧合还是有意为之，美国借机使用改进后的海军“宙斯盾”导弹防御系统执行了一个“一次性任务”[43]，摧毁了一颗即将坠落地球的失效卫星（USA193），当时这颗卫星携带半吨有毒的肼燃料[44]。击落卫星的时机引发了人们的猜测，美国官方给出的理由是，肼会给公众带来健康风险。但这也许不是美国决定摧毁卫星的唯一原因，甚至不是真正的原因。有人猜测，这是为了向某国示威，也许是为了确保具有技术价值的大块卫星碎片不会落入该国之手[45]。后一项猜测得到了科学的风险计算的支持。麻省理工学院杰弗里·福登（Geoffrey Forden）教授及其同事根据燃料箱在重返大气层时受到的压力（为地球引力的 50 倍），计算出有毒气体到达地球的概率几乎为零[46]。根据上述计算结果，麻省理工学院天体物理学家乔纳森·麦克道尔（Jonathan McDowell）进一步推断道，

㊷ Patrick Tucker，“美国空军成立太空军对抗俄罗斯、中国”，国防一号，2016 年 2 月 1 日。www. defenseone. com/technology/2016/02/USAF – stands – space – mission – force – counter – Russia – China/125568/。

㊸ “一次性任务：燃霜行动”，导弹防御局。www. mda. mil/system/ aegisonetimemission. html。

㊹ Marc Kaufman 和 Josh White，“间谍卫星击落显示美国新的武器能力”，《华盛顿邮报》，2008 年 2 月 22 日，A03。

㊺ 美联社，“五角大楼：粉碎的卫星碎片不构成危险”，福克斯新闻频道，2008 年 2 月 28 日。www. foxnews. com/story/2008/02/21/Pentagon – smashed – satellite – debris –poses – no – danger. html。

㊻ 引用美联社，“五角大楼导弹击中垂死卫星”，2008 年 2 月 21 日。www. sptimes. com/2008/02/21/Worldandnation/penta. gonmissilehits. shtml。

即便卫星能够穿越大气层，“如果燃料箱能够穿过地球大气层，肼落到距离人周围91米的概率大约是2%，如果人们远离肼，就不会受到伤害。”㊼ 尽管如此，美国还是选择击落卫星，并取得了成功。

《华盛顿邮报》称赞这次精心控制的任务最大程度地减少了太空碎片，表明“美国国防部已拥有一种新武器，即将国家导弹防御计划中的导弹改造为反卫武器”㊽。《洛杉矶时报》认为，这次行动增强了“美国导弹防御系统的可信度”㊾。然而，其他国家愈发担心和质疑美国导弹防御的真实意图。例如，英国《独立报》刊文称，“几乎没有人相信用导弹击落卫星是为了保护公众健康。”㊿ 欧空局的“儒勒·凡尔纳”货运飞船（ATV）于2008年9月重返大气层[51]，携带的肼比USA193还要多，但几乎没有大肆宣传或引发健康担忧，这进一步表明，美国开展“燃霜行动”的真正原因并非消除肼的健康威胁。无论美国是为了进攻还是防御[52]，“燃霜行动”向世界展示了美国导弹防御技术的威力和多方面能力。在本例中，美国利用大多数太空技术具有双重用途这一特征模糊了其意图。

由于难以将军民两用太空技术定义为武器，军备控制谈判面临重重挑战，甚至经常难以进行。“终极高地”学派和“太空战难以避免”学派的支持者认为，除非能够对太空武器进行精确定义，否

㊼ 引用美联社，“五角大楼导弹击中垂死卫星”，2008年2月21日。www. sptimes. com/2008/02/21/Worldandnation/penta. gonmissilehits. shtml。

㊽ Kaufman 和 White，“间谍卫星击落显示美国新的武器能力”。

㊾ Greg Miller，“专家说，卫星上导弹的靶心回声远”，《洛杉矶时报》，2008年2月22日。

㊿ Andrew Gumbel，“有毒卫星之谜”，《独立报》，2008年2月17日。

[51] Ta. riq Malik，“卫星坠落时会发生什么”，Space. com，2009年1月23日。www. space. com/6349 - satellites - fall. html。

[52] James Oberg 在2009年春季出版的《坠落在火焰中，新亚特兰蒂斯》中驳斥了击落卫星不是为了公共安全的说法。www. thenewa. tla. ntis. com/publica. tions/down - in - flames。Yousaf Butt 也进行了反驳，“关于USA193号燃料箱再入的技术研究”，《太空评论》，2008年9月2日。www. thespacereview. com/article/1200/1。

则任何关于限制、禁止或以其他方式管理太空武器的谈判都毫无意义。2015 年 11 月，副助理国务卿弗兰克·罗斯重申了精确定义太空武器面临的种种困难，并指出太空军备控制工作存在可能无法克服的挑战[53]。然而，许多研究人员试图对太空武器进行定义，却遭到了一连串的质问，这些质问主要针对能力与用途等问题，虽然令人不胜其扰，但却不无道理。中国试验七号卫星、俄罗斯“2014－28E”卫星和美国 XSS－11 都具有机动能力，可用作撞击其他太空资产的武器，尽管这可能并不是官方宣称的用途。

这些年来，人们给太空武器的定义几乎五花八门。若按时间顺序回顾过去的一些定义，即可发现许多尚待解决的问题。1999 年，空军少校大卫·齐格勒（David Ziegler）将太空武器简单定义为“从陆基或天基位置直接打击太空资产的各种系统，或从太空直接打击地面目标的各种系统”[54]。但“直接”是什么意思？由于这一表述含糊不清，太空武器包括什么和不包括什么，仍有待商榷。2003 年，布鲁斯·戴布洛伊（Bruce DeBlois）将太空武器定义为“具有破坏性意图，用于构建地对天、天对天或天对地能力的武器”[55]。这一定义要求具备明确意图，由于大多数太空技术都具有双重用途，因此人们很难甚至不可能确定意图。2005 年，迈克尔·克雷朋（Michael Krepon）和迈克尔·卡茨–海曼（Michael Katz－Hyman）写道：

> 将太空武器和进攻性太空战计划定义为：用于物理攻击、损害或摧毁太空物体且经过飞行试验的专用陆基

[53] Frank A. Rose，在第三届东盟地区论坛空间安全研讨会上的讲话，东盟地区论坛，中国北京，2015 年 11 月 30 日。www. state. gov/t/avc/rls/2015/250231. htm。

[54] David W. Ziegler，“安全的天堂：军事战略和太空避难所”，载于《超越天堂之路》，Bruce M. DeBlois 编，美国空军大学出版社，亚拉巴马州麦克斯韦尔空军基地，1999 年，185－245 页：第 191 页。www. au. af. mil/au/awc/space/books/deblois/ch04. pdf。

[55] Bruce M. DeBlois，“太空武器的出现”，《太空政治学》，第 1 卷第 1 期，2003 年春季，29－53 页：第 30 页。

> 装置；用于攻击、损害或摧毁太空或地面物体且经过飞行试验的专用天基装置㊻。

此处“经过专门设计和飞行试验”以用作武器的说法也存在不同的解读空间。

2008年，俄罗斯和中国试图在《防止在外太空放置武器条约》（PPWT）草案中定义太空武器。

> “外太空武器”系指放置在外太空，基于物理原理运行，经过专门制造或改造，用于消除、损害或干扰外太空、地球表面或空中物体的正常功能，以及用于消灭人类或破坏对人类生存至关重要的生物圈，或对其造成损害的一切装置㊼。

此定义忽略了所有陆基系统。

加拿大太空专家兼外交官菲尔·贝恩斯（Phil Baines）后来提出了如下定义：“一种基于物理原理运行，经过专门设计或改进，用于伤害或杀死人类，对物体造成不可挽回的损害或破坏，或使任何地方都无法使用的装置。”㊽假如某个系统不是“专门设计或改进”成武器，但仍然作为武器使用，那么这个系统是否符合这个定义？

埃里克·希德豪斯（Erik Seedhouse）在2010年出版的专著给出了可能是迄今为止最简单的定义：“能从太空或在太空摧毁或损害

㊻ Michael Krepon 和 Michael Katz－Hyman，“空间武器和扩散”，《不扩散评论》，第12卷第2期，2005年7月，第323－341页。

㊼ 俄罗斯和中国，《防止在外太空放置武器、对外空物体使用或威胁使用武力条约草案》，第1（c）条。https：//documents－dds－ny. un. org/doc/UND0C/GEN/G08/604/02/PDF/G0860402. pdf？OpenElement。

㊽ 引用 Michael Krepon，“什么是太空武器？”，ArmsControlWonk，2010年3月18日。www. armscontrolwonk. com/archive/402665/what－a－space－weapon/。

物体的一切系统。”[59] 不过，该定义使用了“物体”一词，并未具体说明是否必须是永久损害，或者是否必须是物理损害，而非其他损害，例如对软件的损害。关于太空武器的各种定义似乎总会存在漏洞，当定义包含干扰等非动能损害或破坏时尤其如此。

除了难以对太空武器进行定义外，太空装置还经常发生自身损害和技术异常，导致十分棘手的干扰问题。2015 年，美国卫星和地面站之间的信号受到了 260 多次干扰。海顿上将认为，这些干扰不太可能都由敌对国家造成，更有可能由美国无线电或雷达传输等非人为因素所致[60]。2010 年，国际通信卫星组织官员宣布，地球同步轨道上的“Galaxy15 号”C 波段通信卫星失控[61]。这颗卫星很快被冠以“僵尸卫星”的绰号，因为这颗卫星无法自行关闭，控制人员也无法关闭。这一事件使人们注意到非人为造成的电磁干扰[62]，不过全球五大通信卫星运营商迅速合作，避免了再次发生此类问题，这也表明信任与合作的必要性。以上两个案例都凸显了太空事件中发生不幸、误解和误判的可能性很大，而这些不幸、误解和误判可能会促使一个国家对另一个国家采取行动。

无论是克服定义方面的种种困难，还是解决技术方面的所有问题，都不可能一蹴而就。固有的技术问题和几十年来未能定义太空

---

[59] Seedhouse，《新的太空竞赛》，第 81 页。

[60] 引用 Sydney J. Freeberg，Jr，“美国干扰了自己的卫星 261 次。如果敌人做了呢？”《突破防守》，2015 年 12 月 2 日。http：//breakingdefense. com/2015/12/us – jammed – own – satellites – 261 – times – in – 2015 – what – if – an – enemy – tried/？utm_ content = buffer0ba87& utm_ medium = social& utm_ source = facebook. com& utm_ campaign = buffer。

[61] Peter B. de Selding，“失控的僵尸卫星 Galaxy15 号继续造成干扰威胁”，Space. com，2010 年 10 月 15 日。www. space. com/9340 – runaway – zombie – satellite – galaxy –15 – continues – pose – interference – threat. html。

[62] 令人意想不到的是，这颗卫星在漂浮了几个月之后，突然复活了。丹尼斯·周，“‘僵尸’卫星复活”，Space. com，2010 年 12 月 29 日。www. space. com/9677 – galaxy15 – zombie – satellite – life. html。

武器的事实表明，我们或许需要换一种方法推进太空军备控制。

中国的意图

1990—1991年的海湾战争发出一种“预警”，中国开始意识到军事太空能力带来的优势，同时也意识到与美国之间的技术差距。当时空军参谋长梅里尔·麦克皮克（Merrill McPeak）将海湾战争称为“第一次太空战”。在此次战争中，太空系统首次与地面系统相结合，极大地增强了军队战斗力，对任务效能产生了重大的积极影响。在“沙漠风暴”行动中，由于部队作战的地方很少有可识别的地标，因此利用全球定位系统十分重要。

> 全球定位系统为战区几乎所有武器系统提供实时、被动的导航更新。飞机、直升机、坦克、舰船、巡航导弹，乃至向前线运送食物的卡车，都依赖全球定位系统接收机来精准确定其所在位置、速度和高度（对飞机而言）[63]。

最初，全球定位系统接收机供不应求，必要的生产时间和政府采办的繁文缛节阻碍了供应。在某些情况下，导致部分士兵家属独自购买商业接收机并邮寄给部队，而士兵则需直接写信给承包商以获取接收机。

没有全球定位系统，诺曼·施瓦茨科普夫（Norman Schwarzkopf）将军就不可能成功从侧翼进攻伊拉克军队，取得决定性进展。施瓦茨科普夫希望避免正面攻击拥有坚固地下战壕的伊拉克守军，他担心这种战术会导致盟军数千人伤亡。但战术指挥官提

[63] Thomas S. Moorman，“太空：一个新的战略边界”，《海湾战争后空中力量的未来》，Richard Schultz, Jr. 和 Robert Pfaltzgraff, Jr. 编，美国空军大学出版社，亚拉巴马州麦克斯韦尔空军基地，1992年，235-49页：第241页。

出质疑，超过 15 万人的部队，带着所有装备和 60 天的补给，是否能在只有崎岖道路的沙漠中神不知鬼不觉地进行机动？施瓦茨科普夫却反其道而行之，他认为如果自己的指挥官质疑该计划的可行性，那么伊拉克军队也会产生同样的质疑。同时他清楚地认识到，敌军缺乏太空侦察，无从得知他们的行动。利用全球定位系统，盟军成功完成了施瓦茨科普夫的计划，也就是众所周知的“圣母玛利亚”机动。

与此同时，中国正紧盯着美军，时刻关注着美国领导下的联军仅用 5 周空袭和 100 小时的地面战斗彻底击败了伊拉克军队。因此，中国人民解放军决心实现现代化，从以部队规模取胜，转向“信息化”战争，因为在这种战争中，部队规模已不是决定胜负的主要因素。在接下来的 20 年里，中国军队采用了适合其自身结构和理论的信息战概念，将本国传统战术、苏联军事概念和从美国学到的理论相结合，走上了学习发展之路[64]。

对于中国军事现代化工作意图和成效，以及随后中国军事太空发展现状和意图，美国各派众说纷纭[65]。有些人持中立观点，但大部

---

[64] Larry M. Wortzel，《中国人民解放军与信息战》，战略研究所和美国陆军战争学院出版社，美军战争学院，宾夕法尼亚州，2014 年 3 月，第 1 页。www. strategicstudiesinstitute. army. mil/pdffiles/publl91. pdf。

[65] James Clay Moltz，《亚洲的太空竞赛》，哥伦比亚大学出版社，纽约，2011 年；Andrew S. Erickson，“天空中的眼睛”，引自 Proceedings 期刊，第 136 卷第 4 期，2010 年 4 月，36 - 41 页；Gregory Kulacki 和 Jeffrey Lewis，《一个人的位置：中国的太空计划，1956 — 2003》，美国艺术与科学学院，马萨诸塞州剑桥，2009 年；凯文 · 波尔彼特，《建设未来：中国第十个五年计划期间的太空技术进展及美国的应对》，战略研究所，美国战争学院，宾夕法尼亚州，2008 年；Dean Cheng，“中国军事太空努力的前景”，《走出直线》，Roy Kamphausen、David Lai 和 Andrew Scobell 编，战略研究所，美国战争学院，宾夕法尼亚州，2008 年，211 - 252 页；沃特泽尔，《中国人民解放军在太空战争中的作用》；Roger Handberg 和 Zhen Li，《中国的太空政策：国内和国际政治的研究》，劳特利奇出版社，阿宾顿，2007 年；Gregory P. Meltzer，“中国在太空中对美国军事的影响”，《联合部队季刊》，第 47 期，2007 年；Kevin Pollpeter，“中国对太空军事行动的看法”，《中国学说事务的革命》，James Mulvenon 和 David Finkleman 编，亚历山德里亚，2005 年，329 - 369 页。

分美国人都表现出两极分化的态度，有些人被称为“屠龙者”（中国威胁论者），有些人则被称为“拥抱熊猫者”（亲中者），在太空问题上，则分别称为“太空鹰”和“太空鸽”。这种描述方法也许是有意为之，让人觉得“屠龙者”坚强有力，敢于与邪恶势力作斗争，而“拥抱熊猫者”则幼稚软弱。这与华盛顿保守派的思路如出一辙，有人将美国与古巴关系正常化视为绥靖政策[66]，而与伊朗的外交互动和谈判则被视为软弱[67]。更准确地说，一派主张主要利用军事手段与中国打交道，而另一派则主张利用多种方式应对中国。

2001 年，拉姆斯菲尔德报告[68]发出谨防“太空珍珠港事件”的警告，并认为太空战不可避免。这不仅改变了美国的想法，也改变了中国的想法。与往年相比，2021 年度《军事战略科学》的作者也大大改变了他们对太空的看法，这可能并非巧合，这些作者“开始认为太空战无法避免，并花大量时间评估太空在未来战争中的作用”[69]。中国根据美国的观点提出自己的想定，美国也在做出自己的想定。具体而言，美国普遍认为，中国打算利用美国对太空系统的军事依赖，通过非对称手段攻击美国的太空系统。

美国研究人员称，美国军事上对太空系统的依赖是其“阿喀琉

---

⑥⑥ Katie Glueck 和 Seung Min Kim，“共和党对古巴谈判感到愤怒”，《政客》，2014 年 12 月 17 日；Herbert London，“奥巴马对古巴的示好增加了他的绥靖记录”，《华盛顿时报》，2014 年 12 月 30 日。www. washingtontimes. com/news/2014/dec/30/herbert - london - obama - appeasement - of - enemies - in - ira/。

⑥⑦ Thomas Joscelyn，“奥巴马对伊朗的软弱外交”，《旗帜周刊》，2014 年 11 月 7 日。www. weeklystandard. com/blogs/obama - s - weak - diplomacy - iran_ 818410. html。

⑥⑧ 《评估美国国家安全空间管理和组织的委员会报告》。

⑥⑨ Pollpeter 和 Ray，“太空概念的演变”，第 1 页。

斯之踵”[70]。中国一份宣传出版物刊文，认为太空是美国的“软肋”[71]，2007 年，卡内基国际和平基金会资深研究员阿什利·泰利斯（Ashley Tellis）对此撰写了一篇分析报告，题为《直击美军的“软肋”：从战略角度看反卫星武器试验》。美国国家安全太空政策基于如下想定，即中国正在积极发展其力量，旨在借助非对称手段对抗占据压倒性优势的美军[72]。

2014 年，通过材料评估[73]，对利用非对称攻击是否代表中国的意图提出质疑，并提出了新的观点[74]。这份材料的阅读对象并非是外国人，甚至也不针对国内普通读者；事实上，这份资料并非用于宣传，因此该材料不同于解读中国意图的非权威材料。根据格雷戈里·库拉奇的观点：

> 关于太空问题的论述表明，解放军与美军一样，高度重视如何在冲突时期保持这些核心军事太空能力的正常运作。
>
> ……
>
> 中国并不寻求非对称太空战略[75]。

---

[70] James P. Finch，“将太空危机稳定引向实际”，《联合部队季刊》，2015 年 1 月，第 16 页。http://ndupress.ndu.edu/JFQ/JointForceQuarterly76/BringingSpaceCrisisStability-DowntoEarth.aspx。

[71] Ashley J. Tellis，“直击美军的‘软肋’：从战略角度看反卫星武器试验”，卡内基国际和平基金会政策简报 51，2007 年 6 月。http://carnegieendowment.org/files/pb_51_tellis_final.pdf。

[72] Forrest Morgan，《太空中的威慑和首先打击稳定性：初步评估》，兰德公司，加利福尼亚州圣莫尼卡，2010 年，第 1 页。

[73] Gregory Kulacki，《中国军事太空战略白皮书》，忧思科学家联盟，马萨诸塞州剑桥，2014 年 3 月。www.ucsusa.org/sites/default/files/legacy/assets/documents/nwgs/China-s-Military-Space-Strategy.pdf。

[74] 分析的材料是一本军事教科书。

[75] Kulacki，《中国军事太空战略白皮书》，第 1-2 页。

作者进一步指出，此材料并未提及反卫试验，相反，中国正试图效仿美国，以借助太空增强其军力优势，1990—1991年海湾战争充分印证了美国的这一优势。无独有偶，2016年3月，关于中国军队的国会研究服务局的报告也指出，中国人民解放军将太空资产视为“现代军事行动的主要力量倍增器”[76]。

如果中国军事太空旨在增强力量优势，中国对太空技术及军事应用的投资则是为了缩小中美之间的技术差距，而不是试图利用在太空领域的非对称优势，这与此前欧洲因担忧技术差距而投资航天业如出一辙。中国白皮书一直将航天发展纳入国家整体经济发展计划[77]。

根据库拉奇的研究分析，中国使用军事太空的主要目的是为了加强对其导弹的保护。中国认为导弹属于战略资产，对冲突的最终结果至关重要[78]。库拉奇指出，人们常常将中文“杀手锏”与另一个发音相似的术语“撒手锏”（意为“王牌”）混为一谈，后者是指中国对导弹的依赖。在此语境下，“撒手锏”指的是：

> 在正确的时间、正确的地点给出致命一击的能力，可以让技术或物质上处于劣势一方战胜强劲的对手。这意味着在困境中利用技巧或策略战胜优势武器或技术的能力，是一种属性，而不是指特定的武器[79]。

因此，这项战略旨在结束冲突，而不是引发冲突。

中国将能够发现其导弹的美国卫星视为一种威胁。中国的战略

---

[76] Ian E. Reinhart，《中国军队概述及国会议题》，国会研究服务局，华盛顿特区，2016年3月24日，第17页。https：//www. fas. org/sgp/crs/row/R44196. pdf。

[77] Marc Boucher，“中国发布2011年白皮书——中国的太空活动”，SpaceRef网，2011年12月29日。www. spaceref. com/news/viewnews. html? id=1598。

[78] Kulacki，《中国军事太空战略白皮书》，第7页。

[79] 同上。

重点不是攻击其他国家的卫星，而是通过伪装、隐蔽和欺骗来隐藏自己的导弹。根据对中国意图的这种解读，美国卫星更容易被愚弄，而不是受到物理攻击[80]。同样重要的是，库拉奇的研究表明，中国重视其卫星，且“对军事太空系统的依赖性必然会有增无减”[81]。如果按照这种逻辑，若中国借助反卫技术发展非对称优势，反而会将自己的卫星置于风险之中，这种观点与美国的主流认识大相径庭，也让人质疑为什么中国会致力于发展反卫武器。

20 世纪 80 年代中国就开启了一项计划，当时美国和苏联还在测试各自的反卫星技术。2007 年中国的一项测试是这项计划的完美收官。这项计划持续了数十年，由此可见中国一直在试图避免出现技术差距。这不同于启动一项应急计划，后者通常是为了开发一种急需纳入战术应用的资产。中国人民解放军总装备部负责技术和武器开发，主要由工程技术人员组成。任何国家的工程技术人员建造产品时，都会加以测试。毫不奇怪，开发人员急于测试这项技术，展示成果，因此很可能对上级淡化或错误描述了高空近地轨道动力学测试导致的碎片。如果开发人员试图最大程度地把握成功机会，击落一颗在可预测轨道上运行的垂死卫星比击落飞行中的导弹代价更低，也更容易。

即便如此，中国人在技术开发和测试方面非常谨慎。2007 年不是他们的第一次测试，他们之前还发射了两枚拦截导弹，却没有实施拦截，可能是有意为之也可能是失败导致。此外，中方知道美国有能力观察到这些发射活动。但美国没有对这些试验做出任何回应，也许是不想暴露自己的观察能力，也许是想观察中国的撞击能力（事实证明其能力超过人们的预期），又或许是出于其他一些政治原

---

⑳ Kulacki，《中国军事太空战略白皮书》，第 5 页。

㉑ 同上，第 4 页。

因。但完成撞击后随之而来的国际社会舆论哗然，显然出乎意料。遥远的距离、两用技术的模糊性以及其他诸多因素，使人们无法对中国的太空意图做出结论性解读。人们清楚了解中国为打造太空能力所做的工作，却难以了解背后的原因。

2015 年，中国发布国家军事战略，其中包括以下与太空相关的内容：

> 太空是国际战略竞争的制高点。有关国家正在发展太空力量和手段，太空武器化初显端倪。中国一贯主张和平利用太空，反对太空武器化和太空军备竞赛，积极参与国际太空合作。密切跟踪掌握太空态势，应对太空安全威胁与挑战，保卫太空资产安全，服务国家经济建设和社会发展，维护太空安全[82]。

中国认为太空既能服务于安全需要，也能服务于发展需要。

更为重要的是，太空能力提高了中国领导层的自信。2012 年，著名美籍中国问题专家李侃如（Kenneth Lieberthal）和著名中国学者官员王缉思联合撰写布鲁金斯学会报告，题为《解决美中战略不信任问题》，其中阐述了中国领导层的自信问题[83]。王缉思提到了中国的航天计划："中国的航天项目和先进武器装备也增强了中央的自信心。中国领导人并没有将这些成功归功于美国或美国主导下的世界秩序[84]。"从这句话可以推断，中国一直缺乏自信。中国不愿意让任何人近距离参观其航天器或航天设施，相对于美国来说，这些设施仍然相当简陋。任何人或国家领导层缺乏自信都会采取过于激进

---

[82] 《中国的军事战略》，中国国务院新闻办公室，北京，2015 年 5 月，第 10 页。

[83] Kenneth Lieberthal 和王缉思，《解决美中战略不信任问题》，John L. Thornton 中国中心专题系列报告，布鲁金斯学会，华盛顿特区，2012 年 3 月。

[84] 同上，第 9 页。

的补救行为以弥补自信心，但过于自信也会导致自大和自以为是。通过利益捆绑，必须鼓励中国成为国际社会负责任的一员。

过去 20 年，中国在航天能力方面取得了重大进步。最值得一提的是，中国拥有雄心勃勃的载人航天计划，并获得了国际社会的关注。中国最广为人知的航天活动是神舟载人航天飞行计划和嫦娥无人探月计划[85]。

神舟计划最初简称为 921 工程，是 1992 年获得批准的载人航天“三步走”计划。不同于其他航天项目，中国载人航天项目的目标与成就相当公开，因为中国认识到，为达到宣传效果并得到国际社会的认可，同时获得声望和地缘政治影响力，就必须公开。自 1992 年公诸于世以来，中国一直坚持“三步走”发展战略：将航天员送入轨道；通过一个小型实验室（天宫）展示先进能力；最后建立一个大型空间站。天宫不是长期使用或永久载人空间站，而是一个小型实验室，测试的技术类似于美国双子星计划期间涵盖的内容，包括交会、对接和生命维持。在项目后期，天宫号还将开展载人任务。天宫重 8.5 吨，远远小于约 80 吨的美国天空实验室，中国计划建造 30 吨空间站，作为 921 工程的收官之作。

天宫一号是原型，用于配合神舟八号至十号飞船开展实验。天宫二号是天宫一号的改进型，原定于 2014 年发射。这一日期被推迟了，很明显是为了实现预定任务目标，哪怕只是与货运飞船对接，也需要作出重大改变。因此，最初计划赋予天宫三号的扩展能力将被纳入计划于 2016 年 9 月发射的新版天宫二号。尽管中国的最终计划仍未完全揭开面纱，但中国官员宣布，将派两名航天员在天宫二

---

[85] 关于中国神舟和嫦娥计划的大部分信息取自 Joan Johnson - Freese 在美中经济与安全审查委员会面前的证词，2015 年 2 月 18 日。www. uscc. gov/sites/default/files/Johnson%20Freese_ Testimony. pdf。

号上生活 30 天[86]。

中国正以稳健的方式逐步推进神舟载人航天计划：中国几乎照搬了美国水星计划、双子星计划和阿波罗计划相同的时间节点；但却以更少的飞行次数完成了这些阶段性任务[87]。例如，从 2003 年杨利伟首次载人飞行，到 2008 年翟志刚的太空行走，这期间只执行了一次神舟飞行计划。与水星计划（6 次载人飞行）和双子星计划（10 次载人飞行）的飞行次数相比，显然美国的发射次数更多，每次的步伐也都较小。2012 年 6 月发射的神舟九号搭载了中国首位女航天员刘洋。

虽然有时媒体有所披露，但实际上，中国还没有批准任何载人登月飞行计划。载人月球探索计划仍在酝酿中。中国目前已批准一个载人航天计划和一个机器人月球探索计划。这两个计划将为中国载人月球探索计划奠定基础。在完成大型空间站之前，中国不太可能宣布一项载人登月计划，大约会在 2025/2030 年，中国才会专注于载人月球计划。

嫦娥是中国神话中的月亮女神，中国探月机器人以她的名字命名。嫦娥一号于 2007 年发射，运行至 2009 年；该计划展示了中国将卫星送入月球轨道和回传图像的能力。嫦娥二号于 2010 年发射，最初在更接近月球表面的轨道上飞行，并用高分辨率相机提供图像，这些照片对 2013 年嫦娥三号任务的预期软着陆至关重要。随后嫦娥二号离开月球轨道，前往日地拉格朗日 L2 点，测试中国的跟踪和控制能力；这些能力也具有军事价值。使用非军事项目来测试对军事有潜在价值的技术并非中国独有。20 世纪 90 年代，美国弹道导弹防

---

[86] Morris Jones，“进入天宫二号”，太空新闻日报网，2016 年 3 月 2 日。www.spacedaily.com/reports/Moving_ in_ to_ Tiangong_ 2_ 999.html

[87] Brian Weeden，《载人航天计划时间表》，安全世界基金会，2012 年 9 月 7 日更新。http：//swfound.org/media/90819/swf_ human_ space_ programs_ fact_ sheet.pdf。

御局和美国国家航空航天局曾联合发射了“克莱门汀号”航天器，旨在通过测绘月球来测试弹道导弹防御局的技术。在中国之前，只有美国和欧洲空间局访问过日地拉格朗日 L2 点。嫦娥二号随后出发前往 4179 号小行星图塔蒂斯执行了一项扩展任务。

嫦娥三号于 2013 年 12 月发射，成为自 1974 年苏联“月球 24 号”探测器之后首个月球软着陆探测器。嫦娥三号携带有玉兔号月球车。2014 年 2 月，中国和国际媒体都高度关注着这台拟人化月球车的成功、休眠与苏醒。随后嫦娥五号－T1（前嫦娥四号，作为嫦娥三号的备份）发射并于 2014 年 10 月返回地球，完成了大气层再入测试，为计划于 2017 年进行的嫦娥五号采样返回任务提供了成功案例。

除了载人航天和探索计划外，中国还在指挥、控制、通信、计算机、情报、监视和侦察（C4ISR）的所有领域扩大其军事太空能力，这些领域对提高地面部队的效能和太空武器至关重要。虽然中国在监控等领域的能力仍有很大差距，但北京方面已与欧洲的斯波特图像有限公司（Spot Image）、Infoterra 公司、加拿大 MDA 公司、印度 Antrix、美国 GeoEye 公司和美国的 Digital Globe 公司等供应商达成采购协议，以满足自身需求⑱。这不仅仅是一个全球化的世界，还是一个全球化的航天产业。中国在发展自身能力的同时，还能通过商业途径广泛获得太空技术和天基信息。反过来，中国也容易受到太空全球化和私有化的影响。以色列商业卫星图像公司——图像卫星国际公司首次披露了中国在南海部署地对空导弹的消息⑲。中国

⑱ 美国国防部年度报告：2010 年涉及中国人民解放军的军事和安全发展，国防部，华盛顿特区。www. defense. gov/Portals/l/Documents/pubs/2010_ CMPR_ Final. pdf。

⑲ CBS/AP，“中国：关注灯塔而非防空导弹”，《CBS 新闻》，2016 年 2 月 17 日。www. cbsnews. com/news/china－anti－aircraft－missiles－woody－island－parcels－south－china－sea/。

拥有一个范围不断扩大的区域性卫星导航系统，还有海洋监测卫星、数据中继卫星、合成孔径雷达卫星，以及改进的通信和遥感卫星。

但是正如研究人员凯文·波尔彼得所述，中国似乎还没有一个官方的太空理论，中国研究者关于“太空控制”的大部分文章都充满想象力。波尔彼得指出，将太空元素纳入中国人民解放军是中国发展“信息化力量[90]”的一个组成部分，符合其利用太空增强军事力量的思路，中国既无意利用非对称手段应对美国的太空优势，也不想效仿美国占据太空的主宰地位。中国军事太空能力的发展总体上遵循其军事现代化计划，但也可能陷入传统安全困境[91]，导致中美两国合作的后续问题。

波尔彼得表示，根据其所参考的多种资料来源，中国的太空军事目标与美国的太空军事目标如出一辙，即拥有自由使用太空，同时拒止对手使用太空的能力。两国都清晰地认识到，利用太空对各自的安全都至关重要。但是，太空日益国际化和私有化带来的挑战，以及物理因素的制约，无论从投入成本还是从技术上看，进攻比防御投入更少，也更容易实现。鉴于各种制约因素，在小布什时期，“主宰”和“控制”太空已超出了美国的能力范围。这一结论至今仍适用于所有国家，包括中国。

波尔彼得的研究表明，中国研究人员认为有必要“开发某种武器，通过削弱对手的 C4ISR 网络，以压制对手”[92]。中国是否真的能够削弱美国 C4ISR 网络，尚存在诸多疑点。虽然对一颗或多颗美国卫星的攻击无疑会降低美国的军事能力，但能降低多少尚未可知。

---

[90] Kevin Pollpeter，“中国人民解放军太空学说”，《中国航天力量》，Andrew S. Erikson 和 Lyle J. Goldstein 编，中国海洋研究所和海军学院出版社，美国战争学院，宾夕法尼亚州，2011 年，第 50 - 65 页。

[91] Robert Jervis，“安全困境下的合作”，《世界政治学》，第 30 卷第 2 期，1978 年 1 月，第 167 - 214 页。

[92] Pollpeter，“中国人民解放军太空学说”，第 51 页。

军方普遍认为太空冲突不可避免。然而，这一预言似乎越来越缺乏依据。“威慑、防御、打击”说易行难，事故、误解和误判也是如此。所有这些都与潜在的太空事件紧密相关，可能成为太空战的导火索。因此，为缓解安全困境，有必要深入思考“威慑、防御、打击”的每一个方面。

第四章 威慑、防御、致胜

预防性战争就像是出于对死亡的恐惧而选择自杀。

——俾斯麦[①]

美国政府的文件和官方声明明确表示，美国打算在太空“威慑、防御和战胜挑衅”。太空资产对于民用和军用领域都至关重要，属于关键国家利益。然而，虽然“威慑、防御和致胜”的说法朗朗上口，且带有沙文主义的意味，但选择这三个词是经过了深思熟虑，还是只是为了押韵，仍存在争议。尽管美国在防御和致胜方面的成效日益显著，但似乎越来越不重视惩罚之外的威慑手段。

威慑

美国经济学家、国家安全教授和博弈论学家托马斯·谢林在其1966年的开山之作《军备与影响力》[②] 中提出了有关太空安全的核心概念，特别是威慑和胁迫——这两个概念后来经常被滥用。威慑指的是防止改变现状，而胁迫则是指主动改变现状[③]；因此，威慑是

① Otto von Bismark，1876年2月9日在帝国议会的讲话。

② 原版本由耶鲁大学出版社出版。

③ Thomas Schelling，《军备与影响力》，普林斯顿大学出版社，新泽西州，普林斯顿，2009年新版，第2-3页。

指在行动发生前阻止其发生，而胁迫则是指试图改变已经开始的行为。胁迫往往更加困难；因此，应寻求在造成既成事实前说服各国放弃拥核，而不是事后再劝其弃核。

在博弈论中，玩家必须有明确的目标，然后制定一套制胜策略来实现目标。有了目标之后，玩家A就可以决定如何最好地说服玩家B（包括通过胁迫），让其按照自己的意愿行事。然而，实际情况可能千差万别：有些涉及全面战争（以消灭对手为核心目标），更大的可能则是保持和平或发生有限战争。正如托马斯·克里斯滕森（Thomas Christensen）所言：

> 在胁迫外交的情景下，必须以清晰可信的方式综合释放威胁和保证两种信号，而且必须在任意一方彻底失败或胜利前达成有效条件。没有可信的威胁，胁迫就不会达到效果。但人们常常忽视的一点是，假如不能同时传递可信的保证，则胁迫同样不太可能奏效：必须使对方相信，自己面临的威胁完全取决于自身的行为，只要按照威胁方的要求行事，其核心安全利益就不会受损。如果不能同时收到威胁和保证，受胁迫的一方就没有动力去遵守威胁方所提出的要求④。

威慑同样需要威胁和保证。单纯的惩罚式威胁不仅远远不够，还可能适得其反。所以，克里斯滕森关于太空威慑方面的目标、释放的信号、条件和保证等要素，值得进一步加以深入探讨。

就太空安全而言，太空技术具有军民两用的特性，因此很难甚至不可能阻止人们进行可被用作武器的太空技术开发，也无法迫使人们放弃太空技术。这一现实又引出了若干问题。美国试图威慑的

④ Thomas J. Christensen，《不光是大而不当：联盟政治与胁迫外交的问题》，普林斯顿大学出版社，新泽西州，普林斯顿，2011年，第3页。

具体行动有哪些？为了实现美国目标（不包括消灭对手）提出了哪些条件和保证？释放了哪些与目标和保证相关的信号？期望各国不要将太空用于民事或军事目的是不现实的。那么，负责任的太空参与者应该是什么样子？如果以美国为榜样，那么负责任的太空参与者似乎可以拥有导弹防御计划，以及能力齐全的大型军事太空计划，包括反卫星能力。但这似乎并非美国的本意。无论美国对其他国家的期望是什么，自2013年以后，美国的太空政策便与此前奥巴马政府正式定下的基调截然不同。

2011年，美国国防部副部长威廉·林恩三世（William Lynn Ⅲ）在《华盛顿季刊》上论述了美国对太空环境的看法，即拥挤、对抗和充满竞争，林恩说五角大楼正在“认真研究如何通过政策来促进更加合作的太空环境”[⑤]。他接着说：“我们不能再仅仅依靠进行报复威胁来保护太空系统免受攻击。我们必须扩展我们传统的威慑概念。因此，《国家安全太空战略》概述了我们慑止挑衅的多层次方法。”[⑥] 上述方法包含多项重要举措，首当其冲的是国际太空行为准则，旨在促进负责任的太空行为国际规范。这些规范将清楚地说明签署国希望其他国家的行为方式以及本国将如何行事。不难设想，这些规范旨在实现第一章中讨论的美国的太空目标：安全、可持续性、自由进入和稳定性。

根据海顿将军等人的观点，避免产生太空碎片被认为是更为具体的目标之一。然而，其他目标变得更加模糊。如果控制太空是为了向友军提供太空行动的自由，同时收到指示后便能限制竞争对手的自由，那么《外层空间条约》主张的“自由进入”将无法得到保

⑤ William J. Lynn Ⅲ，“全新太空环境下的军事战略”，《华盛顿季刊》，第34卷第3期，2011年夏季，7－16页：第9页。

⑥ 同上，第11页。

障。如果没有明确的声明或准则，就不清楚美国究竟不希望中国(或俄罗斯及其他国家）做什么或不做什么。迄今为止，中国在太空中所做的一切均未超出国际法允许的范畴。为了使威慑有效，必须清楚地表明目标以及遵守这些目标所能带来的好处。

美国频频释出信号，表示它正在为“上方的战斗”做准备；所提的唯一条件是关于这场战斗将如何呈现的不切实际的剧本，同时，军方（尤其是空军）的言辞和语气不出所料地一贯鲜明和强硬。而国务院也一直在巧妙地改变说辞，向五角大楼靠拢。国务院作为美国外交的发声筒，应当为阻止太空战和保护太空环境提供条件和保证。

例如，在 2012 年，希拉里 · 克林顿国务卿⑦和时任空军太空司令部司令威廉 · 谢尔顿将军对自愿太空行为准则这一概念大加推崇，这一概念效仿了管理国际水域活动的行为准则，并用欧洲起草的版本作为国际谈判的起点。不过，海事与太空没有太多的可比性。例如，行为准则规定应避免碰撞。海事惯例不仅包括综述，还有各种具体措施，比如总是从左舷互相通过以避免碰撞。这些惯例更类似于“交通规则”。但是，在太空领域，即便就一个更具普遍性的行为准则也难以达成国际协议。即使在美国国内，也存在反对意见，例如，有观点认为，因为其他国家不会遵守准则，因此该准则只会对美国造成更多的限制，此外，准则将使《外层空间条约》中既有法律规定变为自愿性质。

尽管美国从不热衷于制定国际行为准则一事，但一直采取务实的配合态度。谢尔顿将军表示，提高追踪太空物体的透明度（体现为太空态势感知，这是美国目前一项明确的太空目标），更好地管理

⑦ Hillary Rodman Clinton，新闻公报，“外空活动国际行为准则”，2012 年 1 月 17 日。www. state. gov/secretary/20092013clinton/rm/2012/01/180969. htm。

无线电频率干扰问题，以及与太空“安全通行”相关的其他问题，均能使准则对美国有利[8]。鉴于美国一直拒绝联合国达成一项禁止太空武器条约的努力，因此自愿性行为准则被认为是维持太空环境稳定的最好方案。

遗憾的是，欧盟缺乏说服力，尤其缺乏激励其他国家参与的外交手腕[9]。起初，俄罗斯、中国、印度等国出于各种原因犹豫不决，尽管这些国家并没有提出其他建议，但对在事先没有征询这些国家意见的情况下提出的方案仍颇有微词。此外，美国在推进该建议方面也并未展现出持续的领导力，尤其是在国内强势力量的掣肘下。随后，政府旨在修订和制定负责任的国际太空行为准则的“幕后领导”计划开始瓦解。总而言之，该行为准则于 2015 年 7 月寿终正寝，当时俄罗斯、中国、巴西、南非、印度和不结盟运动国家联合起来，坚持将任何谈判进程都置于联合国的无限期授权之下。通过联合国进行谈判正是欧盟和美国一直试图避免的方式，因为基于共识的外交方式本质上就是缓慢而繁琐的。

2015 年 11 月，助理国务卿弗兰克·罗斯在北京举行的东盟太空安全研讨会上发表讲话，表示美国关注通过联合国采取减少碎片、提高透明度和建立信任的措施（TCBM），同时愿意“参加关于太空安全问题的专题研讨会和会议”[10]。但并未提及国际太空行为准则一事。过去美国会约束自身在太空中的活动，期待别国加以效仿，而现在这种想法已不复存在。

---

⑧ Sydney J. Greenberg, Jr.，“安全通行：五角大楼为何要制定太空‘国际行为准则’”，《防务快讯》，2012 年 3 月 22 日。http：//breakingdefense. com/2012/03/safe - passage - why - the - pentagon - wants - an - international - code - of - c/。

⑨ Michael Krepon，“军备控制的二期蓝图”，《军备控制专家》，2015 年 12 月 2 日。www. armscontrolwonk. com/archive/1200588/second - term - blues - for - arms - control/。

⑩ Frank A. Rose，在第三届东盟区域论坛太空安全研讨会上的讲话，中国，北京，2015 年 11 月 30 日。www. state. gov/t/avc/rls/2015/250140. htm。

2016 年年初，通过联合国为太空环境可持续性制定长期准则的努力一度陷入停滞，好在目前又得以顺利推进。但美国当下的注意力似乎主要集中在为太空战做准备，以及建立相关机构和流程上。甚至连美国的外交官也在不动声色地改变腔调，以配合五角大楼的调门。除了五角大楼和国务院之外，国会也不甘寂寞，不断释放美国就太空合作问题的各种信号。

《太空综合评估》出台后，国会通过拨款表明了自己的态度。但在此前，有位身份显赫的国会议员就对中国发出了明确的信号，美国无意遵守 2011 年做出的承诺⑪。2011 年 1 月，时任总统奥巴马与时任中国国家主席胡锦涛会面。在双方的联合声明中，表示有意深化太空对话和互动，许多人将此解读为美国愿意重新与中国开展合作。自 1999 年《美国国家安全及中国军事/商业关系特别委员会的报告》⑫ 发布以来，这种对话与互动的意愿已大为降低。但合作并未到来。2011 年，时任众议院拨款委员会下属商业、司法和科学小组委员会主席，负责向国家航空航天局拨款的弗兰克·沃尔夫（Frank Wolf）众议员直言不讳地批评了中国的人权记录，并在国家航空航天局拨款法案中增加了一项条款，禁止美国与中国开展任何涉及国家航空航天局或由白宫科学和技术政策办公室（OSTP）协调的联合科学活动。在 2011 年的一次采访中，沃尔夫议员公开说明了这项立法的依据："我们不想让中国获得利用美国技术的机会，而且我们与中国交往没有获得任何好处……坦率地说，这可以归结为一

⑪ 关于国家航空航天局禁止双边合作的讨论主要取自 Joan Johnson - Freese 在美中经济与安全审查委员会的证词，2015 年 2 月 18 日。www. uscc. gov/sites/default/files/Johnson%20Freese_ Testimony. pdf。

⑫ 《美国国家安全及中国军事/商业关系特别委员会的报告》，第 105 届国会，1 月 3 日，美国政府印刷局，华盛顿，哥伦比亚特区，1999。

个道德问题……你会跟斯大林开展双边计划吗?”⑬ 2013年,沃尔夫议员在写给国家航空航天局局长查尔斯·博尔登(Charles Bolden)的一封信里给出了另一个理由,将太空合作作为一种手段,以期中国在意识形态自由化方面做出实质让步⑭。换言之,假如中国想与美国开展太空合作,就应该改变中国在人权方面的国内政策,这是一种很不现实的设想。

沃尔夫议员很大程度只是重申了美国为何不应在太空问题上与中国合作这一老生常谈的话题,即担心技术转移问题、存在价值观差异,同时美国没有任何好处,这反而限制了美国实现既定政策目标所必需的政策选项。此外,尤其是在冷战时期长大的那代人中,有一种将中国等同于苏联的倾向,然而当今全球化的世界与第二次世界大战后的世界已迥然不同。美国在策略制定方面自我束缚从来不符合国家利益,在太空合作问题上也是如此。灵活的政策方案能有效加强威慑、防御和致胜。然而,首先,应审慎对待沃尔夫议员的观点。而且,需要指出的是,在沃尔夫议员于2015年退休之后,其继任者,国家航空航天局拨款小组委员会主席约翰·卡伯特森(John Culbertson)议员也认可沃尔夫对中国的看法,并延续了对双边合作的法律禁令⑮。

沃尔夫议员认为,与美国合作将使中国有机会秘密获取美国的

⑬ Jeffrey Mervis,“支出法案禁止美中合作”,《科学业内人》,2011年4月21日。http://news.sciencemag.org/technology/2011/04/spending - bi11 - prohibits - u.s. - china - collaborations。

⑭ Yudhijit Bhattacharjee,“美国国会议员要求国家航空航天局将中国与会者拒之门外”,《科学》,2013年3月5日。www.sciencemag.org/news/2013/03/us - congressman - asks - nasa - disinvite - chinese - participants - upcoming - meeting。

⑮ Dan Leone,“国家航空航天局拨款小组主席持续关注中国”,《太空新闻网》,2015年2月25日。http://spacenews.com/nasa - spending - panel - chairman - keeps - focus - on - china./。

技术。然而，我们生活在一个全球化的世界。实践证明，孤立中国太空活动的企图徒劳无功。事实上，美国的保护主义反而鼓励、乃至推动了中国等国家发展自己的航天工业，完全摆脱了美国的控制，对美国来说，起到了事与愿违的效果。而且可以说，与跟美国合作相比，这些国家通过发展本国技术获得了更大的政治声望和影响力。如第三章所述，有确凿的数据表明，过去二十年间实施严格出口管制的唯一结果，就是损害了美国的商业航天产业⑯。

其次，沃尔夫想当然地认为，美国与中国合作没有任何好处。在技术层面，认定美国无所不知，不可能从其他国家学到任何东西，在上世纪70年代将发射技术转让给日本，以及在上世纪80年代与欧洲合作开发航天飞机计划时，这种傲慢心态便一直存在。在非技术层面，美国本可以全面了解中国人的工作方式，包括决策过程、制度安排和标准操作流程。这类信息极为宝贵，有助于准确解读具有双重用途的太空技术的意图，而一直以来，这都是美国研究工作的弱项和短板。双方在实际项目上开展合作，共同争论和解决问题，这有助于建立互信，而两国目前最缺乏的恰是互信。合作还有助于双方了解彼此的文化倾向、思维方式和制度制约因素，并最大程度地降低技术分享的风险。最为重要的是，开展民用和商业合作有望使中国航天政策制定者（包括个人和机构）在政治上更加亲美，增加中国对外部支持的依赖，并抑制挑衅或鲁莽行为。反之，如果中国无法借助与美国的合作获得收益，就无法制约中国的航天政策，中国也就不必顾忌对美国的各种责任和义务。

2014年，美国国家科学院发表了题为《探索之路：美国太空探

---

⑯ 美国商务部，《美国航天工业“深度”评估：美国出口管制对航天工业基础的影响》，工业和安全局，华盛顿，哥伦比亚特区，2014年2月。www. bis. doc. gov/index. php/forms - documents/doc_ view/898 - space - export - contro1 - report。

索计划的理由和方法》[17] 的报告，报告提出一项具体建议，即与中国合作符合美国的最大利益。自2014年以来，美国国家航空航天局与中国科学院每年都会举办“空间科学新领军者论坛”。论坛汇集了来自中美两国的空间科学家新星，通过研讨会分享研究成果，并讨论未来的研究机会；随后又举办了两届论坛。然而，将太空事务与其他政治议题挂钩，可能会影响美国实现太空目标的能力。

沃尔夫进一步表示，基于道德原因，美国也不应与中国合作。虽然美国表面上不愿与共产主义政权合作，但无论在战争还是和平时期，只要符合美国的利益，美国都会与这些国家合作。现实主义的做法是美国利益优先。虽然美国不愿与斯大林合作，却可以持续与普京合作，只因为这样做，才对美国有利。如果美国不与其他政权合作，在中东美国就完全找不到合作对象。事实上，在1980年至1988年的两伊战争中，美国就曾为萨达姆·侯赛因政权提供过支持[18]。

中国当局对国际空间站的兴趣是出于象征性意义，具体而言，被接纳为国际航天国家大家庭中的一员，可被视为一种标志。但以美国在太空议题上的不合作试图改变中国政体并不现实。美国也曾考虑采用类似思路针对苏联，但以失败而告终。此外，与其说美国与中国合作是在提携中国，颇具讽刺意味的是，中国航天专业人士普遍认为，跟美国合作只会拖累中国。美国的政治反复无常，缺乏完成计划的政治意愿。这一观点也体现在欧洲对太空主导权看法的变化上。德国《明镜周刊》2013年刊登的一篇文章指出，鉴于中国在航天领域“大国崛起”姿态，欧洲正考虑将其主要的航天合作方

---

⑰ 国家科学院，《探索之路：美国太空探索计划的理由和方法》，国家学术出版社，华盛顿，哥伦比亚特区，2014年。

⑱ Ted Koppel在1992年报道说，“里根/布什政府允许并经常鼓励资金、农业信贷、军民两用技术、化学品和武器流向伊拉克”，《ABC夜线》，1992年7月1日。

向由美国转向中国⑲。德国的重新评估并非是因为中国展现了太空威胁，而是因为中国能够实施清晰可见的载人航天和机器人探月计划，反观美国的民用太空计划，特别是美国国家航空航天局的“火星之旅”计划，在很大程度上仍不为公众所知。

值得注意的是，其他国家并不认同美国关于中国太空活动的论调。中国科学院和欧空局讨论了机器人太空任务计划⑳，此外，中国还与俄罗斯和欧空局签署了初步协议，就中国空间站开展合作；欧空局已经开始用中文训练自己的航天员㉑。只有美国坚持对中国毫不妥协。

沃尔夫议员观点的错误之处在于，美国在是否与中国合作问题上似乎拥有选择权。然而，如果要维持太空的稳定，单单太空碎片问题美国就不能将外交手段排除在政策方案之外。极少数人不切实际且看似虚伪的道德立场却以牺牲美国国家安全目标为代价。沃尔夫修正案非但无法“解决”或应对任何实际问题，反而会制造问题。就美国的整个外交政策被某位国会议员的个人意识形态所绑架而言，该修正案并非第一例，但它绝对是目前最亟待扭转的。至于该修正案原本声称要解决的问题，最好另寻他法。

> 诚然，敏感技术需要得到保护。但保护美国的知识产权并非国会众议院拨款委员会公认的专业领域，委员会也未获得任何具体授权。此外，美国正在开发的各种

⑲ Kevin Holden Platt，“随着中国成为太空的领军者，欧空局正考虑寻求新的联盟”，《明镜周刊》，2013 年 2 月 8 日。www. spiegel. de/international/europe/esa - mulls - new - alliance - as - china - becomes - space - leader - a - 882212. html。

⑳ Mike Wall，“中国和欧洲将合作执行机器人太空任务”，Space. com，2015 年 1 月 22 日。www. space. com/28331 - china - europe - space - mission. html。

㉑ Peter de Selding，“中国空间站的规划者开门迎客”，《太空新闻网》，2015 年 10 月 13 日。http：//spacenews. com/chinas - space - station - planners - put - out - welcome - mat/。

> 先进技术数不胜数，而美国国家航空航天局仅涉及一个相对较小的领域。事实上，沃尔夫修正案并没有对美国技术提供保护，而是给了不具备相关专业知识的国会委员会成员某种授权，让其插手外交政策事务[22]。

美国已经被这种拙劣的国会权力游戏拖累得够久了。

国会、国务院和五角大楼向中国及其他所有国家都释放了明确的信号。无论美国本来愿意提供何种条件、准备给出哪些保证，以换取中国某些负责任的行为，现在都已不复存在。然而，正如克里斯滕森所指出的，如果没有可信的条件和保证，威慑也将无从谈起。正如第一章所述，在思考太空战问题时，与军事计划没有利益纠葛的研究人员和观察家都在反复强调多层次威慑的重要性，而不是全靠没有任何附带条件、一味放狠话的惩罚式威慑。

许多人在回顾“施里弗–5”太空兵棋推演时，都强调了冲突爆发之前威慑活动的作用。兵棋推演“主席”特里·埃弗雷特说，此次经历让他明白了两件事：“首先，我们必须制定一个太空威慑战略，其次，该战略必须有效反映太空领域的国内国际政治。”[23] 洛克希德·马丁公司副总裁马克·伯科维茨（Marc Berkowitz）在“施里弗–5”之后提出了实业界对这一问题的看法。

> 在危机或战争前采取行动无疑对威慑、劝阻和预防武装冲突至关重要。美国必须积极促进太空和网络空间的和平利用，推动建立行为准则，促成负责任的太空和网络行为规范，在有关太空和网络活动法律监管事宜的

---

[22] Yid Beldavs，“美中太空合作的前景”，《太空评论》，2015年12月7日。www.thespacereview.com/article/2878/1。

[23] Terry Everett，“建立政治共识，慑止对于我国太空系统的攻击”，《高边疆》，第5卷第4期，3–8页：第3页。

国际讨论中占据主导地位，并在国际监管机构保护美国在太空和网络相关领域的商业、贸易和安全权益[24]。

然而，随着“防御和致胜”思想逐渐占据主流，埃弗雷特和伯科维茨的观点似乎越来越不受重视。

太空是一个“域”（domain），但从许多方面看，太空类似陆上一块领地。太空是一块任何人都希望能够利用的公域[25]。2014 年，牛津大学教授约翰逊和托夫特在其政策简报《希望之地：领土冲突背后的进化论》中谈到，太空就像是各方都在抢占的公域，而一旦某个国家认为己方利用这种公域的能力遭到破坏，“这种认知本身就会直接打破领地平衡”[26]。他们指出，假如当事国低估了冲突的代价、感到走投无路、认定找不到更好的方式，或眼见这一公域被其他民族、文化或宗教群体独霸，那么该国对公域的侵略性就会增加。从这一观点出发，发出控制太空冲突能力的信号以及展示美国独霸太空的意图均加大而非减小了冲突的可能性。

华盛顿更为青睐的方式似乎是通过劝阻实现威慑。简言之，在法语中，威慑与劝阻是同一个单词，但国防部长唐纳德·拉姆斯菲尔德给劝阻下了一个更具体的定义，并被《四年一度防务评估》等美国文件所采用。劝阻是指让潜在对手相信，与美国进行军事能力的竞争是徒劳无功的，从而说服别国放弃这种竞争。拉姆斯菲尔德

㉔ Marc J. Berkowitz，“施里弗-5 的战略价值：对《四年一度防务评估》的政策和战略见解”，《高边疆》，第 5 卷第 4 期，2009 年 8 月，32-36 页：第 33 页。www.afspc.af.mil/shared/media/document/AFD-101020-017.pdf。

㉕ Joan Johnson-Freese 和 Brian Weeden，“奥斯特罗姆原则在近地轨道公共资源可持续治理中的应用”，《全球政策》，第 3 卷第 1 期，2012 年 2 月，72-81 页。

㉖ Dominic D. P. Johnson 和 Monica Duffy Toft，《希望之地：领土冲突背后的进化科学》，哈佛大学肯尼迪学院，贝尔弗科学与国际事务中心，政策简报，2014 年 3 月（基于其《国际安全》期刊的文章，2013/2014 年冬季）。http://belfercenter.ksg.harvard.edu/publication/24074/grounds_ for rhope.html。

在 2002 年 5 月和 6 月的《外交事务》杂志上论述了这一概念的逻辑，提出“我们必须开发新的资产，使单单拥有这些资产就能打消对手的竞争念头[27]”。这种威慑方式摆脱了克里斯滕森提出的威慑所需要具备的条件，直接利用构建更为强大的威胁能力实现威慑。如今，通过设定特定目标、释放某种信号、提出不同条件和保证，从而防止冲突的传统威慑思路已经基本被摒弃。美其名曰的“防御”已经成为了替代威慑的首选方案。

防御

正如第一章所述，卫星是漆黑天空中的明亮物体，相较于飞行中的导弹，卫星的运行轨道更容易预测，因此也更容易受到攻击。但卫星毕竟价值不菲，如何捍卫这些资产，已经变成了一种故弄玄虚的夸张。在“上方的战斗”中，当《六十分钟时事杂志》记者大卫·马丁（David Martin）问空军部长黛博拉·李·詹姆斯（Deborah Lee James）美国是否已经拥有太空武器时，她回答道：“我们没有。”[28] 在这种情况下，太空武器模糊的定义对美国有利，美国虽然从未宣称开发任何太空武器，但却在大力发展“进攻性反太空”（OCS）能力，包括可用于先发制人或预防性行动的能力。措辞对于政府和公众公关非常重要，而先发制人和预防性有时被用作同义词；例如，2003 年美国入侵伊拉克被称为先发制人的行动，但

[27] Donald H. Rumsfeld，“军事转型”，《外交事务》，2002 年 5/6 月。https：//www. foreignaffairs. com/articles/2002 - 05 - 01/transforming - military。

[28] “上方的战斗”抄录文本，《六十分钟时事杂志》，David Martin（记者），Andy Court（出品人），2015 年 4 月 26 日。http：//spacenews. com/transcript - of - 60 - minutes - air - force - space - command - segment/。

实际上这是一种预防性行动[29]。但是，太空事件固有的距离障碍使得确定意图和归因都极为困难，甚至人们无法了解太空态势。因此，预防性行动充满风险，且很容易导致事态升级。

美国研究人员公开建议对太空目标实施预防性打击，这似乎成为一种新思路，这与美国政府的强势论调遥相呼应。太空研究人员克里斯托弗·斯通（Christopher Stone）在 2016 年 2 月敦促战略家“做好在必要时开展预防性军事行动的准备，以便对太空基础设施进行主动防御，并在危机或冲突中占据主导地位”[30]。该建议认为，对太空资产实施先发制人打击以及事态升级都将对美国有利，但基于兵棋推演经验，第一章给出了多种相反的观点。此外，该建议还基于以下评估，即中国“有能力对美国本土的关键基础设施和武装力量实施先发制人的打击，而美国没有专门的计划或战略来缓解这种威胁”[31]。这一评估提出了一些严肃的观点和问题。显然，中国人凭借比美国少得多的军事太空预算，从更远处的学习曲线开始，已经（或即将）掌握美国所不具备的技术能力，而美国的战略家完全忽视了这一点。这令人匪夷所思。

斯通的研究两次提到了解“对手的决策算计”的重要性。这对于更好地评估对手“意图”至关重要，而这恰是美国威胁评估方面存在的不足。然而，如何才能了解对手，斯通并没有给出答案。目前的一个设想是透过外交途径——这曾经是美国追逐太空目标的基本操作，而非战争规划和预防性打击。

---

[29] Nathan Gonzalez，“伊拉克战争并不是一场先发制人的战争”，《赫芬顿邮报》，2008 年 4 月 10 日。www. huffingtonpost. com/nathan - gonza. lez/iraq - was - not - a - preemptive_ b_ 96040. html。

[30] Christopher Stone，“反思国家安全太空战略：第 3 部分”，《太空评论》，2016 年 2 月 8 日。www. thespacereview. com/article/2918/1。

[31] 同上，2016 年。

因此，美国正在发展可用于保护本国高危（不一定是指受到攻击或迫在眉睫的威胁）资产的防御能力，但并非是指太空武器。进攻性反太空能力和武器似乎只是术语上有所区别。问题是，其他国家认识到这是有意模糊界线，这就造成了安全困境。维持界线模糊的好处在于，明面上各国并没有发展太空武器，这给威慑保留了外交余地，而不至于面临更为棘手的事后胁迫。

2016 至 2020 财年，五角大楼追加了至少 50 亿美元的预算，用于所谓的太空保护活动；有业内消息人士称，这一数字可能高达 80 亿美元，主要用于机密太空保护项目㉜。太空保护计划包含三项非机密空军项目，分别是："太空篱笆"，即下一代太空监视雷达；天基太空监视卫星后续项目，旨在监视地球静止轨道上的物体；此外，太空作战中心任务系统分三个阶段对硬件和软件进行了升级，以提高太空态势感知信息的准确性和及时性㉝。除了上述太空系统之外，在科罗拉多州的施里弗空军基地，打算新建一个价值 1600 万美元的机构间联合太空作战中心（JICSPOC），未来将作为联合军事和情报的太空战斗管理中心。

在 2015 年 6 月的一次演讲中，美国国防部副部长罗伯特·沃克表示，50 亿美元（可能接近 80 亿美元）的预算扩编"听起来不算多，但也不失为一项重大举措㉞"。相比之下，海岸警卫队年度预算约为 100 亿美元，而他们的职责包括打击跨国有组织犯罪、守护南部边境、保护海上贸易、负责网络安全，还要应对越来越多与北极

㉜ Mike Gruss，"海顿：持续决议案会拖累太空防御方面的努力"，《太空新闻网》，2015 年 9 月 17 日。http：//spacenews. com/hyten – continuing – resolution – would – delay – space – protection – efforts/。

㉝ 同上，2015 年。

㉞ 引述 Mike Gruss 的话，"到 2020 年，美国在太空防御方面的支出可能达到 80 亿美元"，《太空新闻网》，2015 年 7 月 2 日。http：//spacenews. com/u – s – spending – on – space – protection – could – hit – 8 – billion – through – 2020/。

相关的挑战和机遇[35]。显然，太空拨款是一个大手笔。

毫无疑问，在北极、陆地战场和其他地方作战都会面临巨大困难，但是均无法与在太空作战相提并论，后者的环境与技术挑战尤为艰巨。太空是一个受限于物理规则、技术和成本的领域，技术界以外的人士对此知之甚少。大卫·赖特、劳拉·格雷戈（Laura Grego）和莉斯贝丝·格伦兰德（Lisbeth Gronlund）在其 2005 年的参考手册《太空安全物理学原理》中提出了关于太空物理学原理相关信息[36]，以帮助决策者做出合理的政策决定[37]。他们讨论了物理学原理、技术和经济效益之间的差异及其重要意义。

> 与空中或地面作战相比，太空作战成本往往较高。成本对于系统的开发和部署而言是个重要考虑因素，但如果该系统可实现独一无二的重要功能，则成本就不是决定性因素。特定国家所采用的系统取决于其拥有的技术，但这种制约因素并不是绝对的，情况会随着时间的推移而变化。例如，目前天基激光器的功率水平远未达到武器级要求，但随着时间的推移，其功率未必不能提高。另一方面，物理学规则给太空作战带来的制约因素却不会因时间推移而有所改变。例如，低轨道卫星不可能在地球的某个特定位置上保持静止，因此需要使用多

㉟ 美国海岸警卫队态势声明，《2016 年预算简报》，美国海岸警卫队总部，华盛顿，哥伦比亚特区，https：//www. uscg. mil/budget/docs/2016_ Budget_ in_ Brief. pdf。

㊱ David Wright，Laura Grego 和 Lisbeth Gronlund，《太空安全物理学原理：参考手册》，美国艺术与科学学院，马萨诸塞州，剑桥，2005 年。

㊲ 关于太空安全的有关技术问题，另见：Ashton B. Carter，“卫星与反卫星：可能的极限”，《国际安全》，第 10 卷第 4 期，1986 年春，46 - 98 页；Richard L. Garwin，“太空技术：神话与承诺”，第二届国际科学家大会，《从核威胁到共同安全》，伦敦，1988 年 12 月 3 日。www. fas. org/rlg/myths - of - space. htm。

颗卫星，以确保在该位置至少存在一颗卫星㊳。

因此，虽然在太空资产的开发投入方面并未设限，但也需要根据相应的收益、局限和风险来编列预算。如果美国的最终目标是保持稳定，那么相较于开发速度超过马赫数 5 的高超声速导弹，寻求提升太空态势感知能力的好处是什么？

了解太空态势是避免事故、误解、误判以及后续事态升级的关键，因此该领域的进展很大程度上得到了太空安全相关各界的支持。美国军方也将太空态势感知（SSA）作为其任务领域之一。

> 太空态势感知涉及尽可能完整地表征在太空域运行的太空能力。太空态势感知需要结合太空监视、收集和处理；环境监测、处理和分析；美国及盟友卫星系统的状态；美国及各国的太空战备情况；以及对太空域的分析研究。太空态势感知还涉及对情报来源的使用，以了解对手所使用的太空能力及其对我方太空能力构成的威胁，从而协助联合部队指挥官更好地了解对手意图㊴。

然而，关于太空态势感知仍存在一些悬而未决的问题。有必要“尽可能多地”了解各个事项，但也应注意过犹不及，以避免降低投资回报率。

避免碰撞是目前的一项关键目标，不仅是对于军方，对商业太空运营商也是如此。要避免碰撞，就必然会涉及信息共享，而这往往是军方的禁忌，因此商业部门在某些方面成为信息共享的推动力量。太空数据协会（SDA）由国际海事卫星组织、国际通信卫星组

㊳ Wright，Grego 和 Gronlund，《太空安全物理学原理》，第 2 页。

㊴ 参谋长联席会议，《太空作战联合准则》，联合出版物 3 - 14，2002 年 8 月 9 日，参谋长联席会议办公室，华盛顿，哥伦比亚特区，第 22 页。www. dtic. mil/doctrine/new_pubs/jp3_ 14. pdf。

织和 SES 三家卫星运营商于 2009 年成立，是一个非营利性官方协会，旨在实现可控、可靠和高效的信息共享，而这对卫星运行的安全性和完整性至关重要。2011 年 4 月，太空数据中心投入运营，该中心作为太空数据协会的“太空态势自动化感知系统，旨在降低在轨碰撞和无线电频率干扰的风险”[40]。当协会成员的卫星可能产生相互威胁时，双方的运营商就会接到通知。太空数据协会成立至今，其全球会员和参与组织及企业已增加到 20 多个，其中包括美国国家航空航天局以及国家海洋和大气管理局[41]。

然而，军事和情报机构往往不愿与外界分享其所掌握的信息。知识就是力量，但是，在太空这种全球化环境中，人们总不愿分享己方掌握的信息，但却希望他人提供信息，这是一种矛盾状态。因此，美国的安全机构一直在竭尽全力收集己方所需的信息，从而尽量减少对他方信息的依赖；只相信己方卫星采集的数据成为一种信条。

“太空篱笆”的前身是 1961 年服役的“海军版太空篱笆”，后改制为“空军太空监视系统”（AFSSS），该系统于 2013 年 9 月因预算削减而被搁置。自此之后，空军一直依靠其他监视资产提供太空态势感知，包括陆基雷达、光学传感器和卫星。新系统的最终目标是能够探测比目前更小的微卫星和碎片，并能够跟踪 1900 千米之外棒球大小的太空物体。相比之下，前“海军版太空篱笆”可以探测 1500 千米高度以下的所有物体，以及大约 85% 的低地球轨道卫星，而新系统是否能达到同等能力还存在争议。“太空篱笆”将使用 S 波段陆基雷达，目前仅在太平洋夸贾林环礁有一个基站，未来计划在

---

[40] “太空数据协会概述”，《太空数据协会》。www. space - data. org/sda/about/sda - overview/。

[41] “会员和与会者”，《太空数据协会》，www. space - data. org/sda/about/members - andparticipa. nts/。

澳大利亚西部设立第二个基站。虽然它具有“不设限”模式，无需透过特定任务即可探测和跟踪物体，但这只是其运行模式之一，而且不能与其他模式同时使用。新版“太空篱笆”还旨在大幅提高操作人员的效率，以及时探测可能威胁 GPS 卫星或国际空间站的太空事件。原定于 2015 年投入运行，但由于预算问题，现已推迟至 2018 年 12 月。然而，尽管该系统可大幅提升美国的能力，且太空态势感知也属于优先事项，但奇怪的是，在空军常规太空预算中该项目排名并不靠前。

根据 2015 年政府问责局的报告[42]，美国空军几年间已经在“太空篱笆”项目上花费了约 16 亿美元，主要用于洛克希德·马丁公司和雷声公司竞争性设计和原型开发。空军原计划在 2012 年 7 月授予“太空篱笆”系统开发合同，但由于内部项目审查和预算调整，推迟到了 2014 年[43]。该项目后来又被削减，2014 年 4 月，洛克希德·马丁公司获得价值 9.14 亿美元的固定价格合同。在随后的简报会上，洛马公司的一位高管表示，“太空篱笆”可以跟踪大约 20 万个太空物体，每天可进行 150 万次观测，大约是以前系统的 10 倍[44]。获得的观测数据越多，对轨道物体未来运动、交会/碰撞的预测就越准确。但是，除了收集观测数据之外，对这些新增观测数据的分析能力也是一项关键考虑因素，而且对慎重管理政府拨款至关重要。

总体而言，太空计划（特别是军事用途）的成本通常都高于最

---

[42] Christina T. Chaplin 在战略部队小组委员会上的证词，美国参议院，军事委员会，“太空采办”，GAO－15－492T，2015 年 4 月 29 日，第 8 页。www. gao. gov/assets/670/669930. pdf。

[43] Christina T. Chaplain 在战略部队小组委员会上的证词，美国参议院，军事委员会，“太空采办”，GAO－14－382T，2014 年 3 月 12 日，第 7 页。www. gao. gov/assets/670/661567. pdf。

[44] Mike Gruss，“洛克希德·马丁公司获得 9.14 亿美元的‘太空篱笆’合同”，《太空新闻网》，2014 年 6 月 2 日。http：//spacenews. com/40776lockheed－martin－lands－914m－space－fence－contract/。

初估算。根据 2015 年政府问责局的报告：

> 当前某些重大太空系统采办项目的年度估计费用已经超支，在 2014 至 2019 财政年度，预计累计超出 167 亿美元，比最初的年度估计高出 186%。国防部今天所面临的费用激增一定程度上是管理和监督问题带来的后果[45]。

因此对政府资金的管理势在必行，且应当基于对需求、可行性和后果的审慎评估。

空军提出的“不可或缺”项目清单新增预算 50 亿美元，这包括新的天基太空监视（SBSS）卫星，也是旨在提升太空态势感知能力。第一颗天基太空监视卫星 SBSS Block 10 于 2010 年发射升空，携带了光学望远镜，用于观察地球同步轨道上的航天器。根据空军的说法，“SBSS Block 10 卫星可以每周 7 天、每天 24 小时运行，不间断收集人造在轨物体和空间物体数据，与陆基系统不同的是，这一系统完全不受天气、时段和大气层的影响。”[46]

SBSS Block 10 卫星是太空中段红外实验（MSX）卫星天基可见光（SBV）传感器完成先进概念技术验证（ACTD）之后的产物。太空中段红外实验卫星是上世纪 90 年代后期的一款导弹防御试验卫星，到 2002 年时，其大多数传感器均已失效。通过使用太空中段红外实验/天基可见光系统，天基太空监视卫星的深空物体探测能力提高了 80%。该卫星位于大约 300 英里（约 482 千米）的轨道，距离其所观测的卫星有数千英里。天基太空监视系统通常由三到八颗卫

---

[45] Christina. T. Chaplin 的证词，GAO－15－492T，2015 年 4 月 29 日，第 2 页。

[46] “天基太空监视”，《空军太空司令部概况介绍》，2013 年 3 月 26 日。www.afspc.af.mil/library/factsheets/factsheet.asp? id＝20523。

星组成[47]。SBSS Block 20 星座开发完成后预计将包括四颗卫星，最初预期在 2013 财年投入使用。但后来不足为奇地出现了延误。

2005 年，一个独立评估小组发现，该项目的基线不具有可行性，组装、集成和测试计划存在风险，而且要求过高。2006 年年初，鉴于成本增加和进度延迟，对天基太空监视系统进行了重组。此次重组提高了资金和进度的灵活性，改进了组装、集成和测试计划，并放宽了要求。首颗卫星的发射被推迟，成本也比最初估计值增加了约 1.3 亿美元[48]。国会 2011 财政年度开始削减对后续系统的拨款，空军也于 2013 年 4 月取消了该项目。然而，在华盛顿，很少有项目被真正毙掉，到了 2015 财年，天基太空监视系统又回到了空军的预算列表。

与此同时，在 2014 年，空军披露了一项过去的机密计划，名为“地球同步太空态势感知计划”（GSSAP）[49]。巧合的是，此次披露就发生在某国进行导弹试射之后不久，2013 年 5 月，该国试射了一枚几乎可到达地球同步轨道的导弹，该轨道此前一直被认为是“安全港”（或避难所），鲜有国家能够将导弹打到这里。空军的声明也释放了一种信号，旨在告诉该国，美国正在关注该国的活动，如果该国跨越雷池，导致风险升高，则责任完全在于该国。与发布作战计划相比，这种披露可能是美国通过拒止能力进行威慑的更有效信号。

“地球同步太空态势感知计划”还旨在帮助跟踪高轨道上的人造在轨物体。2015 年 7 月发射了两颗据信能够进行交会和抵近机动的

---

[47] Jayant Sharma、Grant H. Stokes、Curt von Braun、George Zollinger 和 Andrew J. Wiseman，“迈向实战的天基太空监视”，《林肯实验室期刊》，第 13 卷第 2 期，2002 年 11 月，第 331 页。

[48] “天基太空监视”，《全球安全》。www. globa. lsecurity. org/space/systems/sbss. htm。

[49] Stephen Clark，“空军将领透露新的太空监视计划”，Spaceflight Now，2014 年 3 月 3 日。www. space. com/24897 - air - force - space - surveillance - program. html。

GSSAP 卫星[50]。鉴于这些卫星所在的“近地球同步轨道”已然拥挤不堪，这些卫星不但必须能够进行机动，而且还要相当精确。另外两颗 GSSAP 卫星计划 2016 年发射。对太空态势感知的需求和渴望与日俱增，尤其在兼顾所有其他（非机密）太空防御需求的情况下，自主数据采集的费用相当高昂。美国非常担心其他国家的反卫星能力，某些国家导弹射程足以覆盖地球同步轨道。不过，GSSAP 卫星的抵近机动性同样可用作反卫星能力。因此不难理解，正如美国也十分担忧他国这类技术一样，其他国家同样会对美国这一技术感到担忧。

空军研究实验室在 2005 年前后开发的 XSS－10 和 XSS－11 卫星也能够实施近距离卫星巡检。XSS－11 检查了将其送入轨道的火箭箭体和另一颗美国卫星。空军将这类项目定性为卫星巡检装置。然而，援引 2003 年五角大楼一位不愿透露姓名官员的说法，“XSS－11 可用作反卫武器。”[51] 此外，在 1999 年为空军太空司令部做的一项关于微卫星技术和要求的非正式研究，“强烈建议尽快部署 XSS－10 卫星，以实现拦截、成像，并在必要时，利用陆军的动能反卫星计划所积累的技术，对目标卫星采取行动”[52]。XSS 计划是“局部空间自动导航和制导实验”（ANGELS）项目[53]的前身，所涉及的卫星旨

---

[50] Mike Gruss，“新的美国空军太空监视卫星要求极高的精度”，《太空新闻网》，2015 年 1 月 12 日。http：//spacenews. com/new－u－s－air－force－space－surveillance－satellites－require－great－precision/。

[51] Elaine Grossman 和 Keith Costa，“小型实验卫星有望提供更多价值”，《五角大楼内参》，2003 年 12 月 4 日。

[52] Matte Bille、Robyn Kane 和 Mel Knowlin，“军用微卫星：匹配需求和技术”，美国航空航天学会，AIAA－2000－5186，2000 年 9 月 19 至 21 日。引用自 Theresa Hitchens、Michael Katz－Hyman、Jeffrey Lewis，“太空武器：大意图，小重点”，《防扩散评论》，2006 年 3 月，第 40 页。http：//cns. miis. edu/npr/pdfs/131hitchens. pdf。

[53] “局部空间自动导航和制导实验”，《科特兰空军基地》。www. kirtland. af. mil/shared/media/document/AFD－131204－039. pdf。

在用于护卫其他在轨卫星，从而监视周遭环境。其机动性为军方提供了广泛的用途，包括进攻性反太空武器。

2015 财年美国国防预算涉及的其他天基或相关系统包括：联合太空作战中心任务系统（JMS），改进型一次性运载火箭（EELV），移动用户目标系统（MUOS），先进极高频卫星（AEHF），全球定位系统（GPS），天基红外系统（SBIRS），宽带全球卫星通信，以及下一代气象系统。其中绝大多数项目都是现有系统的后续项目，并进行了技术改进。联合太空作战中心任务系统主要是一项软件项目，通过改进算法，旨在加强和增进对太空环境的了解。改进型一次性运载火箭的预算涵盖了各种卫星的发射费用。移动用户目标系统是一种军事通信卫星系统，旨在增强目前服役的八颗提供窄带战术通信的特高频后继卫星。先进极高频卫星是一种卫星通信系统，旨在为所有军种提供生存性强、抗干扰的全球安全通信。全球定位系统超过十亿美元的预算涵盖了升级、维护、新技术以及所需的各种支持。天基红外系统旨在扩充并取代落伍的国防支援计划（DSP）卫星星座，为美国及其盟友提供四个方面的预警：导弹预警、导弹防御、技术情报和战场态势感知。宽带全球卫星通信（WGS）是国防卫星通信系统（DSCS）的后续产品，为军队提供 C4ISR 能力以及战斗管理和战斗支援信息功能。每颗宽带全球卫星通信卫星所提供的能力都与目前的整个国防卫星通信系统星座相当。最后，下一代气象系统将取代国防气象卫星计划（DMSP），为国防部提供气象信息[54]。这些项目都需要大量增加预算，能极大强化部队的能力，与

[54] 太空基金会，美国国防部天基和相关系统，2015 财政年度预算比较，第 6 版。www. spacefoundation. org/ sites/ default/ files/ downloads/Update% 206% 20FY% 202015% 20DoD% 20Space%20Budget%20Comparison. pdf。Mike Gruss，“五角大楼将在年底前决定两个备受瞩目项目的未来”，《太空新闻网》，2016 年 2 月 26 日。http：//spacenews. com/pentagon - wi11 - decide - future - of - two - high - profile - satellite - programs - by - years - end/。

此同时，其他项目的作用则备受质疑。

在所有被认为是潜在太空武器的空军计划中，最声名狼藉的大概就是X－37B轨道试验飞行器。这款无人驾驶、可重复使用的太空飞行器看起来就像一艘微型航天飞机，已经多次执行测试任务，且测试时间越来越长。由于对该计划的目标或有效载荷知之甚少[55]，因此外界存在各种猜测。例如，怀疑它可能是一款太空武器，是迈向太空战的信号[56]。甚至英国也密切关注X－37B的测试飞行，并对该项目的意图充满猜测[57]。

不过，根据空军部长詹姆斯给出的官方说法，美国在太空中没有部署武器。但是，鉴于美国的许多资产都具有被用作武器的能力，一些国家猜测和质疑美国的意图也就不难理解。当其他国家具备类似能力时，其背后的意图自然也会受到质疑。

2016年1月，中国宣布在建造一架空天飞机，名为“神龙”，外观极像X－37B，连语言描述也极为相似。这一消息发布被美国媒体解读为“披露”，是“不断扩充的太空战计划”的一部分，并且“很可能被部署”到中国的“战略支援部队”，该部队负责执行高科技战争，包括太空战、网络战和电子战[58]。可以想见，从中国的角度

---

[55] Leonard David，“美国军方绝密的X－37B太空飞机任务接近3个月大关”，Space. com，2015年8月13日。www. space. com/30245－x37b－military－space－plane－100－days. html。

[56] Mike Wall，“中国对美国空军的X－37B太空飞机提出质疑”，Space. com，2012年6月25日。www. space. com/16283－china－x－37b－space－plane－concerns. html。Dean Cheng，“中国将X－37B视为未来的天基攻击能力”，《外交政策》，2014年10月23日。www. space. com/16283－china－x－37b－space－plane－concerns. html。

[57] Sharon Weinberger，“X－37B：美国军用太空飞机的秘密”，《BBC》，2014年11月18日。www. bbc. com/future/story/20121123－secrets－of－us－military－spaceplane。

[58] Bill Gertz，“中国的神龙飞船是不断扩充的太空战计划的一部分：格茨”，《亚洲时报》，2016年1月25日。http：//atimes. com/2016/01/chinas－shenlong－space－plane－revealed－as－part－of－growing－space－warfare－program－gertz/？utm_ content＝buffer54684&utm_ medium＝social&utm_ source＝facebook. com&utm_ campaign＝buffer。

看，这种论调将被视为“只许州官放火，不许百姓点灯”式的虚伪说教。此外，自2007年以来，有关于中国正在开发航天飞机的猜测一直不断，但除模型之外的，人们尚未见到任何实质性进展，即使真的建成，要实现“部署”也绝非一朝一夕之功。

美国国防高级研究计划局（DARPA）也在制定太空相关计划。根据国防高级研究计划局的网站，其“磁流体动力爆炸弹药”计划，也称MAHEM（其英文单词首字母缩略词），利用爆炸形成的喷流（EFJ）和破片以及自锻穿甲弹（SFP）对装甲车辆和加固结构等目标实施精确打击，并且能够装入导弹[59]。其次是XS－1太空飞机，旨在提供快速、负担得起的进入太空方式，具体而言，就是可在10天内完成10次发射，且每次飞行成本不超过500万美元[60]。

上述项目只是冰山一角，事实上，各个机构都在开发名目繁多且投入不菲的太空相关计划。美国拥有世界上最强大、技术最先进、投入巨大且雄心勃勃的军事太空计划。在技术上保持领先的方式不是通过遏制别的国家，而是不断推动技术进步。遏制他国充其量只能降低这些国家的技术发展速度，但对于一个拥有坚定决心的国家来说，却无法阻止技术发展。美国应成为引领颠覆性技术的国家。挑战在于，如何在不引发军备竞赛的前提下实现技术突破。鉴于太空技术的军民两用特性，当前亟需提供各项保障，一方面，“通过外交努力阻止太空战”，一方面还要推动“技术发展”。长期以来，各国都没有致力于实现上述平衡，显而易见，人们也不曾设想，若要在太空战场上“战胜”敌人，最终将导致何种局面。

---

[59] Jerome Dunn，“磁流体动力爆炸弹药（MAHEM）”，国防高级研究计划局。www.darpa.mil/program/magneto－hydrodynamic－explosive－munition。

[60] Elizabeth Howell，“XS－1：国防高级研究计划局的实验太空飞机”，Space.com，2015年5月1日。www.space.com/29287－xl－experimental－spaceplane.html。

致胜

在 2007 年中国进行发射试验之后，麻省理工学院的科学家和战略武器专家杰弗里·福登为《连线》杂志撰写了一篇由三部分组成的文章，题为“中国如何输掉即将到来的太空战”。文章的基本结论是，虽然中国可以在太空战中削弱美国的能力，但是无法重创这些能力。

> 假如中国对美国的太空资产发动全面攻击，其短期军事后果将非常有限。即使在最坏的情况下，中国也只能减少而无法拒止战区内精确制导武器的使用或卫星通信。中国也许能摧毁很大一部分战略情报收集能力，但不是全部。美国幸存下来的间谍卫星可以继续飞越中国上空，并拍摄中国军队的动向、港口和战略部队，当然，效率会大打折扣，且会消耗更多燃料。然而，战争将迅速进入战术阶段，美国将利用飞机而不是卫星采集大部分作战照片。从理论上讲，美国的舰船和无人机可能会在一天当中的某些时段难以进行协调。但在大部分时间，仍可以自由正常作战。即使美国除了对低地球轨道卫星进行机动外，未做出任何回应，中国的太空打击也无法实现其作战目标[61]。

自 2008 年以后，尽管中国的能力有所提升，但可以想见，在此期间美国的能力以及对于太空资产可能遭受攻击的战术、作战和战略思考也不会停滞不前。此外，福登重点论述了其短期影响，并假

[61] Geoffrey Forden，“中国如何输掉即将到来的太空战”，《连线》，2008 年 1 月 10 日。www. wired. com/2008/01/inside – the – chin/part 3。

设动用了会产生太空碎片的动能武器。

在2014年，马里兰大学的研究学者贾加纳特·桑卡兰(Jaganath Sankaran)研究了“反卫星能力对美国造成威胁的程度”[62]，所得结论与福登大致相同。他提出，没有证据表明美军如外界所说的那般“严重依赖”卫星，因此也不会因反卫星攻击而陷入瘫痪。尽管有些美国卫星的确容易被攻击，但他表示，“弹道导弹射程有限，且基础设施不足，使得对手国无法开展广泛的反卫星行动，因此不会对美国能力造成实质性影响。”[63] 虽然中国2013年的发射活动显示，中国具备扩大打击范围的潜在能力，但福登和桑卡兰对中国到底能造成多大程度的破坏提出了质疑。为此，桑卡兰建议美国利用技术创新，包括太空态势感知、屏蔽、规避和冗余，透过拒止手段来慑止攻击。他进一步指出，谈判和军备控制是整体威慑计划不可或缺的内容。

如果具备进攻性太空能力的主要航天大国都具有理性，就不会冒险使用动能反卫武器，从而让本国与对手国的太空资产玉石俱焚。那么，不对卫星进行动能攻击的太空战会是什么样子？陆军在2015年8月举行了一场高度机密的兵棋推演，重点是电子战演习。要解决的问题是中国或俄罗斯的干扰器是否“能够诱骗美国的导弹防御网向空旷的天空开火”[64]。除了“诱骗”美方作战人员采取毫无根据的行动之外，演习策划者还担心网络战有可能劫持太空资产的控制

[62] Jaganath Sankaran，“中国对美国造成威胁的程度”，《战略研究季刊》，第8卷第4期，2014年冬，第19–46页。

[63] 同上，第19页。

[64] “美军举行导弹防御兵棋推演以挫败‘俄罗斯的干扰’”，《太空新闻日报网》，2015年8月18日。www. spacedaily. com/reports/US_ Army_ Held_ Missile_ Defense_ War_ Games_ to_ Subvert_ Russian_ Jamming_ 999. html。

权。黑客已经展示了其具有入侵卫星传输链的能力[65]，2014 年黑客也入侵了国家海洋和大气管理局的气象和卫星系统[66]。海顿将军将对抗干扰列为自己的首要任务之一。其中很大一部分涉及训练部队使用最先进的设备，以及在潜在的对抗性环境下作战[67]。

太空战也可能利用激光使卫星传感器失效。美国和其他国家经常利用激光束“照射”卫星以实现追踪。美国在新墨西哥州星火激光靶场进行军用激光武器研究，美国已经将激光武器安装在船舰和军用卡车上。高功率激光束可以“致盲”卫星，使其短暂或永久“失明”。关于中国人在 2006 年试图致盲一颗美国卫星的报告多年来反复被人们所引用[68]。然而，五角大楼的国家侦察局主任唐纳德·克尔（Donald Kerr）表示，事实上，无论发生过什么，“都并未实质性损害美国卫星收集信息的能力。”[69] 此外，当时负责美国太空军事行动的詹姆斯·卡特赖特（James Cartwright）将军表示，美国未曾看到“有明确迹象表明美国的卫星能力被破坏了[70]”。将照射、致眩和致盲加以区分是一件困难的事情，这些事件有望导致事态升级。

---

[65] Kim Zetter，“俄罗斯间谍团伙劫持卫星链接窃取数据”，《连线》，2015 年 9 月 9 日。www. wired. com/2015/09/turla - russian - espionage - gang - hijacks - satellite - connections - to - steal - data. /。

[66] Mary Pat Flaherty、Jason Samenow 和 Lisa Rein，“美国气象系统、卫星网络被入侵”，《华盛顿邮报》，2014 年 11 月 12 日。https：//www. washingtonpost. com/local/chinese - hack - us - weather - systems - satellite - network/2014/11/12/bef1206a - 68e9 - lIe4 - b053 - 65cea 7903f2e_ story. html。

[67] Tom Roeder，“太空司令部将领做出变革，为可能发生的太空战做准备”，《公报》，2015 年 11 月 16 日。http：//gazette. com/space - command - general - making - changes - to - prep - for - possibility - of - space - war/article/1563440。

[68] Noah Shachtman，“这是反卫星激光武器基站吗?”《连线》，2009 年 11 月 3 日。www. wired. com/2009/ll/is - this - chinas - anti - satellite - laser - weapon - site/。

[69] Glenn Kessler，“巴赫曼声称中国‘致盲’了美国的卫星”，《华盛顿邮报》，2011 年 10 月 4 日，https：//www. washingtonpost. com/blogs/fact - checker/post/bachmanns - claim - that - china - blinded - us - satellites/2011/10/03/gIQAHvm7IL_ blog. html。

[70] 同上。

夸大其词是普京政府的特点，针对电子战和高超声速导弹这两个与太空相关的领域，俄罗斯的言论一向夸张。俄罗斯媒体援引俄罗斯无线电电子技术公司的一名官员的话说：

> 如果美国着手开发并向太空发射作战武器平台，俄罗斯将不得不做出回应，俄罗斯将开发不同种类的高性能电子战（EW）工具；利用这类工具是（俄罗斯的）一个显著优势[71]。

高超声速导弹缩短了决策时间，提升了事态升级的风险。综合考虑所有因素，太空冲突的最终结果不利于任何一方。

如果说施里弗兵棋推演有何种收获，那就是一旦太空战场上态势紧张，事态就会迅速升级。欲将太空战维持在有限层级，与打一场有限的核战争一样机会渺茫。通过刻意发展模棱两可的军民两用技术来缩小对手的决策时间，进一步推高了本已高企的由太空战升级为核大战的几率，即使在最好的情况下，世界也将重回工业时代。艾利森指出了这些灾难性冲突的后果，并将其与第一次世界大战的结束相提并论，旨在表明不会有真正的赢家。

> 当四年后战争结束时，欧洲满目疮痍：德皇被废、奥匈帝国解体、俄国沙皇被布尔什维克推翻、法国元气大伤、英国贫病交加。欧洲作为世界政治中心的千载荣光戛然而止。
>
> ……

---

⑦1 “俄罗斯将凭借新的电子战技术与美国开展太空战”，斯普特尼克国际广播公司，2015 年 8 月 22 日更新。http：//sputniknews. com/military/20150814/1025760955/russia－us－star－wars. html。

> 两国之间的战争多会以惨淡收场，对双方而言皆如此……[72]

尽管历史上有许多关于战争终结的例子，但都不适用于太空战。

太空战的最终阶段是什么样子？美国在缺乏明确的军事目的的情况下入侵了伊拉克，结果狼狈不堪。这一“教训”也同样适用于太空。2015 年施里弗兵棋推演的目标之一就是，“找到增强太空弹性的方法，包括我们的情报界、民间、商业伙伴和盟友”[73]。究竟是在冲突期间还是之后尚不可知，如果是在冲突之后，则假定避免了事态升级。然而，这一假定是否合理，需要下届政府进行更加深远和透明的思考。

---

[72] Graham Allison，“修昔底德陷阱：美中两国正走向战争？”《大西洋月刊》，2015 年 9 月 24 日。www. theatlantic. com/international/archive/2015/09/united - states - china - war - thucydides - trap/406756/。

[73] “施里弗 2015 兵棋推演即将开始”，空军太空司令部，2015 年 12 月 9 日。www. afspc. af. mil/news/story. asp？ id = 123465068。

第五章　贪得无厌的巨兽

我们必须谨防军工复合体有意或无意获得不应有的影响力，权力错位招致灾祸的可能性存在并将持续存在。

——艾森豪威尔①

哈佛大学教授格雷厄姆·艾利森在其1971年的著作《决策的本质》中，从理性行为者、组织行为和政府政治三个角度研究了古巴导弹危机期间的决策，该书产生了深远的影响。简言之，理性行为者模型假设各种决策本质上都具有明确的目标；组织行为模型则认为，相关决策通常都基于政府机构精心制定的标准运行程序；政府政治模型的假设是，相关决策者缺乏共同的战略目标，而是“根据国家、机构和个人的不同目标”做出决策，“政府决策并非基于单纯理性的选择，而是各方角力的结果，这就是政治”②。

同样，赖特·米尔斯（Wright Mills）等精英权力理论家一直认为，军工复合体的各利益相关方和参与者对确定、塑造和细化“国家利益”的定义起到了推波助澜的作用，旨在实现利益最大化并对

① 艾森豪威尔全国告别演说，1961年1月17日。http：//avalon. law. yale. edu/20th_century/eisenhower001. asp。

② Graham Allison、Philip Zelikow，《决策的本质》，第二版，艾迪森-韦斯利出版社，纽约，1999年，第255页。

资源攫取渠道加以保护。因此，随着军工复合体的利益方日益增多，这些利益方成为“政治”游戏的一部分，积极参与安全政策，尤其是太空政策的相关决策。

空军退役军官和太空问题研究者布鲁斯·戴布洛伊在2003年提出，这些超越国家利益的力量会影响太空政策的相关决策。

> 除了自上而下的政策领导权之外，高层决策者控制之外的力量也会推动太空武器的采办。在某些情况下，参与规划流程的机构，包括科学实验室、行政部门和军方用户等，也会施加巨大压力，而这些意见压力却超出了其专业领域与责任范围③。

如前所述，国防项目，特别是太空项目，对承包商来说是高投入高利润项目，成本超支是常态。这里有很多的钱可以赚，众多军官、承包商、政府官员、智库分析师、研发人员和行业协会成员双眼紧盯“每年耗资数千亿美元的国防采办系统给行业带来的财富盛宴”④。艾森豪威尔在1961年卸任总统时，曾提醒要警惕“军工复合体”对五角大楼政策的不当影响。在这一著名观点提出后50多年的今天，如果艾森豪威尔仍然健在，他一定会因自己的告诫被彻底忽视感到极度震惊⑤。现在，国防承包商和航空航天承包商已构成了一个极为庞大的行业集团，其影响力远远超过其他行业。

军工复合体的产业部门包括拥有跨国资本的企业，这些企业拥有共同的利益，且与其他行业有着明显的不同。其中绝大多数企业

---

③ Bruce DeBlois，“太空武器的出现”，《天体政治学》期刊第1卷第1期，第7页。

④ Bryan Bender，“从五角大楼到私营部门”，《波士顿环球报》，2010年12月26日。http：//archive. boston. com/news/nation/washington/articles/2010/12/26/defense _ firms_ lure_ retired_ generals/。

⑤ Bryan Bender，“研讨会教高级官员如何获得工业界的工作”，《波士顿环球报》，2010年12月26日。

的主要收入都来自武器销售。截至2012年，军火销售已占各家公司总收入的一半以上，其中：洛马公司（76%）、英国航空航天系统公司（95%）、雷声公司（92%）、通用动力公司（66%），以及诺斯罗普·格鲁曼公司（77%）。这些企业的产品通常并非面向普通消费者，而是主要依赖政府合同。在美国最大的25家防务企业中，至少有9家企业主营业务包含航空航天：加利福尼亚分析中心国际公司、美泰科技公司、罗克韦尔·柯林斯公司、埃克斯利斯公司、计算机科学公司、雷声公司、通用动力公司、波音公司以及洛马公司。这其中的政治意味非常明显。这些企业在维护和扩大系统方面有着天然的既得利益⑥，包括武器系统，假如没有明确和直接的外部威胁，就缺乏政治正当性。此外，与这些营利性企业对口的政府机构也在同步增加，甚至可以说“日益臃肿”。在许多情况下，它们之间形成了一种相互依存的关系。

自第二次世界大战后，美国一直维持着一支庞大的常备军，同时，美国的外交政策也在不断扩大和加强军工复合体的影响。外交政策的制定建立在一系列复杂的机制之上，旨在应对广泛的威胁，包括需要在陆地上使用无人机追捕恐怖分子，以及动用压倒性的空中、海上和太空力量来抗衡与美国旗鼓相当的竞争对手。承担国家安全职责的政府机构已经从核心决策圈扩大到了整个官僚体系。自卡特政府以来，国家安全委员会的人员数量不断增加，由一个不足20人的小秘书处发展到奥巴马政府时期的400多人。9·11事件后，军方于2002年成立了北方司令部，负责本土安全，政府组建了国土安全部（DHS），“旨在确保国土安全，并可靠、有效地应对恐怖主义和其他危害”；此处的“其他危害”还包括食品安全，以及确保

⑥ Eloise Lee、Robert Johnson，“25家美国最大的国防公司”，《商业内幕》，2012年3月10日，引用斯德哥尔摩国际和平研究所的数据。

超级碗赛事出售的纪念衫不是他国的山寨货⑦。国土安全部现在是政府第三大官僚机构，雇员超过 24 万人，包含 17 个不同的情报单位，占据 33 个建筑群，几乎相当于 3 个五角大楼或 22 个国会大厦，而且情报系统还在持续扩大⑧。五角大楼拥有大约 23000 名军事和文职人员，是各战区司令部的中心，美国也是当今唯一敢于效法罗马帝国将全世界划分为不同战区的国家。

随着个人、机构、组织、官僚系统和企业等既得利益方不断增加，军工复合体开始加速膨胀⑨。国务院外交安全局等政府机构会聘用 DynCorp International、Tigerswan、Triple Canopy 和黑水公司的私人军事承包商来保护外交官并履行安保职能。这些企业的雇员往往是特种部队退役士兵。Kellogg、Brown 和 Root（KBR，其前身为哈利伯顿集团的子公司，前副总统迪克·切尼曾担任该公司的首席执行官兼董事长）等工程、采购和建设施工企业，业务范围从建造大使馆到提供军事基地无所不包。从数量和投资两方面来看，主要从事防务与安全问题的智库、咨询公司和游说公司也在激增。

能否当选国会议员，传统上主要取决于他们能为所在选区创造多少就业岗位，以及能够筹集到多少竞选资金。作为选举套路的一部分，他们必然会支持国防合同以及此类合同带来的就业机会。当国防预算可能遭到削减或延后时，国防承包商就会对国会议员发出呼吁，通常祭出的第一招便是“就业岗位流失”。此外，退休议员及其工作人员也难以抵抗报酬丰厚的游说工作岗位的诱惑。

---

⑦ Joan Johnson－Freese、Thomas M. Nichols，“国土安全部：负责一切事物”，《突破防御》期刊，2015 年 3 月 27 日。http：//breakingdefense. com/2015/03/dhs － the － department － of － everything/。

⑧ Tom Engelhardt，“为什么美国有 17 个不同的情报机构?”，《国家》杂志，2014 年 8 月 4 日。

⑨ S. Pete Worden，“关于自舔冰淇淋甜筒”，第 7 届剑桥冷星、恒星系统和太阳研讨会会议记录，ASP 会议系列，第 26 期，1992 年。

定义威胁

有大量具有既得利益的个人和机构坚持认为“美国面临着威胁”，因为这样才能佐证庞大国防预算的正当性。在向后冷战时代过渡期间，美国军方面临着军费开支被大幅削减的问题，即享受“和平红利”。因此，军方突然发现自己周围充斥着承担战争以外军事行动（MOOTWA）的论调，作战人员对这一术语和任务性质充满反感。前国防部长罗伯特·麦克纳马拉及其他前国防部官员均认为，国防开支完全可以削减一半。与军方或军事承包商关系密切的政策规划机构，例如兰德公司和战略与国际问题研究中心（CSIS）等智库开足马力反驳上述论调，试图尽量减少预算削减。这些机构重点发展全新的国防理论，想方设法保留航空母舰等大型系统和平台，完全无视苏联已经解体，且短期安全环境得到改善的现实。承包商开始在军工复合体中发挥着越来越大的作用。

政治经济学家罗纳德·考克斯（Ronald Cox）阐述了国防承包商在发展新理论和定义威胁方面的角色：就像让狐狸看守鸡舍。

> 军火制造商与美国核心的外交政策官僚体系（特别是国防部）有着密不可分的关系……军事承包商已经深深渗透到美国联邦政府内部的官僚系统决策框架，使军火商的获利能力成为政府部门和机构通过政治流程确定长期战略威胁的影响因素[⑩]。

因此，正如第一章所述，国防战略反映了需求，但未必是国家需求。官僚体系的需求和企业需求也会影响如何定义威胁。斯科

⑩ Ronald W. Cox，“9·11后的军工复合体和美国军费开支”，《阶级、种族和企业权力》，第2卷第2期，2014年，第2-3页。

特·萨根（Scott Sagan）在写到拥核动机时说，“官僚机构人员并非…… 一味被动地接收自上而下的政治决策；相反，他们会创造条件，以便为拥核找到借口。”[11] 布鲁斯·戴布洛伊后来将这一观点套用在了太空武器问题上，认为“由于缺乏关于太空武器的明确且自上而下的政策指导……军事理论可以建立自身的惯性，并影响甚至成为既定政策[12]。”

通常背后得到企业支持的智库同样能够影响对美国国家安全面临的长期威胁的定义。智库的种类和规模各不相同，有些智库研究领域狭窄，有的则宽泛，有些智库也存在政党倾向，有的则没有。例如，传统基金会于 2013 年举办了一次巡回九个城市的“废除奥巴马医改”市政厅演说，由茶党运动领导人吉姆·德敏特（Jim DeMint）领衔，该活动清楚表明了传统基金会的党派立场。“一些充满意识形态色彩的智库早已变得极度政治化，为了不失去作为慈善机构的税收地位，这些智库纷纷开辟单独的业务，专门从事游说及其他宣传工作。”[13] 然而，一些机构努力成为其重点研究领域的信息掮客。例如，安全世界基金会称其使命是“与政府、业界、国际组织和民间团体合作，发展和促进各种想法和行动，以实现安全、可持续且和平的外空利用，造福地球和全人类”[14]。安全世界基金会是无党派组织，且不受企业的影响，这很大程度上归功于其出资方来自个人。但大多数此类机构的情况却并非如此。

威廉·哈通（William Hartung）和大卫·吉布斯（David Gibbs）曾撰文披露大型国防承包商对保守派和新保守派智库的资助，自上

---

⑪ Scott Sagan，“为什么国家建造核武器：寻找炸弹的三种模式”，《国际安全》，第 21 卷第 3 期，1996—1997 年冬，第 64 页。

⑫ Deblois，“太空武器的出现”，第 7 页。

⑬ Bryan Bender，“许多华盛顿智库现已成为党派战争的参与者”，《波士顿环球报》，2013 年 8 月 11 日。

⑭ “我们是谁”，安全世界基金会。http：//swfound. org/about - us/who - we - are/。

世纪 90 年代以来，特别是 9·11 事件之后，这些智库开始在国防政策辩论和讨论中崭露头角，例如，新美国世纪项目（PNAC）、国家公共政策研究所（NIPP）和安全政策中心（CSP）⑮。安全政策中心有六分之一的资金来自国防工业，在其网站上明确表示：

> 该中心不厌其烦地宣称自己拥有“理念之争领域特种部队”的独特能力：帮助预算水平较低的小型机构打造团队并实现目标。通过这种方式，能够让支持我们工作的捐赠者获得“最大回报”⑯。

虽然大多数智库都自我标榜“思想独立”，但实际上，即使这些机构并未明确宣称要给予捐赠者“最大回报”，但其生存也主要依靠企业捐赠。捐赠者很少愿意支持大唱反调或其所提供信息不符合捐赠者最大利益的智库。

在所有智库中，自我标榜“大胆、创新、跨党派”的新美国安全中心（CNAS）成立时间较短⑰，该中心由库尔特·坎贝尔（Kurt Campbell）博士和米歇尔·弗鲁诺伊（Michele Flournoy）于 2007 年创立。坎贝尔和弗鲁诺伊都曾在奥巴马政府中担任要职，坎贝尔曾任职国务院，弗洛诺伊则任职国防部。新美国安全中心将捐款超过 250 万美元⑱的捐助方列进了“荣誉榜”，波音公司、卡内基公司、日本政府、诺斯罗普·格鲁曼航空航天系统公司、史密斯·理查森基金会均榜上有名。与坎贝尔和弗鲁诺伊一样，许多其他政府前雇员后来都创建了智库或效力于智库。许多国防承包商的董事会、接

---

⑮ David Gibbs，“美国外交政策中的借口：历史视角中的反恐战争”，《新政治科学》，第 26 卷第 3 期，2004 年，第 293－321 页；William Hartung、Michelle Ciarrocca，“军工智囊团复合体”，《多国观察》，2003 年 1－2 月，第 17－20 页。

⑯ “关于我们”，《安全政策中心》。www. centerforsecuritypolicy. org/about－us/。

⑰ 有关新美国安全中心主页，请参阅 www. cnas. org “贡献者荣誉榜”。

⑱ www. cnas. org/content/cnas－supporters。

受承包商资助的政策智库、国防部人员和联邦政府高官之间普遍存在着千丝万缕的联系[19]。这些智库撰写的报告和研究结论对政府的政策决策具有举足轻重的影响。

后冷战时代防务态势的塑造，特别是在寻找新的敌人方面，日益膨胀的军工复合体可谓功不可没，其中涉及有影响力的企业、五花八门的智库、五角大楼高官和国会议员。

> 1990 年 3 月，参议院军事委员会主席、军方的铁杆盟友山姆·纳恩（Sam Nunn）参议员坚定地认为，美国的防御并不需要针对一个明确的敌人。针对国防部长切尼仍以苏联为假想敌的军事思想，纳恩进行了猛烈抨击，他指出，五角大楼提出的开支计划毫无价值，因为面对显而易见的“威胁”，该计划存在漏洞。而事实上，这种对未来对手的分析既缺乏现实依据，又缺乏说服力[20]。

1988 年战略与国际问题研究中心的一份报告对“罪恶政权”发出了警告，语气之严厉，比纳恩的论调有过之而无不及。追溯到里根政府时期，这些“罪恶政权”很快就被更名为“流氓政权”，最初是指伊朗、利比亚、朝鲜、古巴和尼加拉瓜。1990 年 3 月，白宫公布了“流氓国家”清单；这些政府被认定为美国在后冷战时代面临的安全威胁，包括拥有或可能拥有大规模杀伤性武器的发展中国家，以及有能力威胁美国在关键地区的重要地缘战略利益的国家[21]。上世纪 90 年代后期，伊拉克也被列进了这一清单。

此外，无论流氓国家的危险程度有多大，都没有正当理由拥有

⑲ Cox，“军工复合体”，第 9 页。

⑳ Michael Klare，《流氓国家和核不法分子：美国新外交政策的探索》，《希尔与王》期刊，纽约，1996 年，第 14 页。

㉑ Cox，“军工复合体”，第 6 页。

航空母舰和其他大型装备。因此，在小布什政府时期，冷战时期的大型武器装备项目下降了17%，在克林顿政府第一任期内下降了12%[22]。这个问题必须要加以解决。

山姆·纳恩再一次受命给美国寻找至少一个有价值的新对手，从而为继续保持庞大的军事架构、平台以及昂贵的武器系统提供充分理由。1988年，纳恩一边确定应对“流氓国家”之道，一边配合参谋长联席会议主席科林·鲍威尔的工作。最终，一种新的名为“新兴地区性强国”的概念应运而生，这类国家包括阿根廷、巴西、中国、埃及、印度、伊朗、伊拉克、以色列、利比亚、巴基斯坦、南非、叙利亚、土耳其和南北朝鲜。每个地区性强国都有各自的国家利益和原则，出于不同原因，这些国家都在扩充其军事架构和/或开发大规模杀伤性武器[23]。一些地区性大国最终成为了美国的盟友和/或接受了美国大量军事援助。而另一些国家则被视为美国的潜在威胁，尤其是中国，被视为旗鼓相当的对手，美国也许在某个时刻不得不在战场上与之兵戎相见。因此，美国从“冷战遏制战略”实现了华丽转身，应对“流氓国家”和寻找与美国势均力敌的对手成为美国核心战略。

众多玩家

国防和航空航天承包商采取经济和政治策略，以应对后冷战时代商业机会的减少。经济方面，许多企业采用了重组、裁员、出售业务以及企业并购等策略，早在1993年，国防部就开始为这些并购提供融资协助。上述策略加上上世纪90年代的总体经济趋势，“与第二次世界大战后大部分时间相比，这一时期国防行业排名前四的

[22] Cox，“军工复合体”，第7页。

[23] Klare，《流氓国家和核不法分子》，第16－18页。

企业获得更高的国防部合同份额”[24]，甚至冷战结束后也依然如此。然而，在政治方面，仍需要确定一个值得美国重视的新敌人，一个旗鼓相当的竞争对手。

在 2011 年出版的《战争的先知：洛克希德·马丁公司和军工复合体的形成》一书中，威廉·哈同（William Hartung）论述了洛克希德·马丁公司对国防政策的影响，以及该公司及其个别负责人从保持高威胁态势中获得的好处[25]。从后冷战时代遏制战略到“流氓国家”再到新兴地区性强国，美国的聚焦点不断转换，在此期间，马丁·玛丽埃塔公司时任首席执行官诺曼·奥古斯丁（Norman Augustine）牵头成立了所谓的“超级公司”，当其他企业都试图利用业务多元化，以此抵消“和平红利”导致的国防开支削减时，奥古斯丁却另辟蹊径，将为美国继续生产武器当作自己的爱国职责，并时常把军火工业称为“第四军种”[26]。在收购了一些小企业后（包括通用电气的防务部门），马丁·玛丽埃塔公司与洛克希德公司于 1995 年完成了合并。马丁·玛丽埃塔公司显然占据了主导地位，奥古斯丁出任新公司的首席执行官，高层管理职位由马丁·玛丽埃塔公司的人担任，新公司总部也设在了马丁·玛丽埃塔公司位于马里兰州贝塞斯达的总部。

奥古斯丁拥有他人无法企及的政治关系。在执掌全球最大的国防承包商的同时，奥古斯丁还在国防贸易政策咨询委员会（DPACT）任职，该委员会的职责是为国防部长提供有关武器出口政策的建议；他在国防科学委员会也挂有头衔，该委员会是一个咨询机构，拥有推进或取消新兴武器计划的生杀大权；他同时还担任

---

[24] Cox，“军工复合体”，第 7 页。

[25] William D. Hartung，《战争的先知：洛克希德·马丁公司和军工复合体的形成》，国家图书，纽约，2011 年；见第 8 章，“圣奥古斯丁的法律”，第 163－190 页。

[26] 同上，第 167 页。

美国陆军协会的主席，该协会是一个强大的利益集团，成员包括退役军人和军队承包商。这些政治资源在过渡时期带来了高额回报。在游说由纽特·金里奇（Newt Gingrich）领导的共和党掌控的国会方面，奥古斯丁发挥了关键作用，为洛克希德·马丁公司的项目（从F-22战斗机到“星球大战”导弹防御计划）多争取了数十亿美元的资金。然而，他最大的神来之笔或许是说服国会，用纳税人的钱为主要军火工业合并提供资金，作为其“重组费用”，这项政策为洛克希德·马丁公司的诞生提供了数亿美元的政府拨款。

> 奥古斯丁曾经的生意伙伴、时任国防部副部长约翰·多伊奇（John Deutsch）在其单页备忘录中提出了一项规定含糊不清的变革政策，国防部下发政府拨款，用于关闭工厂、设备搬迁和支付下岗职工的遣散费，并为受合并影响的董事会成员和高管提供“黄金降落伞”㉗。

该政策既没有在《联邦公报》中公布，也没有告知国会便立即生效，按照规定，几乎所有政府政策都必须通过《联邦公报》加以公布。

上述政策给组织机构和个人均带来了好处。例如，洛克希德·马丁公司因此获益近18亿美元。个人方面，奥古斯丁由马丁·玛丽埃塔公司的首席执行官升任洛克希德·马丁公司的首席执行官。然而，他是因为合并而“离开”了马丁·玛丽埃塔公司，因此获得820万美元的补偿，其中约290万美元来自政府拨款㉘。

五角大楼、国会和防务企业之间的不当关系被当作了对美国有利的卖点，因为此举扩大了就业，这是选民最关注的问题。没有谁

㉗ William D. Hartung，《战争的先知：洛克希德·马丁公司和军工复合体的形成》，国家图书，纽约，2011年；见第8章，“圣奥古斯丁的法律”，第171页。

㉘ 同上，第169－174页。

比国会议员对“就业”议题更加敏感，这也是游说集团最惯用的借口。

据报道，2015年，各大企业用于国会游说的费用超过20亿美元。许多游说集团都将办公地点设在华盛顿特区的K街，这里也时常被称为退休国会议员、国会工作人员和军官的“致富之路”。

> 如今，那些大企业有超过100名游说者代表他们，其影响力无处不在。工会和公益团体每花1美元游说费用，大企业及其附随组织就花34美元。在游说支出排名前100的机构中，有95个始终代表企业[29]。

通常情况下，游说集团的工作就是说服国会议员，如果削减他们所游说的计划，将降低该议员所在选区的就业机会，这会令选民心生不满。

2011年，航空航天业发布报告，称削减国防预算将导致一百多万美国人失业。航空航天工业协会（AIA）主席马里恩·布莱克利（Marion Blakeley）表示，若在十年内削减总额高达一万亿美元的预算，将“破坏经济和国防工业基础，并损害国家安全”，这份报告由航空航天工业协会发起并支付了费用[30]。洛克希德·马丁和波音等公司都声称，防务企业员工数量已经由2008年的峰值14%降到了10%左右，但其中有些就业岗位只是转入了商业部门，波音公司就是这种情况。在有些情况下，就业岗位是由于资产剥离造成的，例如从诺斯罗普公司拆分出来的亨廷顿英格尔斯公司。不过，从高管的薪酬水平来看，就业岗位流失似乎并非是因为公司的财务状况紧张所

㉙ Lee Drutman，“企业游说者如何征服美国民主”，《大西洋月刊》，2015年4月20日。www.theatlantic.com/business/archive/2015/04/how-corporate-lobbyists-conquered-american-democracy/390822/。

㉚ Spencer Ackerman，“继续拨款，否则经济将崩溃”，《连线》，2011年10月26日。www.wired.com/2011/10/defense-industry-cuts-economy/。

致。2010 年，波音公司首席执行官吉姆·麦克纳尼（Jim McNerney）薪酬达 1970 万美元，洛克希德·马丁公司首席执行官罗伯特·史蒂文斯（Robert Stevens）薪酬则为 1910 万美元[31]。2011 年，史蒂文斯的收入更是高达 2530 万美元，在华尔街首席执行官中排名第三[32]。

旋转门不仅存在于工业界和五角大楼之间，还包括国会。《纽约时报》杂志首席记者马克·雷博维奇（Mark Leibovich）在 2014 年出版的《这个小镇》[33] 一书中，用一个简单统计数据充分诠释了影响力也能作为商品加以兜售：1974 年，仅有 3%的退休国会议员成为了说客；而如今，50%的参议员和 42%的众议员退休后都留在华盛顿充当说客[34]。隶属于政府响应中心的 OpenSecrets. com 等网站会公布前议员的姓名，以及他们现在为谁游说或成为谁的“高级顾问”（两者基本上是一回事）[35]。特伦特·洛特（Trent Lott）、迪克·阿米（Dick Armey）、汤姆·达施勒（Tom Daschle）、汤姆·弗利（Tom Foley）和斯科特·布朗（Scott Brown）等两党的前议员都榜上有名。

小布什总统于 2007 年签署了《诚实领导和公平政府法案》，旨在限制前议员和工作人员在游说岗位上利用内幕消息的套现能力。

㉛ Spencer Ackerman，“继续拨款，否则经济将崩溃”，《连线》，2011 年 10 月 26 日。www. wired. com/2011/10/defense - industry - cuts - economy/。

㉜ William Hartung、Stephen Miles，“五角大楼承包商进行一场令人不安的博弈”，《赫芬顿邮报》，2012 年 8 月 25 日。www. huffingtonpost. com/william - hartung/lockheed - martin_ b_ 1625183. html。

㉝ Mark Leibovich，《这个小镇》，蓝骑士出版社，纽约，2014 年。

㉞ 同上，第 330 页。

㉟ 旋转门，“前成员”，《公开的秘密》。https：//www. opensecrets. org/revolving/top. php？display=Z。

奥巴马总统将其称为“自水门事件以来最全面的道德改革”㊱。其中一项关键条款规定，前参议员和政府高官必须卸任两年后才能成为说客，众议员必须卸任一年，以此作为“冷却期”。但该法案漏洞百出，像个筛子，而不是一堵围墙，根据政府响应中心和阳光基金会2015年报告的观点，法案反而鼓励了“影子游说”文化㊲。

> 在第114届国会第一次会议期间，共有104名前国会议员和工作人员“冷却期”届满，其中有29人已经在从事政府关系和“公共事务”游说工作，或是在一家游说公司担任顾问。有13人甚至注册了自己的游说公司，按照付费客户意愿，对国会或行政部门的政策施加影响㊳。

旋转门不只是从政府通往私营企业，而是双向通道。2011年，安·绍尔辞去了洛克希德公司副总裁及说客的职务，并获得160万美元的补偿，2012年2月，约翰·麦凯恩参议员聘请她为参议院军事委员会的主要共和党党工（staffer）㊴。

行业协会会员数量日益庞大，也为自身利益对政策施加影响。例如，美国国防工业协会就拥有9000家企业会员和26000名个人会

㊱ 引用Michael Hiltzit的话，“旋转门越转越快：前国会议员变成了‘秘密游说者’”，《洛杉矶时报》，2015年1月6日。www. latimes. com/business/hiltzik/la - fi - mh - the - revolving - door - 20150106 - column. html。

㊲ “都冷静下来：随着国会的召开，以前的同事将很快从K街打来电话”，《公开的秘密》，2015年1月6日。www. opensecrets. org/news/2015/01/coming - out - of - the - coo1 - as - congress - convenes - former - colleagues - will - soon - be - calling - from - k - street/。

㊳ 同上。

㊴ Justin Elliott，“就军事问题，参议院重要工作人员从洛克希德·马丁公司获得大笔筹款”，Pro Publica，2012年7月26日。www. propublica. org/article/key - senate - staffer - on - military - issues - got - big - payout - from - lockheed - martin。

员，没有外国会员。“该协会通过56个分会和34个委员会与国防部保持密切协调，每个分会和委员会都与国防部建立了直接联系和工作关系。联邦政府预算中最大的一块由这些承包商分享[40]。”

还有众多与航空航天相关的专业行业组织和协会。美国航空航天学会（AIAA）拥有“来自88个国家的30000多名个人会员和95个企业会员……是致力于全球航空航天专业的全球最大技术协会[41]。”卫星工业协会（SIA）自称是卫星产业政策、监管和立法问题方面的权威。作为一家商会，

> 其会员包括全球主要卫星运营商、服务提供商、制造商、发射服务提供商和地面设备供应商，该协会致力于宣传商业卫星技术的价值与应用，以及商业卫星技术在国家安全、国土安全、救灾与灾后重建、全球信息基础设施和全球经济方面的作用[42]。

每一种利益都有与之相对应的协会或组织机构，而且往往不止一个。

在为这些数量庞大的咨询机构奔走串联的人当中，有许多都是退役军官，其中不乏三星或四星将军。他们的军衔意味着在国防领域的专业经验和职业生涯中的深厚人脉。对于希望在退役后在咨询公司谋得一官半职的人来说，军衔就是敲门砖。按照退役空军将领“飞毛腿”格雷戈里·马丁（Gregory“Speedy”Martin）的说法，将级军官立即转入私营企业工作的行为既符合道德，又有利于美国国防，因为这能将私营企业的专业知识与五角大楼的重要使命联系起

[40] Jerry Harris，《全球化辩证法》，剑桥学者出版社，英国纽卡斯尔，2006年，第128－129页。

[41] 《关于美国航空航天学会》，美国航空航天学会。https：//www. aiaa. org/AboutAIAA/。

[42] 卫星产业协会主页。www. sia. org。

来。马丁表示，“虽然听起来有点乌烟瘴气，但却很有价值。只要是对空军或国防部有利的事，我一概来者不拒。”[43]

马丁将军的话听上去理直气壮。大多数国会议员及其工作人员从未在军中服役，对国家安全问题和需求知之甚少，甚至不感兴趣，除非这些问题能直接影响到他们的选区。虽然有的工作人员和议员对国家安全和军事问题有相当的了解，但来自军方人士的专业知识仍会使议员们受益匪浅。负责各领域的五角大楼官员也能因这些具备军方背景的人士而获得收益，特别是像航空航天等专业技术领域。从军队向私营企业输出专业知识本质上不是坏事，而且确实能服务于国家。但前提是恪守界限，分清教育、建议和游说之间的关系。当前军官摇身一变为行业高管重访五角大楼时，尤其需要把握好分寸。

对于曾经的下属、现在的甲方而言，这些退役人员的军衔仍带来一种尊重感，甚至敬畏感。“当一名退役将军作为生意人来到五角大楼时，就像还身着军装一样，往往能得到非比寻常的尊重，可以大大提高他为行业谋得利益的效率。军方甚至为这种现象起了个绰号——“点头效应”[44]。熟练操着部队官腔的退役将领很清楚自己的权威对于前下属的说服力。这些担任国防顾问或高管的退役将领(有时被称为“租赁将军”）的绝对数量很能说明问题：在预算充裕的海湾战争期间，数量出现了大幅增长。

2004—2008 年，80%的三星和四星将官在退役后都加入了防务公司，而在 1994—1998 年间，选择这一职业的人不到 50%。在某些年份，国防工业几乎悉数吸纳了全部高级军事职务退役人员。布莱恩·本德（Bryan Bender）在 2010 年为《波士顿环球报》撰写调

---

[43] Brian Bender，“从五角大楼到私营部门”。

[44] 同上。

查报告时发现，在2007年退役的39名三星和四星将官中，有34人供职于防务公司，占比将近90%[45]。在一些专业司令部，退役军官入职高薪防务岗位已呈现接力之势，甚至同一家公司雇用了连续几代掌权军官。例如，本德在报告中写到，七位曾在五角大楼负责国际军火销售的将军，退役后都成为承包商，在海外兜售军火和国防技术。

联邦法规《美国法典》第18卷第207（c）节规定了退役后就业的规则，该法规对"旋转门"进行了限制性规定。空军对退役后限制规定解释如下：

- 这意味着，高级军官在退役后一年之内，不得故意与从前所属单位的人员进行任何沟通或会面，以对其施加影响；如果要代表任何人进行沟通或会面，则应通过该单位官方渠道进行。
- 设置"冷却期"的初衷是让前高级军官及其所服役单位的人员有一段调整期，并减少一切会面，以避免政府决策受到前高级军官的不当影响。
- 这一限制规定不适用于"幕后"协助，因为这并不要求前高级军官"亲自和实质性地"参与沟通或会面事宜。
- 相反，这一规定适用于为影响过去服役单位的人员而进行的任何回访[46]。

在退役后的两年内，五角大楼禁止退役军官参与"特定事项"，

---

[45] Brian Bender，"从五角大楼到私营部门"。

[46] 空军总顾问部，《空军人员离职和退休前后的限制因素》，空军道德规范办公室，五角大楼，2013年12月，第7页。www. safgc. hq. af. mil/shared/media/document/AFD-131227-008. pdf。

不得经手金额超过 1000 万美元的合同。但却存在一个显而易见的漏洞，“旧武器系统的更新不算‘特定事项’”[47]。

除了各种漏洞之外，还存在潜在的利益冲突问题，因为这些掌权军官往往在退役前就被招募到了私营企业，这让人怀疑他们能否排除退役后潜在利益的干扰，公正对待威胁评估、部队规划和国家利益。此外，旋转门更像一个搅拌器而非一扇门，是政府用纳税人的钱加以推动。例如，在圣地亚哥附近的科罗纳多岛，政府出资为海军和空军将领举办了如何与私营企业建立联系的职业研讨会，这类活动常常在真正退役前两年就已开始[48]。其他退役人员则主要致力于推荐行业能力，以满足国防部需求，充当五角大楼所谓的“高级导师”。国防部长办公室对高级导师的定义是：

> 退役将官或其他高级军官，在高级军官、参谋和学员参与兵棋推演、作战课程、作战规划、作战演练和决策练习时，利用自身丰富经验向其提供专家指导、教学、培训、忠告和建议[49]。

五角大楼表示，需要并依赖这些退役军官“导师”，以开展兵棋推演，并为现役指挥官提供建议。但在 2010 年，一系列媒体报道提出了该计划引发了一些问题，尤其体现在经济利益和利益冲突方面。

例如，在某些情况下，如果通过防务公司而不是直接向退役军官付款，军队甚至不必透露退役人员的身份。在某些情况下，这些导师时薪高达 440 美元，同时还每年领取高达 22 万美元的养老金，

---

[47] Bryan Bender，“研讨会教授高级官员如何获得工业界工作。”

[48] 同上。

[49] 国防部长备忘录，“高级指导政策”，2010 年 4 月 1 日。www. acq. osd. mil/dpap/dars/docs/SeniorMentorPolicy. pdf。

并在防务公司担任全职高管[50]。《今日美国》报道称，在其调查的158名高级导师中，80%都与国防承包商存在经济往来，其中29人是防务公司的全职高管。

参议院军事委员会注意到了这个高级导师计划，此后不久，五角大楼下令对该计划进行全面调整[51]。2010年4月，国防部长罗伯特·盖茨宣布全面改革上述计划。导师被转到高素质专家（HQE）岗位，因此，他们有责任遵守所有相关联邦人事道德法律法规。这些法规包括财务披露声明，并规定了工资上限。财务披露要求披露雇主、收入和股票情况。工资上限意味着高素质专家只能得到一个具体金额，与现役四星上将的薪资水平相当，这也是他们转到私营企业之前可以拿到的最高报酬水平。此外，导师须遵守防止利益冲突的联邦规则，例如，禁止导师向国防承包商泄露非公开信息，也不得利用"直接和可预测"行为谋取个人利益[52]。

2011年10月，国防部监察长报告了新政策的实施情况，关注重点包括海军、海军陆战队、联合部队司令部、特种部队司令部和战略司令部。陆军和空军正在进行各自的合规性研究，因而没有纳入这次监察范围[53]。新规实施后，海军、海军陆战队和三个作战司令部98%的退役军官退出了高级导师计划。"看来，至少对于退出该计划的部分前军官而言，面对爱国主义和金钱诱惑，他们明白该如何权

[50] Tom Vanden Brook，"五角大楼修改军事指导规则，"《今日美国》，2010年9月8日。www. usa. today. com/news/military/2010 - 08 - 09 - lAmentors09_ ST_ N. htm。

[51] Dana Liebelson，"98%的前军官在财务曝光后退出五角大楼计划"，《对政府监督的项目（POGO）博客》，2011年11月9日。http：//pogoblog. typepad. com/pogo/2011/11/98 - percent - of - former - military - officers - drop - out - of - pentagon - program - after - finaneia1 - disclosure -. html。

[52] 同上。

[53] 监察长，《国防部遵守关于将高级指导转化为高素质专家的政策，但高级指导很少被转化》，报告编号DODIG - 2012 - 009，国防部，华盛顿特区，2011年10月31日。www. dodig. mil/audit/reports/fyl2/audit/dodig - 2012 - 009. pdf。

衡取舍。”[54]

2011 年 11 月，令媒体和参议院忧心的利益冲突问题再次显现。参议员约翰·麦凯恩致信国防部长莱昂·帕内塔（Leon Panetta），对退役空军将官查尔斯·罗宾逊（Charles Robinson）出任波音公司高管后参与2008 年一场名为“全球机动”的兵棋推演表示关切，“波音公司当时正在争夺价值 510 亿美元的空中加油机合同[55]”。之后波音公司获得了该合同。麦凯恩进而指责五角大楼，用了两年时间才最终满足《信息自由法案》的相关要求。

不只是五角大楼和防务企业热衷于雇用退役将领。按照退役陆军上将韦斯利·克拉克（Wesley Clark）的观点，私募股权企业和华尔街投资者也越来越重视招募退役将领，这反映了一个大背景：军队对美国工业基地的重要性与日俱增。克拉克说：“这是经济的军事化”[56]。克拉克于 2000 年辞去北约最高盟军指挥官职务，并于 2002 至 2004 年竞选总统之后，除了拥有自己的企业韦斯利·克拉克与合伙人公司以外，他还时常身兼数职，包括游说公司詹姆斯·李维特与合伙人公司的副总裁兼高级顾问；美国排名第十一位的投行罗德曼和伦肖的前主席；替代能源的推广者，增长能源公司的联合主席；环境数据领域的地理光学公司（Geooptics LCC）的顾问委员会成员；以及私募股权投资公司黑石集团的高级顾问。在私募股权投资、金融和能源领域受到追捧的不只是克拉克。退役陆军将领和前中情局局长戴维·彼得雷乌斯（David Petraeus）于 2013 年被专门从事杠

---

[54] “财务披露规则排斥五角大楼顾问”，《国防航空航天》，2011 年 11 月 9 日。www. defense - aerospace. com/article - view/release/130229/finaneial - disclosure - rules - repels - pentagon - advisers. html。

[55] Tom Vanden Brook、Ray Locker，“麦凯恩抨击空军使用指导”，《今日美国》，2011 年 12 月 2 日。www. usa. today. com/news/military/story/2011 - 11 - 28/air - force - mentor - conflict/51451582/1。

[56] Bryan Bender，“从五角大楼到私营部门”。

杆收购的私募股权公司科尔伯格·克莱维斯·罗伯特公司（KKR）聘请为其全球研究所的负责人。

媒体也会向退役军人支付报酬，让他们担任媒体顾问和五角大楼的政策代言人，这也为军工复合体的出现起到了推波助澜的作用。例如，在2014年，退役将军杰克·基恩（Jack Keane）两个月内九次在福克斯新闻上出镜，主张用空袭和特种部队对付伊斯兰国，宣称需要采取更大胆的战略。他对国会也发出了类似呼吁，要求采取更多军事行动。然而，基恩期待扩大军事活动是出于个人利益，媒体对此却三缄其口，在国会证人披露表中也只字未提。基恩是阿卡德米公司的特别顾问，而阿卡德米的前身是黑水公司；他还是坦克和飞机制造商通用动力公司的董事会成员，并在2013年获得了24.5多万美元的报酬；是SCP合作伙伴公司的“风险合伙人”，该公司是一家与国防承包商合作的投资公司，合作方包括XVionics，一家用于空军无人机训练的“运营管理决策支持系统”公司；基恩还拥有自己的咨询公司GSI LLC[57]。当美军在全球卷入冲突时，基恩的关联企业就会从中受益。《国家》援引加州大学伯克利分校新闻研究生院院长埃德·瓦瑟曼（Ed Wasserman）的话说：“我认为国防工业乐见频繁的军事行动，因为这有助于维持一种宽松的军费开支氛围。”[58] 大发战争横财的人自然不会反对战争。

五角大楼也有为达到自己的目的而利用媒体的记录。2002年，在伊拉克战争前夕，负责公共事务的助理国防部长维多利亚·克拉克（Victoria Clarke）发起了一项计划，招募“关键影响人物”（退役军官），以便向公众推销战争。最后选中75人以上，作为军事分

⑰ Lee Fang，“谁在为支持战争的专家拨款?”《国家》杂志，2014年9月16日。www.thenation.com/article/whos－paying－pro－war－pundits/。

⑱ 同上。

析家，参加电视和广播节目或在报纸上撰写专栏文章，他们中许多人同时也是国防承包商的说客。五角大楼每周与这些人举行会议，以增加其“可信度”。他们借助这些会议向客户展示自己在国防部的人脉，而五角大楼也乐于利用他们转移外界对国防部的质疑或批评。这种游戏一直天衣无缝，2008年《纽约时报》记者大卫·巴斯托（David Barstow）才令真相大白于天下[59]。根据巴斯托的调查结果，《纽约时报》起诉了国防部，并最终取得了8000页的电子邮件、单据和记录，包括数年来的私人简报、分析人员前往伊拉克和关塔那摩的行程，以及五角大楼大量的谈话要点。巴斯托后来因此荣获普利策奖。与军工复合体勾连的蛛丝马迹在国防政策和项目决策中可谓不胜枚举。然而，鉴于巨大的成本投入、较长的延续性和显而易见的技术不足，人们更应关注太空相关的问题。

当所有因素都摆平以后，一个项目才能带来持续而丰厚的利润回报。导弹防御就是一个鲜活的案例。这项战略计划由若干较小的项目组成。许多项目持续数年才以失败而收场。50亿美元的机载激光武器、17亿美元的动能拦截器和7亿美元的多层拦截器，上述项目都是在未进入测试阶段或测试失败的情况下被取消了[60]。然而，导弹防御计划仍在继续，揭示了其支持者的乐此不疲。

导弹防御

美国导弹防御计划的起源和发展表明，军工复合体广泛且深度参与了国家安全政策和计划，特别是与太空相关的政策计划，并对其产生了巨大影响。按照导弹防御局局长空军中将亨利·奥伯林三

[59] David Barstow，“电视研究者背后，五角大楼的隐藏之手”，《纽约时报》，2008年4月20日。www. nytimes. com/2008/04/20/us/20generals. html? _ r=0。

[60] David Willman，“五角大楼100亿美元的赌注每况愈下”，《洛杉矶时报》，2015年4月5日。http：//graphics. latimes. com/missile - defense/。

世（Henry Obering Ⅲ）的观点，通过导弹防御计划，在作战中成功拦截弹头的可能性微乎其微[61]。一些威慑问题专家也认为该计划会破坏局势稳定，但无可否认的是，导弹防御确实具有重要的战略作用。为效仿美国，提升防御系统的韧性与可靠性，苏联政客不惜无视困扰美苏两国科学家与工程师的物理定律，企图跟上美国的步伐，建立有效的导弹防御作战系统，但最终将苏联拖垮。这种结束冷战的温和方式，值得美国付出任何代价。

但导弹防御系统并未随着冷战的结束而消失，在20多年后仍旧活力十足。2004年，陆基中段防御系统（GMD）投入使用，主要用于防止美国本土受到核弹攻击。但对于这个曾经的国家导弹防御系统（NMD），其作战效果在美国仍然备受质疑。而其他国家则担心，该系统可能被升级为有效的反卫武器。

导弹防御的历史可以追溯到第二次世界大战。《华盛顿邮报》军事记者布拉德利·格雷厄姆（Bradley Graham）在2001年出版的《碰撞摧毁》（*Hit to Kill*）中提到，导弹防御起源于20世纪40年代的德国V-2火箭[62]。按照格雷厄姆的观点，美国陆军当时希望能尽快应对V-2火箭带来的挑战，并开发相应的反导系统。但美国通用电气公司在1945年发布的一份报告表明，以当时的技术水平，美国根本无力研制这种防御系统。然而，自1945年以来，研制防御系统的呼声一直不断，围绕相关问题的讨论也从未停歇，并从技术和经济角度讨论了可行性，以及即使能够有效使用此类系统，这种做法是否符合美国的政治利益。

---

[61] 引自Ann Scott Tyson，“将军称，美国导弹防御系统正在扩大”，《华盛顿邮报》，2005年7月22日。www. wa. shingtonpost. com/wp - dyn/content/article/2005/07/21/AR2005072102356. html。

[62] Bradley Graham，《击杀：保护美国免受导弹袭击的新战役》，《公共事务》，纽约，2001年。

上世纪 50 年代，科学家和工程师的观点在讨论中占据上风，他们反对导弹防御计划，认为进攻比防御更易于实现、更可靠、成本也更低。格雷厄姆指出，前国防部研究与工程局局长赫伯特·约克（Herbert York）和肯尼迪总统的科学顾问杰罗姆·威斯纳（Jerome Wiesner）于 1962 年在《科学美国人》上发表文章，也认为发展导弹防御系统可能导致苏联进行军备集结，加剧军备竞赛，从而使美国陷入安全困境。因此，在有关导弹防御的早期讨论中，主要关注问题包括构建有效作战系统的技术可行性，以及对引发军备竞赛、造成政治动荡的担心。

格雷厄姆还认为，在有关导弹防御的早期讨论中，科学家的作用不容小觑。

> 美国科学家联盟（FAS）由大约 2500 名科学家和工程师组成，致力于研究科学对国家事务和国际事务的影响。早在 1964 年，该组织就反对部署任何导弹防御系统。1968 年，诺贝尔物理学奖获得者、总统科学顾问委员会成员汉斯·贝特（Hans Bethe）和美国国际商用机器公司研究员理查德·加文（Richard Garwin）在《科学美国人》上发表文章，首次公开指出弹道导弹防御系统的技术漏洞。这篇文章认为高空引爆有可能致盲地面雷达，并担忧诱饵和多弹头可能会压垮这种系统[63]。

国会也开始在听证会上征求科学界的建议。

在过去，基本上只有政府部门的人才会出席国防事务的听证会，因此征求科学界建议可谓开创之举。正是在这段时间里，认为导弹防御缺乏技术可行性、刺激军备竞赛的反对观点得到巩固，开始被

[63] Bradley Graham，《击杀：保护美国免受导弹袭击的新战役》，公共事务，纽约，2001 年，第 8－9 页。

军事机构和国会广泛接受。尽管在今天看来，国会和军方反对导弹防御的态度有些难以置信，但直到里根政府时期，科学界的观点始终占据上风，反而是科学界内部出现了一些分歧。

普林斯顿高等研究院的弗里曼·戴森（Freeman Dyson）、橡树岭国家实验室的阿尔文·温伯格（Alvin Weinberg）等多位德高望重的专家提出支持继续发展有限反导系统。他们认为强大的防御系统会削弱洲际弹道导弹的作用，从而结束而非激化美苏之间已经存在的军备竞赛。戴森在《原子科学家公报》上写道，即使没有100%有效的防御措施，如果能够拯救大部分人的生命，也算是功德无量[64]。兰德公司研究员艾伯特·沃尔斯泰特（Albert Wolhstetter）也支持发展有限反导系统。他甚至指责反对者歪曲了导弹防御系统的作战研究和技术可行性数据。当然，作为回击，导弹防御系统的反对者也向支持者发出责难。尽管大多数科学家都对导弹防御技术的现实性持质疑态度，但由于存在不同声音，却给人造成一种错觉，让人们误认为专家们对导弹防御有效性问题仍存在争议。这种现象在科研领域屡见不鲜，如在气候变化等基本科学问题方面，即使科学界达成普遍共识[65]，小部分“质疑者”的观点也依然存在，媒体均衡报道不同观点的情况下尤其容易引发误解。

有趣的是，格雷厄姆称最终是靠公众才暂时平息了关于导弹防御的争论。在约翰逊执政的最后一年，陆军开始购买土地建设导弹防御基地。

反对者警告称，防御性导弹基地附近的城市将犹如“百万吨级当量的磁铁”，吸引苏联发起攻击，还称“斯

[64] Freeman Dyson，“弹道导弹防御”，《原子科学家通报》，第20卷第6期，12月，1964年。

[65] “全球变暖的科学共识”，忧思科学家联盟。www. ucsusa. org/global_ warming/science_ and_ impacts/science/scientific - consensus - on. html#. VwUlc6vlelI。

> 帕坦”和“斯普林特”拦截弹的核弹头可能在攻击行动中在低空引爆，也可能在和平时期中意外引爆，导致摧毁本应保护的城市。这些言论引发了不少恐慌[66]。

当时正处于越战期间，公众对军方的信任度极低。国会不希望公开违背公众的意愿，因此限制了导弹防御的发展，主要资助了相关研发活动。此外，美国和苏联于 1972 年签订了《反弹道导弹条约》。该条约对基地数量和测试活动做出了限制性规定，这一规定基于如下设想，即未经测试的系统难以成为可以信赖的作战系统。条约序言明确指出，有效限制反导基地建设可以大幅遏制进攻性战略武器的军备竞赛。但条约允许利用战区导弹防御系统拦截短程导弹和中程导弹[67]。

经过大量研究，陆军将改进型红外传感器与高容量计算机结合起来，最终发展出所谓的“碰撞摧毁”技术。该技术是自 20 世纪 40 年代以来弹道导弹防御研究的第一个重大突破。1982 年，陆军计划验证碰撞摧毁技术（动能武器），并将这次验证活动称为寻的覆盖试验（HOE）。

> 陆军使用改装的“民兵”火箭从马绍尔群岛的夸贾林导弹靶场发射试验飞行器，并从加利福尼亚空军基地发射目标导弹。飞行器进入太空后与推进器分离，向目标导弹飞去。HOE 在经过三次失败后，成功击中了目标。但几年后，该测试的可信度受到质疑。国会审计总署的调查人员报告说，在发射前加热目标弹头，并指示导弹侧向飞行，将更大的表面积暴露给拦截器的传感器，

---

[66] Graham，《击杀》，第 10 页。

[67] 《反弹道导弹条约一览》，《军控协会》。https：//www.armscontrol.org/factsheets/abmtreaty。

这种做法增加了成功拦截目标弹头的概率。无论如何，对于实现作战目的而言，HOE 过于繁重，而且代价高昂[68]。

这是导弹防御试验的真实性第一次受到质疑，但绝不是最后一次受到质疑。

事实上，试验结果真实与否并不重要。1983 年 3 月，里根总统发表“星球大战”计划演讲，宣布开发武器系统，以保护美国免受核武器攻击。不过他在演讲中从未使用“星球大战”一词，也从未明确表示这是一个天基计划。显然，里根总统十分担心核武器，但他是否真的相信可以开发出一种使美国免受核武器攻击的技术系统就要另当别论了。无论如何，这次演讲后，通过战略防御计划（SDI）开发此类系统已经成为美国当今安全规划的一部分，尽管不知未来能否成功[69]，但到了 2012 年就已投入高达 2740 亿美元[70]，预计到 2019 年需要再花费 380 亿美元[71]。2007 年，科学家弗里曼·戴森在接受采访时讲到：“人们各怀鬼胎，把星球大战计划视为摇钱树，都想分得一杯羹。”[72]

虽然里根称他在演讲前咨询过顾问，但无论是科学界还是安全界，都很少有人相信实施该计划的技术可行性。对此，戴森解释道：

---

[68] Graham，《击杀》，第 13 页。

[69] Steven Pifer，“美国导弹防御的极限”，《布鲁金斯研究所》，2015 年 3 月 30 日。www. brookings. edu/research/opinions/2015/03/30 - us - missile - defense - limits - pifer。

[70] Stephen Schwartz，“弹道导弹防御的真实价格”，《大规模杀伤性武器枢纽》，2012 年 4 月 13 日。http：//wmdjunction. com/120413_ missile_ defense_ costs. htm。

[71] 政府责任办公室，《导弹防御系统：存在降低采购风险和改进系统能力报告的机会》，GAO - 15 - 345，政府责任办公室，华盛顿特区，2015 年 5 月。www. gao. gov/assets/680/670048. pdf。

[72] Tim Nunan，“Freeman Dyson 独家专访”，Nassau Weekly，2007 年 2 月 7 日。www. nassauweekly. com/exclusive_ interview_ with_ freeman_ dyson/。

> 我始终相信这项计划仅仅是出于政治目的，对技术可行性不抱期望。我认为，从道德角度和人性角度看，从进攻性策略转变为防御性策略是个好主意，从长远来看，防御是人们期望的姿态，直到现在我也始终相信这一点。问题在于，从技术角度看，这个计划完全就是个骗局[73]。

国家安全顾问罗伯特·麦克法兰（Robert McFarlane）认为，除了可以作为与苏联谈判的筹码，这项计划根本就是“痴人说梦”[74]。只要该计划能带来可观的资金，军方就对该计划持支持态度。在科学界，项目受支持程度很大程度上取决于联邦为实现技术突破而愿意支付或预拨的资金数额。1984 年，空军中将詹姆斯·亚伯拉罕森被选为新成立的战略防御计划组织（SDIO）的负责人，该计划正式开始起步。

北约成员国也心怀疑虑。1985 年，加拿大《环球邮报》发表文章，对该计划给北约造成的麻烦表示担忧，并认为“若苏联认为美国能够开发抵御各种打击的保护伞，导致苏联难以与其匹敌，苏联进行先发制人打击的可能性就会增加[75]”。1987 年，物理学家爱德华·特勒（Edward Teller）在美国国防研究所发表演讲，他提到战略防御计划并不能完全防止核打击，这是各相关方当时都已心知肚明的事实。虽然里根从未宣称该计划具备此能力，但是人们产生了这种错觉[76]。尽管科学界和工程界，更不用说航空航天业，非常愿意

---

[73] Tim Nunan，“Freeman Dyson 独家专访”，Nassau Weekly，2007 年 2 月 7 日。www.nassauweekly. com/exclusive_ interview_ with_ freeman_ dyson/。

[74] 引自 Geoffrey Smith，“谁赢得了战争?”，《国家利益》，2005 年春，第 119 – 125 页。

[75] Jeffrey Simpso，“北约和星球大战”，《环球邮报》（加拿大），1985 年 1 月 12 日。

[76] Keith B. Payne、Colin S. Grey，“星球大战辩论：核政策和防御转变”，《外交事务》，1984 年春。

全力推进这一技术，但该计划的目标却面临取消的局面。

除物理难题和成本问题外，《反弹道导弹条约》也阻碍着战略防御技术的试验开发。但里根的律师们没有废除该条约，只是创造性地“重新诠释”了存在歧义的内容。他们认为在条约签署时还不存在的技术不受条约限制，例如天基“智能卵石”技术，在导弹命中目标前，该技术能利用动能拦截并摧毁导弹。此外，里根的律师将战略防御计划描绘成一项研究计划，而不是用于军事部署的计划，因此不受条约的约束。这种通过扭曲逻辑“重新诠释”《反弹道导弹条约》的做法深刻体现了政治谋略。但要想实现该技术的作战应用，该计划犹如一个无底洞，需投入大量资金。1989 年，老布什在上任时重新调整该计划，并在 1991 年的国情咨文演讲中将其改称为“应对有限打击的全球防御系统”（GPALS）。

顾名思义，GPLAS 的目标比战略防御计划有所缩小，目标变为防止美国遭受小型弹道导弹攻击，并阻止战区弹道导弹对美国军队的有限打击。保卫美国本土免受苏联洲际弹道导弹全面打击的设想就这样无疾而终。美国当前的导弹防御计划延续了 GPALS 的基本要素，然而，GPALS 计划的很多内容从未得到落实[⑦]。尽管如此，在 1990—1991 年的海湾战争中，爱国者导弹的部署和运用促使大量公众接受了导弹防御的理念。爱国者导弹发射的电视画面虽能说服人们相信导弹防御的价值，可悲的是，导弹防御的实际表现却不尽如人意。

美国国防部将爱国者导弹渲染为保护民用和军事目标的利器，能防御伊拉克飞毛腿导弹的攻击。1992 年，麻省理工学院的科学家特德·波斯托尔（Ted Postol）和乔治·刘易斯（George Lewis）研

⑦ Steven Pifer，“美国导弹防御的极限”，布鲁金斯研究所，2015 年 3 月 30 日。www. brookings. edu/research/opinions/2015/03/30 - us - missile - defense - limits - pifer。

究了陆军用于评估爱国者效能的视频，对以上说法提出了质疑。

> 我们在视频中没有找到任何令人信服的证据，表明爱国者摧毁过飞毛腿导弹。有充分证据表明爱国者曾两次击中飞毛腿导弹，但视频显示飞毛腿的弹头最终都是落地爆炸。这些视频片段充分证明，即使爱国者可以击中飞毛腿导弹，也依旧无法加以摧毁[78]。

最初，波斯托尔和刘易斯的观点遭到了嘲笑。但在 2001 年，克林顿政府的国防部长威廉·科恩坦承爱国者导弹并未发挥实际作用[79]。即便如此，导弹防御的拥护者依然我行我素。

1989 年，亚伯拉罕森将军在即将离开战略防御计划组织之际表示，以“智能卵石”概念为基础的天基导弹防御系统可在五年内完成部署，成本不超过 250 亿美元。后来，亨利·库珀成为接任者。虽然布什仍然坚定承诺要发展导弹防御，但在总统竞选期间，布什与候选人克林顿对导弹防御问题出现了明显分歧。克林顿反对天基导弹防御计划，支持战区导弹防御和《反弹道导弹条约》，但同意在反导条约限制范围内发展有限的导弹防御系统。值得注意的是，此时导弹防御仍被分为两类，一类是类似于爱国者的战区系统，另一类是类似于陆基中段防御系统的战略或国家系统。反导条约只禁止部署战略导弹防御系统。克林顿成功当选总统后，发展重点立即从战略导弹防御转为战区导弹防御。为此，战略防御计划组织更名为弹道导弹防御组织（BMDO）。随着流氓国家的兴起和苏联解体，美国及其导弹防御已经不再需要战略防御计划等项目，关注重点转向

---

[78] 波斯托尔/刘易斯对陆军爱国者有效性研究的评论，1992 年 9 月 8 日。http://fas.org/spp/starwars/docops/pl920908.htm。

[79] 引自 William J. Broad，“麻省理工学院研究关于反导弹系统中的谎言和掩盖严重缺陷的指控”，《纽约时报》，2003 年 1 月 2 日。www.nythimes.com/2003/01/02/national/02MISS.html?pagewanted=al。

来自第三世界流氓国家的威胁。

但战略导弹防御拥护者依然顽固地认为美国需要分层导弹防御系统，甚至变得更加狂热。亨利·库珀离开战略防御计划组织后，加入了“高边疆”导弹防御倡导组织，成为安全政策中心和传统基金会的顾问，致力于推动分层导弹防御系统。1994 年，350 名共和党众议员候选人签署“美利坚契约”，要求开发和部署战略导弹防御系统。“契约”中要求“尽快”部署战略导弹防御系统的部分内容仅以微弱劣势遭到否决。

1995 年的《国家情报评估报告》与导弹防御拥护者的意见相左。报告称，在未来 15 年内，没有任何国家可以研制出能够威胁美国本土的导弹。此外，美俄两国在 1995 年达成共识，明确界定了可以部署的战区导弹防御（TMD）以及反导条约禁止的事项。美国很难为国家导弹防御（NMD）计划找到需要对抗的威胁。

尽管如此，国会两院仍然于 1996 年 3 月通过了《保卫美国法案》，宣布在 2003 年之前部署有限的导弹防御系统。克林顿意识到国家导弹防御的发展趋势过于迅猛，试图放缓速度，于是通过了“3+3”计划，给予国家（战略）导弹防御三年开发期，并在必要时用三年时间完成部署。国防部这时已经完全转变观念，至少也在推波助澜，将国家导弹防御规划目标从技术准备改为部署准备。

威廉·哈通详尽分析了布鲁斯·杰克逊（Bruce Jackson）的职业生涯，这是一个军工复合体旋转门的典型案例，并揭示了军工复合体在导弹防御发展史中举足轻重的角色[80]。布鲁斯·杰克逊于 1979 — 1990 年担任陆军情报官，1990 年退役后进入纽约雷曼兄弟投资银行，担任自营业务策划师。1993 — 2002 年，他入职洛克希德·马丁公司，担任战略与规划副总裁。毫无疑问，战略和幕后操

[80] Hartung，《战争的先知》，第 191 – 192 页。

纵是他的强项。从 1997 年开始，杰克逊担任新美国世纪计划（PNAC）主任。他还是弗兰克·加夫尼安全政策中心的顾问委员会成员，以为捐赠者提供“最大收益”为宗旨。

尽管无法确切得知加夫尼从洛克希德·马丁公司得到多少利益，但数额之庞大“让加夫尼在 1998 年年度报告中对洛克希德·马丁公司感激涕零”。无论过去、现在还是未来，安全政策中心都始终坚定支持战略导弹防御[81]。安全政策中心董事会其他成员包括：亚利桑那州共和党参议员乔恩·基（Jon Kyi）和宾夕法尼亚州共和党众议员柯特·韦尔登（Curt Weldon），二人都是核政策和导弹防御政策方面的重量级人物；参议员鲍勃·史密斯（Bob Smith），他提交了创立外层空间委员会的议案，建议由唐纳德·拉姆斯菲尔德担任委员会主席，并在议案中发出警告，要警惕所谓的“太空珍珠港事件”；豪威尔·埃斯蒂斯（Howell Estes）和托马斯·穆尔曼（Thomas Moorman）两位空军退役将军入职了美国航空航天公司；前空军参谋长拉里·韦尔奇（Larry Welch）出任国防分析研究所（IDA）主席；此外，杰伊·加纳（Jay Garner）曾任陆军将军，退役后组建了 SY 科技公司，这是位于亚拉巴马州亨茨维尔的一家小型导弹防御承包商。安全政策中心董事会成员韦尔登（Weldon）提出修正案，并因此催生了美国弹道导弹威胁评估委员会（CABMTUS），并由唐纳德·拉姆斯菲尔德担任主席，因此该委员会被称为拉姆斯菲尔德委员会。因此，韦尔登是重振导弹防御计划的重量级人物，他对国防支出也具有巨大影响。战略导弹防御的拥护者众多且极其执着，他们与各种智库有着千丝万缕的联系。

为避免导弹防御计划预算被大幅削减，必须找到威胁。因此，寻找威胁成为美国弹道导弹威胁评估委员会的主要工作。

---

[81] Hartung，《战争的先知》，第 198 页。

> 据一位资深导弹防御观察家表述，该委员会是“柯特·韦尔登晨浴时凭空想出来的组织”。该委员会成为保守派改变导弹防御舆论趋势的利器，并借此营造部署导弹防御系统的紧迫感。委员会在报告中极力渲染威胁，有意忽视了朝鲜等国制造远程弹道导弹面临的所有现实阻碍，很难在短时间内获得这种能力。拉姆斯菲尔德委员会的报告为导弹防御拥护者提供了准官方背书，从而帮助这些国会议员有效推进了这一议题[82]。

换句话说，该委员会成为了危言耸听威胁的制造者，想方设法寻找威胁，全然罔顾威胁的真实性。

作为拉姆斯菲尔德委员会成员，拉里·韦尔奇（Larry Welch）空军上将也同时兼任当前导弹防御计划的年度审查小组主席。该审查小组于 1998 年发布第一份审查报告，批评计划时限过短、野心太大，无异于“自断前程”[83]。毋庸赘述，导弹防御支持者对报告的结论颇有微词。

毫无疑问，与往年国家情报评估相比，拉姆斯菲尔德委员会的调查结果认为美国面临更加严峻的威胁[84]。拉姆斯菲尔德担任国防部长之后，进一步推动美国采用该委员会的思路进行未来情报评估。该思路存在三个非常重要的问题。首先，委员会的威胁评估建立在假设之上，或者说以“可能发生的情景”为标准，而非基于威胁是否有可能发生，也未评估可能性有多大。也就是说，一些假设被作为进行推测的依据。（例如假设朝鲜获得了导弹技术，该国是否有能

[82] Hartung，《战争的先知》，第 200 页。

[83] 宜居世界委员会，“五角大楼专家小组指责国家导弹防御系统‘仓促失败’”，《全球节拍》，1998 年 4 月。www. bu. edu/globalbeat/usdefense/clw0498. html。

[84] 《评估美国弹道导弹威胁委员会的报告：执行摘要》，依据《公法》201，第 104 届国会，1998 年 7 月 15 日。http：//fas. org/irp/threat/missile/rumsfeld/index. html。

力加以运用?）其次，该思路将洲际弹道导弹（ICBM）的规定射程缩短了 5000 英里。由于全球中程弹道导弹（IRBM）的数量多于洲际导弹，在全球导弹数量没有任何变化的情况下，被认定为洲际导弹的数量大幅增加。第三，在未来的情报评估中，将以一国开发而非部署远程导弹所需时间作为判断标准，而开发远程导弹通常只需不到 5 年时间[85]。如此一来，1999 年《国家情报评估报告》也获得与拉姆斯菲尔德委员会相同的评估结果，即认为美国面临着迫在眉睫的历史性导弹威胁。

根据布拉德利·格雷厄姆的观点，拉姆斯菲尔德委员会甚至直接将洛克希德·马丁公司工程师的观点作为论据，认定拥有中短程导弹技术的国家可以在决定开发远程弹道导弹技术后五年内实现导弹"首飞"，例如拥有飞毛腿导弹技术的伊拉克和朝鲜。格雷厄姆称，拉姆斯菲尔德在工程师简报会期间在纸上草草地写下一句话(显然他经常随手记录将要讨论的方向)，然后问道："你是否认为拥有飞毛腿导弹技术的国家能够在大约五年内实现远程导弹试飞"?[86] 当洛克希德·马丁公司的工程师表示认可后，拉姆斯菲尔德委员会便着手整理拉姆斯菲尔德所陈述的观点，并作为报告的核心研究成果。威廉·哈通分析称："在一家依靠导弹威胁获益的企业就职的员工就这样推翻了美国情报界的共识。"1998 年秋，委员会报告发布后[87]，拉姆斯菲尔德在安全政策中心赞助的晚宴上获得了火焰守护者奖。有些讽刺的是，迪克·切尼在 2009 年也获得了这一奖

---

⑧⑤ Joseph Cirincione，"国家导弹防御的政治和战略必要性"，卡内基国际和平基金会，2000 年 10 月 12 日。http://carnegieendowment.org/2000/10/12/political - and - strategic - imperatives - of - national - missi1e - defense。

⑧⑥ 引自 Graham，《击杀》，第 43 - 44 页。

⑧⑦ Hartung，《战争的先知》，第 202 页。

项，而他在里根总统任期结束时还曾指责战略防御计划“吹嘘过头”[88]。

1999年《国家情报评估报告》和拉姆斯菲尔德的报告基本上只起到了推波助澜的作用。1998年8月31日朝鲜发射大浦洞一号导弹，这才是公众和国会推动开发国家导弹防御（NMD）系统的真正缘由。情报界当时似乎也达成了共识，或者至少认为需要开发国家导弹防御系统。在克林顿的第二个任期内，导弹防御拨款从每年约30亿美元增加到超过50亿美元。借着预算增长的东风，仅洛克希德·马丁公司就获得了价值超过10亿美元的导弹防御合同[89]。

克林顿试图阻止国家导弹防御发展过猛的势头，但收效甚微。朝鲜发射导弹后，国会通过了《国家导弹防御法案》，要求“在技术条件允许的情况下尽快”部署国家导弹防御系统，当时预定时间是2005年。但当克林顿在1999年7月签署该法案时，他给出了批准实施部署的四个评判标准：威胁、成本、国家导弹防御计划的技术状况，以及不得违反《反弹道导弹条约》。

与此同时，韦尔奇小组于1999年9月第二次审查了国家导弹防御的开发计划表，并再次得出结论，认为该计划存在极大风险。韦尔奇小组建议总统斟酌该系统的“可行性”，而不是考虑是否已经“做好部署准备”。新版《国家情报评估报告》利用拉姆斯菲尔德委员会的新思路对该小组的评估结果进行了反驳，通过寻找威胁，再次令导弹防御支持者心满意足。具体而言，报告认为，在15年内，美国极大可能会面临来自俄罗斯、中国和朝鲜的洲际弹道导弹威胁，伊朗甚至伊拉克也有可能形成威胁。支持者们正全力推动导弹防御

---

⑱ Andrew Rosenthal，“Cheney称，导弹防御必须与其他目标相平衡”，《纽约时报》，1989年1月27日。

⑲ Hartung，《战争的先知》，第203页。

的发展，大量投资面临颗粒无收的风险。

2000 年 2 月，在国会听证会上，美国国防部作战测试与评估办公室主任菲利普·科伊尔（Philip Coyle）针对国家导弹防御计划发表观点认为，“在 2005 年实现部署的人为目标给（国家导弹防御）计划带来了不当压力。”同时，韦尔奇小组发布第三份报告[90]，仍然声称部署时间表蕴含巨大的风险。这份报告还指出，迄今为止的飞行测试仅能验证“有限的作战范围”[91]。该报告拉开了一场持久辩论的序幕，各方开始激烈讨论导弹防御测试的真实性[92]，以及能否将测试转化为现实的作战能力。2000 年 9 月，克林顿总统决定不再批准进一步部署国家导弹防御系统。此后不久，拉姆斯菲尔德领导的另一个委员会，即美国国家安全太空管理评估委员会，于 2001 年 1 月发布报告，发出了“太空珍珠港事件”警告。同时，拉姆斯菲尔德委员会为小布什政府不断提供报告，描绘了太空规划蓝图。

在共和党代表大会的提名演讲中，总统候选人小布什明确表达了对导弹防御的立场：“我将领导政府部署导弹防御系统，以防范攻击和勒索。现在，是时候抛开过时的条约，保卫美国民众了[93]。”虽然 9·11 事件之前的民意调查结果和情报评估结果都清楚地表明，恐怖袭击风险高于导弹攻击，但美国政府依旧重点关注导弹防御问题。自克林顿时代起，导弹防御就被列为应重点考虑的“道义责

---

[90] “科伊尔报告”，《军控协会》。www. armscontrol. org/print/619。

[91] Larry D. Welch，《国家导弹防御独立审查小组执行摘要》，2000 年 6 月 13 日。http：//fas. org/spp/starwars/program/news00/welch2000. htm。

[92] Gary Taubes，“Postol 与五角大楼”，《麻省理工学院技术评论》，2002 年 4 月 1 日。www. technologyreview. com/featuredstory/401412/postol－vs－the－penta. gon/。Thom Shakner，“导弹防御拦截器在测试中未命中目标”，《纽约时报》，2013 年 7 月 5 日。www. nytimes. com/2013/07/06/us/missile － defense － interceptor － misses － target － in － test. html? _ r=0。

[93] “文本：小布什接受提名”，《华盛顿邮报》，2000 年 8 月 3 日。www. washingtonpost. com/wp－srv/onpolitics/elections/bushtext080300. htm。

任”。甚至早在大浦洞导弹发射之前，家庭研究委员会主席加里·鲍尔（Gary Bauer）就在1998年传统基金会的演讲中表达了如下观点：

> 有如山铁证表明，弹道导弹对美国构成了实实在在的威胁，保卫美国的技术就摆在眼前，成本也在政府可负担的范围之内。然而，令人难以置信的是，这个国家仍然暴露于风险之中。扭转这种不可容忍的局面是一种道义责任，就如同保护未出生的婴儿和养育家庭一样[94]。

后来，传统基金会主席埃德温·福尔纳（Edwin Feulner）、众议院共和党领袖迪克·阿米和唐纳德·拉姆斯菲尔德等人[95]的演讲再次谈到道义责任[96]。拉姆斯菲尔德说：

> 任何一位美国总统都会负责任地说，他的国防政策经过精心设计，而不会让美国民众对已知威胁毫无防范……与其说这是技术问题，不如说这是总统的宪法责任。事实上，从许多方面看，这实际是个道义问题[97]。

将国家导弹防御视为道义要求，这帮助政府有效平息了对成本与可行性的质疑。

此外，新美国世纪计划人员直接进入了小布什政府，包括保罗·沃尔福威茨、唐纳德·拉姆斯菲尔德、迪克·切尼。这些人从

---

[94] Gary Bauer，“强大国防的道德基础”，在第21届美国传统基金会资源会议上的演讲，《橡树溪Ⅱ》，1998年4月24日。www. heritage. org/research/lecture/the－moral－foundations－for－strong－national－defense。

[95] Edwin J. Feulner，“导弹防御，赌注不能再高了”，《美国传统基金会》，1998年9月8日。www. heritage. org/research/commentary/1998/09/missile－defense－the－stakes－couldnt－be－higher。

[96] 引自Brian Knowlton，“导弹防御基金之战加剧”，《国际先驱论坛报》，2001年9月10日。

[97] 引自Robert Burns，“拉姆斯菲尔德在武器问题上向俄国保证”，《纽约时报》，2001年2月3日。

事高级国家安全工作，组成了冷战后管理国防预算的最庞大智囊团。曾就职于洛克希德·马丁公司的员工，有些同样是新美国世纪计划的人员，也入职了小布什政府。例如，前洛克希德公司首席运营官彼得·蒂茨（Peter Teets）成为空军副部长兼国家侦察局主任，负责侦察卫星到天基导弹防御等众多天基领域的决策。

9·11 事件发生之后，各利益群体，尤其是公众，终于在支持导弹防御问题上完全达成一致。小布什政府得到了美国民众的高度信任，并推进了此前进展缓慢或无人认可的政策，特别是太空相关政策。恐怖袭击与导弹攻击两种南辕北辙的威胁被人为地混为一谈，这种策略有效促进了公众对导弹防御系统的支持，这是以前民意调查从未出现过的结果。

> 9·11 事件之后，在保守派智囊团人员的影响和建议下，作为反恐战争的一部分，美国政府决定扩充国家导弹防御系统。智囊团部分成员就职于小布什政府，并在此后的政策建议中拥有越来越大的影响力。尽管《国家情报评估报告》认为发展导弹防御计划难以有效打击恐怖主义威胁，但导弹防御计划仍在继续扩张，并找到了充分借口。
>
> ……
>
> 值得注意的是，严重依赖军工复合体提供资金和人员的右翼团体的建议，与 9·11 事件委员会提出的有效开展反恐战争的建议之间缺乏一致性[98]。

因此，9·11 事件发生后，国家导弹防御系统全速向前推进。为达到快速推进的目标，导弹防御计划进行了若干组织和结构

---

[98] Cox，“军工复合体”，第 12－13 页。

调整，不再区分战区导弹防御计划和国家导弹防御计划。所有工作都被归类为“导弹防御”，政府无需多费口舌便能将战区导弹防御预算转给国家导弹防御计划。2002年，弹道导弹防御组织更名为导弹防御局（MDA），成为不再受国防部监督的独立机构。同年，美国退出《反弹道导弹条约》，为测试和部署各种导弹防御系统打开了方便之门。过去几年关于技术和经济可行性以及引发军备竞赛的警告也不再成为困扰。

2004年，为展示政治信心，小布什总统宣布陆基中段导弹防御（GMD）系统投入运行。但从实际情况看，该项目并未取得任何进展，即便经过精心粉饰，测试失败的丑闻仍然不绝于耳。2006年的某一天，这场虚伪的骗局险些大白于天下。

2006年7月，朝鲜再次发射大浦洞导弹，但在第一级便告失败。朝鲜进行过多次火箭发射，这是该国第二次以落寞收场。朝鲜似乎只想通过这次测试获得世界关注，而不是展示技术实力。但这却使美国陷入两难境地：要么默不作声，要么让大肆吹嘘的昂贵导弹防御系统一展身手。怪诞的是，北方司令部很快确定，朝鲜的导弹发射不会对美国构成威胁，不必为此发射拦截器，从而避免了因拦截失败造成的尴尬。小布什总统表示，他认为美国“有相当大的”机会成功拦截朝鲜导弹[99]。不过，朝鲜的试验确实进一步推动了美国政府提高导弹防御预算，而当时的导弹防御年度预算已经超过了美国边境巡逻队和美国海岸警卫队的预算。同时，导弹防御试验的真实性依旧受到技术专家的质疑，其中就包括一些人们熟悉的人物。

2006年3月，诺姆·奥古斯丁被聘为国防部顾问，负责监督调查麻省理工学院在导弹防御研究中是否存在欺诈行为。这次调查涉

---

⑲ 引自David E. Sanger，“布什称，美国或有能力拦截朝鲜导弹”，《纽约时报》，2005年7月7日，第5页。

及麻省理工学院教授西奥多·波斯托尔（Theodore Postol）的指控。波斯托尔是揭穿爱国者导弹在1991年海湾战争中名不副实的两人之一，他指控称，1997年，多位麻省理工学院研究员获得充足资金支持后，进行账目造假，为一项导弹防御传感器测试提供认证，而实际上该传感器存在严重缺陷。波斯托尔多年来一直呼吁对该事件进行独立调查，但当调查终于开始时，麻省理工学院决定让国防部和奥古斯丁监督这项工作，这让他感到愤怒不已。他说："难以想象人们为何会如此不要脸面和虚伪……麻省理工学院竟将监督自身学术工作的责任转交给国防部。"[100] 在调查期间，洛克希德·马丁公司不仅负责生产爱国者导弹，还成为国防部最大的导弹防御承包商之一。不出所料，奥古斯丁的调查结果显示，麻省理工学院研究员并不存在任何不当行为[101]。

自小布什政府以来，导弹防御计划进行了重新调整，但每年的支出仍保持在80亿美元左右，相比于联邦甚至国防其他领域的预算削减，该计划的支出可谓是"稳如泰山"[102]。2015年，导弹防御局警告称，预算削减将使美国安全陷入"严重危险"[103]；2017年该机构提出了75亿美元预算申请[104]，这一数额尚在合理范围。然而，陆基中

[100] Postol，引自 Hartung，《战争的先知》，第189页。

[101] Angela. Wang，"国防部称，林肯实验室无罪"，《科技》，第127卷第15期，2007年4月3日。http：//tech. mit/V127/N15/dodreport. html。

[102] Eric Auner，"导弹防御预算保持稳定"，《军控协会》，2014年4月1日。https：//www. armscontrol. org/act/2014_ 04/Missi1e - Defense - Budget - Holds - Steady%20。

[103] Andrea Shalal，"美国导弹防御局就危险的布罗姆预算削减发出警告"，路透社，2015年3月13日。www. reuters. com/article/usa - military - missiledefense - idUSL2N0WL25F20150319。

[104] 导弹防御局，《2017财年预算估计：概述》，国防部，华盛顿特区。www. mda. mi1/global/documents/pdf/budgetfy17. pdf。

段防御系统的测试结果始终不尽如人意[105]。

2016年朝鲜导弹试验之后，导弹防御系统再次受到重视，《华尔街日报》称这次试验“证明了长期坚持导弹防御计划的正确性”[106]。但是，尽管几十年来花费了数十亿美元，陆基中段防御系统仍然没有展示出防御朝鲜远程导弹的能力。至少有部分科学界人士认为，早在1998年，导弹防御就存在一些问题，当时韦尔奇小组提出导弹防御计划无异于“自断前程”。《华尔街日报》断言，可借助军备控制解决导弹防御问题，而忧思科学家联盟的物理学家劳拉·格雷戈则反驳称，导弹防御计划仍在朝着失败的方向疾行。

> 失败的根源在于，小布什政府仓促进行了系统部署，并放弃了对该系统的正常监督和问责。奥巴马政府基本延续了这一做法，国会也没有对此真正提出质疑。鉴于战略导弹防御存在极为棘手的物理和工程学问题，这种做法导致了严重后果[107]。

导弹防御通常被视为一种道义责任，或被吹捧为应对威胁的解决方案。如果将导弹防御视为一种道义责任，面对2016年的朝鲜导弹试验和伊朗导弹试验，美国必须开发一种可靠的系统。为实现导

[105] George N. Lewis、Theodore Postol，“有缺陷和危险的导弹防御计划”，《军控协会》。https：//www.armscontrol.org/act/2010_05/Lewis－Postol。Theresa Hitchens（与Victoria Samson），“美国导弹防御局项目中的技术障碍”，载于《导弹扩散、导弹防御和空间安全的新挑战》，《专题论文》第12期，James Clay Moltz编，不扩散研究中心，加利福尼亚州蒙特雷，2003年7月，第10－17页。http：//cns.miis.edu/opa.pers/opl2/opl2.pdf。在众议院军事委员会战略部队小组委员会上的证词，2009年2月25日。https：//www.gpo.gov/fdsys/pkg/CHRG－111hhrg51659/html/CHRG－111hhrg51659.htm。

[106] “流氓国家核导弹威胁”，《华尔街日报》，2016年2月11日。www.wsj.com/articles/the－rogue－state－icbm－2455237938。

[107] Laura Grego，“导弹防御的愚蠢行为”，《所有与核有关的事情》，2016年3月9日。http：//allthingsnuclear.org/lgrego/missile－defense－folly。

弹防御，就必须应对重大技术挑战，同时进行监督和问责，因为即便是投资有限的项目也会进行监督问责。

尽管导弹防御的技术问题仍未得到解决，但公众的关注重点却转向与导弹防御相关的政治问题。具体而言，由于该系统有可能削弱核威慑的效果，又能成为反卫武器，因此美国的导弹防御引发了中国和俄罗斯等国的政治焦虑。但对军工复合体而言，导弹防御计划始终是一只会下金蛋的鹅。

借助旋转门机制，政府高官与私人防务行业之间不断上演着身份转换，在导弹防御领域，很少有人能做到独善其身。甚至国防部长阿什顿·卡特也曾长期参与导弹防御事务。2008年，卡特任职于国务院委员会，负责提供导弹防御建议。在此期间，他向导弹防御承包商雷声公司提供技术建议，并获得1万美元的报酬。2009年，卡特摇身一变，成为负责采办、技术和后勤的国防部副部长，他主动披露了曾为雷声公司工作，并承诺将遵守道德条令，在一年内不会介入雷声公司的国防部事务。不久之后，他便重新从事导弹防御工作，并为雷声产品提供支持。

> 在2010年《华尔街日报》的一篇专栏文章中，时任副部长卡特写道，导弹防御计划的“核心部件”是雷声公司生产的标准3（SM-3）拦截弹。该公司还生产爱国者导弹防御系统，以及洲际弹道导弹防御核心部件外大气层杀伤拦截器。2013年，导弹防御局向卡特颁发罗纳德·里根导弹防御奖。国防部新闻稿称：“卡特博士在界定导弹防御局、开发商和军队之间的关系方面起到了表

率作用。”[108]

在过去十年间，雷声公司仅从导弹防御局就获得了价值超过 110 亿美元的合同。

未来将何去何从？

虽然种种迹象表明，军工复合体依然风生水起，且触角不断扩展，基于个人和企业的经济利益，包括威胁评估结果，都揭示了不断投喂这只巨兽的正当性，然而，从另一视角看，来自私营部门的创新以及全球化进程，未来也许会有所不同。2014 年，前国防部副部长威廉·林恩（William Lynn）在《外交事务》发表文章[109]，明确指出，谷歌这类公司的市值是通用动力公司、诺斯罗普·格鲁曼公司、洛克希德·马丁公司和雷声公司市值总和的两倍有余，这类公司未来可能会收购防务供应商，但可能不会进一步扩大防务业务。林恩在文章中表示：

> 很多商业企业根本不会争取防务合同，美国国防部应该主动抛出橄榄枝。但在过去，国防部把防务合同竞标设计得过于复杂，导致许多企业因不熟悉流程而望而却步，甚至放弃竞标。此外，在一些企业看来，国防部提出的部分要求毫无必要，这也导致他们对参与竞标兴趣索然[110]。

---

[108] “阿什顿·卡特将旋转门推向更高水平”，《对政府监督的项目》，2015 年 1 月 6 日。www. pogo. org/blog/2015/01/ashton - carter - takes - revolving - door - to - higher - level. html。

[109] William Lynn Ⅲ，“军工复合体的终结：五角大楼如何适应全球化”，《外交事务》，2014 年 11 - 12 月，第 104 页。https：//www. foreigna. ffairs. com/articles/united - states/end - military - industrial - complex。

[110] 同上，第 107 - 108 页。

但在2016年，谷歌母公司Alphabet的执行主席埃里克·施密特同意担任新国防创新顾问委员会的领导人。国防部新闻稿称，该委员会将“向国防部提供建议，以借鉴先进经验实现创新”[11]。谷歌这类企业与国防部将建立何种关系，时间会揭示答案。

面对繁杂的国防部规则，也许这些新兴私营企业并无意参与军事工业巨头赖以生存和发展的国防采办活动。但可以确定的是，成千上万家曾获得巨大利益的企业必然不会轻易放弃这块肥肉。然而，凭借自身的创新和资金实力，新兴企业在未来将发挥重要作用。这些新兴企业和新太空私营企业，无论是继续敬而远之还是加入淘金浪潮，保持稳定的太空环境关乎自身利益。

---

[11] 五角大楼新闻秘书Peter Cook关于成立国防创新顾问委员会的声明，2016年3月2日。www. defense. gov/News/News - Releases/News - Release - View/Article/684201/statement - by - pentagon - press - secretary - peter - cook - on - the - establishment - of - the - de。

第六章　太空开发与治理

比获得资源更重要的是……开拓新的疆界可以激发我们的最大潜能……太空尚待建设的新大陆将赋予我们新的自由，以探索更好的政府、社会制度和生活方式。

——杰拉德·奥尼尔（Gerard O'Neill），《高边疆》，1976年

许多人都会思考太空发展的必然趋势，但他们并不认为太空必然会发生战争。相反，他们思考太空开发的必然性，正如美国西部的开发，汽车和计算机行业的发展一样。在他们看来，太空提供了无数商业发展与资源开发机会，而这些机会必然会被人们加以利用。如今，多位私营企业家正从地理域和行业领域两个方面，独自或与政府机构合作开发太空。他们所采取的开发方式前所未有，这些开发手段虽然早在几十年前就已被预见，但直到最近才实现大规模应用。目前，"私人商业航天活动的经济产值已超过政府活动"①。然而，这些太空开发商的需求仍存在矛盾。

虽然稳定的太空环境是发展旅游业等领域、确保航天器安全的

① Theresa Hitchens，《推进多边太空治理：国际社会的下一步行动》，"国际与安全研究中心工作文件"，马里兰大学国际与安全研究中心，马里兰大学帕克分校，马里兰州，2015年8月，第14页。

必要条件，但太空企业家和开发商担心，如果维护稳定的清规戒律过多，会妨碍对太空的充分利用。另外，在产权和专利等领域，有时需要制定新的法规，或对法规进行新的解释，以确保权益拥有者能够有利可图。因此，国内和国际法规以及政治因素都会影响太空开发。

任何环境都存在冲突，但解决冲突未必要以威胁和战争为手段。因此，世界各地的政治家正通过多边合作创造和维持发展条件，即通过维护稳定，实现可持续性，从而使所有人都能够开发和利用太空。不过，各方在“如何维持稳定”方面常常存在重大分歧。此外，一些发展中国家提出了伦理问题，即为促进公平有时需要牺牲盈利能力。

太空开发

1976 年，普林斯顿大学物理学家杰拉德·奥尼尔出版了有关后阿波罗时代的获奖著作《高边疆》，该书预测人类将在 1995 年之前殖民太空，并描绘了殖民蓝图②。1992 年，奥尼尔逝世，与 1977 年相比，此时的人类并没有在殖民太空上更进一步。人类似乎满足于《星际迷航》和《星球大战》系列虚构的故事，而没有进行真正的太空开发。

在“美国例外论”备受推崇的冷战时期，阿波罗计划广受民众欢迎，被视为美国敢作敢为精神和技术实力的象征，然而该计划并没有促使民众支持太空旅行或殖民。史密森尼国家航空航天博物馆太空馆长罗杰·劳纽斯（Roger Launius）表示，只有在 1969 年阿波罗 11 号登陆月球时，有半数以上的民众才认识到阿波罗计划的价

② Gerard K. O'Neill，《最前沿：太空中的人类殖民地》，威廉·莫罗出版社，纽约，1976。

值，因为他们亲眼看到尼尔·阿姆斯特朗在月球上行走，但即便在那时，支持率也只有 53%[③]。由于 NASA 预算有限，最后三次阿波罗任务被取消。与此同时，民众的注意力也转移到了其他地区的动荡事件，例如民权运动和越南战争。民众已经目睹了美国人在月球上行走，体验过了这种兴奋，所以注意力开始转移。即使在阿波罗计划期间，许多美国民众也不愿意把纳税人的钱花在载人登月上[④]；不过，民众通常会高估政府在太空项目上的支出。

20 世纪 70 年代，NASA 开始考虑通过私营企业补充政府太空活动投资的不足。1977 年，NASA 资助哈德逊研究所进行的一项研究预测，开展未来一百年太空活动的时机已经成熟[⑤]。20 世纪 80 年代，在里根政府时期，美国商务部鼓励 NASA 通过公私伙伴关系发展商业航天。有时，政府的预测过于乐观，例如商业航天的产值将在 15 年内（20 世纪 80 年代中期）达到 600 亿美元，这激起了民众的极大兴趣，但除了通信等特定领域有所发展外，其他方面成果寥寥。高昂的发射费用在一定程度上抑制了大多数私营航天活动，但通信等特定领域实现了繁荣发展，因为这些领域拥有庞大的消费群体，政府和商业消费者的需求稳步增长，足以抵消这些费用。遥感成像等领域则需要更长的时间才能实现繁荣，在市场开始扩张之前，政府和垄断力量需要为其提供长达十年的支持。在商业航天决策上，

③ Roger Launius，“打破‘阿波罗计划’广受推崇的神话”，博客，2010 年 8 月 16 日。https：//launiusr. wordpress. com/2010/08/16/exploding - the - myth - ofpopular - support - for - project - apollo/。Jeremy Hsu，“美国对‘阿波罗计划’的情有独钟”，Space. com，2011 年 1 月 12 日。www. space. com/10601 - apollo - moon - programpublic - support - myth. html。

④ Roger Launius，《从相关历史事件看太空商业的兴起》，《航天史专论》第 54 期，NASA 历史项目办公室，哥伦比亚特区，2014 年，第 17 - 18 页。

⑤ William M. Brown 和 Herman Kahn，《太空发展的长期前景》（情境法），哈德逊研究所，克罗顿哈德逊镇，纽约州，1977 年 10 月 30 日，第 257 - 274 页，引自 Launius，《历史类推》，第 56 页。

私营企业考虑的是商业案例能否实现发展，而不是能否带来开发太空的刺激感。

尽管如此，美国仍在努力扩大商业航天，多年来一直考虑各种类似的开发项目，为太空开发研究借鉴过许多模式，包括建造横贯大陆的铁路、发展电话行业和航空航天工业、支持南极洲的科学研究、推进公共工程以及开放风景名胜和文化保护区⑥。但是，高昂的发射费用始终是影响商业航天决策的重要因素。因此可以预料，新太空企业能否取得成功很大程度上取决于能否降低火箭发射和进入太空的费用。

风险承担者

所谓的新太空企业大多由个人出资，这些人愿意且有能力承担风险。南非企业家、贝宝公司联合创始人埃隆·马斯克创办了太空探索技术公司（SpaceX），亚马逊创始人杰夫·贝索斯创办了蓝色起源公司，这两家企业都是新太空发射公司。由于企业要承担所有失败的责任，因此几乎不可能利用政府资金冒险。不过，这些新太空企业将继续实现奥尼尔关于开发和殖民太空的梦想与期望。SpaceX公司在其网站上的使命宣言中写道："SpaceX 公司成立于 2002 年，负责设计、制造和发射先进的火箭与航天器，并致力于彻底改变太空技术，最终让人类能够生活在其他星球上。"⑦ 援引马斯克的话："我希望能在火星上寿终正寝，但愿不是死于飞船坠毁。"⑧

SpaceX 公司专注于开发一系列发射器，并取得多项"第一"傲绩。2010 年 12 月，该公司成为第一家航天器完成近两圈轨道飞行并

---

⑥ Launius，《历史类推》，2014 年。

⑦ "公司"，SpaceX，www. spacex. com/about。

⑧ 引自 Elien Blue Becque，"马斯克想在火星上终老"，《名利场》，2013 年 3 月 10 日，www. vanityfair. com/news/tech/2013/03/elon - musk - die - mars。

返回地球的私营企业。随后在2012年5月，该公司的“龙飞船”与国际空间站对接，交换了货物，并安全返回地球。这一技术上具有挑战性的壮举以前只有政府才能完成。因此，SpaceX公司有力证明了太空不再是一个只有国家才能开发的领域。2015年12月21日，SpaceX公司“猎鹰9”火箭将11颗通信卫星送入轨道，火箭第一级随后返回地球，并在一号着陆区着陆⑨。这是轨道级火箭有史以来第一次成功着陆，控制室一片沸腾，不禁让人回想起阿波罗时代。2016年4月，SpaceX公司再次创造了“第一”。当时，在经历了几次爆炸事故之后，向国际空间站运送有效载荷的“猎鹰9”火箭成功返回并降落在一个海基无人平台上⑩。马斯克将SpaceX公司的两个着陆平台分别命名为“只需阅读操作指南”和“我当然还爱你。”

有朝一日，SpaceX等私营企业或许能将人类送入太空。2011年7月，美国航天飞机完成了最后一次飞行。之后，美国就失去了独立进行载人航天的能力，开始依赖俄罗斯向国际空间站运送航天员和物资，这对美国来说难以适应。因此，为了提高载人运输能力，NASA开始并加速推进了与私营部门的合作计划。大致而言，私营部门将负责近地轨道活动，以便NASA将资金用于深空领域。

人们应认识到，波音公司、洛克希德·马丁公司等商业航空航天企业与新太空企业存在着明显差异。虽然这些都是私营企业，但运营模式截然不同。波音公司、洛克希德·马丁公司、诺斯罗普·格鲁曼公司等被称作“商业”企业，这些都是上市公司，必须对股东负责，还需要追求利润。然而，这些企业的利润来源主要依赖

⑨ 历史性着陆：“猎鹰9”号首次着陆于着陆区一号【视频】。https：//www.youtube.com/watch？v=1B6oiLNyKKI。

⑩ Ryan Whitwam，“SpaceX终于在最近的“猎鹰9”号着陆中使用可回收火箭”，《尖端科技》，2016年4月11日。www.extremetech.com/extreme/226305 - spacex - has - finally - nailedreusable - rockets - with - latest - falcon - 9 - landing。

《联邦采办条例》（FAR）第15部分“通过谈判签订合同”等政府采办和机密项目。因此，这些公司从会计、法律到安全方面的结构，都是为了满足政府在资助大型国防项目时所采用的进度缓慢且主要为“成本加成”的方法要求。这种结构非常复杂，运行费用也很高，并且需要大量人才，才能满足政府的要求。

新太空企业的结构与此不同。他们往往只有少量的自筹资金，也有些来自风险投资。大多数新太空企业都积极寻求在商业市场销售单一产品或服务。尽管许多企业愿意参与政府采购，但并不是依靠政府才能生存，也没有符合政府规章制度的会计系统。大多数企业没有或无法获得设施许可，因此很少有机会从事涉密工作。大多数企业也不愿意签订成本加成合同，而更愿意签订“固定总价合同”，签订时最好能够依据《联邦采办条例》第12部分（商品采办）或其他交易授权（OTA）。其他交易授权是一种专门为商业供应商设计的灵活交易方式[11]。大多数新太空企业缺乏必要的法务人才，无法适应大型国防采购中不可避免且没完没了的合同争议。

总的来说，美国国防部，尤其是空军，已经注意到了这些新太空企业，并以困惑和不信任的眼光对待它们。由于签订低成本运载火箭合同超出了标准操作规程，空军很难完成所有必要的文书工作。国防部不想改变空军的工作方式，也不想从新太空企业购买火箭，因为这样做显然具有很大的操作难度。以不同的方式行事也会使国防部面临挑战，并受到国会的监督，而如果维持现状，就可以避免这种情况，这也有利于军工复合体。导致的后果是，国防部几乎完全依赖于主要大型承包商，无法找到某种方式与不太成熟但费用可能更低的小公司合作。

---

[11] “其他交易授权，” AcqNotes 网，www. acqnotes. com/acqnote/careerfields/other - transactionauthority - ota。

即便如此，NASA 和国防部（主要是 NASA）也在有选择地采用或表示将采用新的方法来发展和利用太空能力。例如，美国空军表示，将对繁琐冗长的政府采办流程进行必要改革[12]，以提高效率。具体而言，NASA 的“商业载人与货运项目”意味着 NASA 将不再采用过去拥有并运行自己的飞行器的模式，而是打算与商业供应商签订《联邦采办条例》下的固定总价合同，以进一步开发太空[13]。“由于所有的太空活动都需要利用太空运输，因此 NASA 的‘商业载人与货运项目’是推动美国太空经济发展的关键，其重要性相当于美国投资建设的公路、铁路、运河以及其他扩大疆域的项目。”[14] 2008 年，NASA 授予数个第一阶段商业再补给服务合同（CRS1），旨在通过商业航天器向国际空间站运送货物和补给。SpaceX 公司获得了价值 16 亿美元的合同，需要执行 12 次货运任务，而轨道科学公司获得了价值 19 亿美元的合同，需要执行 8 次货运任务，合同期限到 2016 年为止。第二阶段商业再补给服务合同（CRS2）涵盖 2019 年至 2024 年的运输任务，NASA 于 2016 年 1 月将这些合同授予了 SpaceX 公司、轨道 ATK 公司和内华达山脉公司[15][16]。2015 年 12

---

⑫ Jim Garmone，“肯德尔概述签署太空发射服务合同的新方式”，美国国防部，2016 年 1 月 27 日。www. defense. gov/News - Article - View/Article/644946/kendalldescribes - novel - way - of - contracting - for - space - launch - services。

⑬ “商业货物：NASA 对商业轨道运输服务和国际空间站商业再补给合同的管理”，NASA 审计办公室，2013 年 6 月 13 日。https：//oig. nasa. gov/audits/reports/FY13/IG - 13 - 016. pdf。

⑭ NASA，《新兴太空：21 世纪美国宇宙飞行的演变形式》，NASA，华盛顿，哥伦比亚特区，2014 年。www. nasa. gov/sites/default/files/files/Emerging_ Space_ Report. pdf。

⑮ 联合技术系统公司于 2015 年 2 月收购了轨道科学公司，并创建了轨道 ATK 公司，保留了轨道科学公司首席执行官 Dave W. Thompson 和阿连特技术系统公司的董事长 Ronald Fogleman 将军。

⑯ Chris Gebhardt 和 Chris Bergin，NASA 将商业部及服务合同第二阶段授予 SpaceX、轨道 ATK 公司和内华达山脉公司”，NASAspaceflight. com，2016 年 1 月 14 日。www. nasaspaceflight. com/2016/01/nasa - awardscrs2 - spacex - orbital - atk - sierra - nevada/。

月，NASA将后续五次货运任务的合同授予了SpaceX公司，这些是根据CRS1合同授予的。CRS2合同的价格略高，因此NASA第一阶段商业再补给服务合同到期前，尽可能多地购买了费用较低的货运服务。

NASA的商业载人项目是商业再补给服务合同的载人航天配套项目，波音公司和SpaceX公司都获得了“商业载人运输能力”（CCtCap）固定总价合同⑰。2014年9月，波音公司获得了一份价值42亿美元的合同，以开发和制造CST－100“太空出租车”，最近该飞船被更名为“星际客船”。波音公司原定于2016年完成“星际客船”的首次测试，并于2017年完成首飞；然而，由于预算不足和技术开发缓慢，波音公司不断推迟测试和试飞时间。此外，SpaceX公司也获得了NASA价值26亿美元的合同，用于开发“载人龙飞船”。“载人龙飞船”预计能够在国际空间站停靠长达210天，并在紧急情况下为航天员提供安全庇护所⑱。私营企业也在与NASA合作，为NASA的“火星之旅”项目开发相关能力⑲。有些企业则正在开发与太空旅游相关的载人航天能力。

SpaceX公司并不是唯一一家愿意承担风险开发新型太空运载器的企业。维珍大西洋航空公司创始人、英国企业家理查德·布兰森爵士建立了维珍银河公司，该公司自我标榜为“世界上第一个商业航天公司”，并声称其目的是“为了人类的福祉实现进入太空的航班化”⑳。维珍银河公司计划为更多普通人提供太空旅行机会，而不仅仅局限于政府选拔的航天员。计划初期将使用两个飞行器，第一个

⑰ “商业载人计划的概要”，《NASA》，https：//www. nasa. gov/content/commercial－crew－program－theessentials/#. Vv0qp6v1clI。

⑱ “SpaceX达成第一个商业载人运输重要事件节点”，《NASA》，www. nasa. gov/content/spacex－completes－firstcommercial－crew－transportation－milestone。

⑲ “NASA的火星之旅”，《NASA》，www. nasa. gov/content/nasasjourney－to－mars。

⑳ “载人航天”，维珍银河公司网，www. virgingalactic. com/human－spaceflight/。

名为“白衣骑士二号”，是一架类似于双体船的双机身有人驾驶飞机，专为高海拔飞行设计，用于挂载第二个航天器。第二个航天器由两名飞行员驾驶，可搭载六名乘客。“白衣骑士二号”将在大约50000英尺的高度分离出较小的航天器，后者将利用火箭升到大气层边缘。在航天器重返大气层之前，乘客可体验4分钟的失重感。维珍银河公司的第一艘载人飞船叫做“太空船二号”。

2014年10月31日，第一艘“太空船二号”在试飞中发生灾难性事故。美国国家运输安全委员会公布的事故原因是飞行员操作失误。“太空船二号”采用独特的羽状尾翼系统，该系统能使飞船在转换飞行阶段改变姿态，并以滑翔方式安全返回地球并着陆。事故当天，飞行员彼得·西博尔德（Peter Siebold）报告速度为马赫数0.8时，副驾驶迈克尔·阿尔斯伯里（Michael Alsbury）将控制羽状尾翼的手柄从锁定状态移至解锁状态，但按照要求，在飞船速度达到马赫数1.4之前不应该执行这项操作。阿尔斯伯里并没有激活羽状系统，但由于气动超载，执行机构无法固定住羽状系统，迫使其打开。结果，“太空船二号”在飞行中解体，阿尔斯伯里不幸遇难，西博尔德则受了重伤㉑。

美国国家运输安全委员会报告称，航天器的设计“对人为失误考虑不周”，才导致了这场灾难。首先，“该系统没有设计防止羽状系统解锁的安全措施”；其次，“手册/程序里没有关于提前解锁羽状系统的警示㉒”。换言之，这次人为失误始料未及。

㉑ Alex Davies，“灾难性盲点——‘维珍银河’致命坠机事件的始作俑者”，《连线》，2015年7月28日。www. wired. com/2015/07/blame - catastrophic - blindspot - virgingalactic - crash/。

㉒ 美国国家运输安全委员会会议，商业航天发射事故之太空船二号，由Katherine Wilson博士介绍，“人为因素和组织问题”，美国国家运输安全委员会，华盛顿特区，2014年7月28日。www. ntsb. gov/news/events/Documents/2015 _ spaceship2 _ BMG _ HumanPerformancePresentation. pdf。

事故发生后，难能可贵的是，布兰森冷静思考了推进“可能导致悲剧”的事情是否明智[23]，并决定公司应该继续前进，他认为实现目标需要承担一定的风险。航天飞行本来就存在风险，任何进步总是伴随着风险。NASA 在经历了两次灾难性事故后，重新启用航天飞机，由于依靠的是纳税人的钱，也面临着各种阻力。如今，新太空私营企业开始用自有资金承担风险。

2016 年 2 月，维珍银河公司推出了“太空船二号”的替代型号，物理学家斯蒂芬·霍金将其命名为“维珍太空船（VSS）团结号”。霍金在附言中写道，“如果能坐上这艘太空船，我会感到非常自豪。”[24] 尽管维珍银河公司对太空游客乘坐太空船的具体日期讳莫如深，但已有 700 多人注册购票，其中不乏阿什顿·库彻（Ashton Kutcher）、凯蒂·佩里（Katy Perry）、莱昂纳多·迪卡普里奥（Leonardo DiCaprio）、凯特·温斯莱特（Kate Winslet）等名人，他们提前支付了 25 万美元的船票。尽管维珍银河公司已采用新的系统，以杜绝类似 2014 年的事故，但其仍然依赖飞行员实现太空飞行。维珍银河公司表示，他们的有人驾驶飞行器设计简单，系统发生故障的可能性更小[25]。维珍银河公司新一批试飞员包括 NASA 首位女试飞员凯利·拉蒂默（Kelly Latimer）[26]。

维珍银河公司在技术和资金上均面临挑战，这也是新太空企业

㉓ “由维珍银河引发的反思”，维珍网。https：//www. virgin. com/richard - branson/reflections - on - virgin - galactic。

㉔ Mike Wall，“史蒂芬·霍金希望乘坐‘维珍银河’的新载人飞船”，Space. com，2016 年 2 月 20 日。www. space. com/31993 - stephen - hawking - virgin - galacticspaceshiptwo - unity. html。

㉕ Rachel Crane 和 Amanda Barnett，“‘维珍银河’推出新款宇宙飞船”，《CNN 新闻》，2016 年 2 月 19。www. cnn/2016/02/19/us/virgin - galactic - new - space - plane/。

㉖ Elizabeth Howell，“‘维珍银河’招募女试飞员 Kelly Latimer”，Space. com，2015 年 11 月 9 日。www. space. com/31072 - virgin - galactic - female - test - pilot - kellylatimer. html。

面临的共同难题。除了开发可以投入运营的航天器，该公司还必须训练其飞行员在亚轨道和海平面条件下驾驶飞行器，这一点至关重要，而且需要花费时间。但是，维珍银河公司也必须以相当快的速度开始并持续为客户提供飞行服务，以获得后续研发所需的资金，因为乘客的定金有限，布兰森也无力一直自筹资金。因此，这些企业面临着巨大压力。

新太空企业从不缺乏方法和目标。XCOR 宇航公司的“山猫号”飞船也进入了亚轨道市场，计划将一名飞行员、一名乘客和科学类有效载荷带到太空边缘[27]。贝索斯的蓝色起源公司正在建造“新谢泼德号”飞船，以进军太空旅游市场。该公司网站宣称，此太空舱可容纳六名乘客，“空间大到足以自由漂浮，并能在失重状态下翻跟头”，还有“太空中最大的窗户”[28]。2016 年 4 月，蓝色起源公司成功完成了第三次（无人）试飞。

其他国家的新太空企业也在从事发射系统开发和创新活动，例如西班牙的零至无穷（zero2infinity）高空气球公司致力于将气球和火箭加以整合，以便将小型卫星送入近地轨道。这个名为“蓝星”的运载火箭计划于 2018 年年底完成首个在轨任务[29]。美国-新西兰合资企业火箭实验室正在开发“电子号”小型运载火箭，并计划于 2016 年从新西兰北岛发射升空。“火箭实验室重视采用先进技术研制发动机，运用 3D 打印技术制造发动机部件，并使用电动马达为涡

[27] “山猫号飞船”，环宇太空网。http：//aerospace. xcor. com/reusable - launch - vehicles/lynxspacecraft/。

[28] “科技”，蓝色起源公司网站。https：//www. blueorigin. com/technology。

[29] Caleb Henry，“零至无穷公司为气球火箭发射系统制定目标”，《经由卫星》，2016 年 3 月 23 日。www. satellitetoday. com/launch/2016/03/23/zero2infinity - lays - outgoals - for - balloon - rocket - launch - system/。

轮泵提供动力[30]。”火箭实验室表示，其使命是通过频繁发射可负担的火箭，“开启商业航天时代”[31]。

俄罗斯宇宙航向公司表示，打算涉足太空旅游业务，将研制亚轨道太空旅游航天器。开发者中有许多是俄罗斯赫鲁尼切夫国家航天研制中心的前雇员，他们称该航天器将于2020年升空飞行[32]。此前，俄罗斯的太空旅游活动大多仅限于用“联盟号”飞船将美国太空探险公司的付费游客送上国际空间站。

许多公司一直试图制造可重复使用的航天器，以降低发射费用，推动太空开发，与此同时，也有些企业采取不同思路。轨道ATK公司的首席执行官大卫·汤普森（David Thompson）最近对研制可重复使用航天器提出了质疑。“从直觉上看，这可能很有吸引力。我们不需要再报废飞行器等等。但从过去发射可重复使用航天器的经验来看，持续降低费用的效果最多只能说是好坏参半，所以我对此表示怀疑。”[33] 轨道ATK公司正在自行投资开发能够为地球同步轨道卫星加注燃料并进行小型维修的维修航天器。

该公司的航天器最初将与地球同步轨道航天器机械对接，并接管制导、导航与控制，以实现指向、轨道保持和轨道运输（如调整倾角和轨道位置，或移动至弃星轨道）。因此，该航天器被命名为任务扩展航天器（MEV）。之后，该航天器才会承担燃料加注、维修、任务增强等工作。轨道ATK公司正在大力投资开发这些技术，同时

[30] Jeff Foust，“火箭实验室计划年中进行发射”，《太空新闻》，2016年3月24日。http：//spacenews. com/rocket - labplans - to - begin - launches - mid - year/。

[31] “我们的使命”，火箭实验室公司。https：//www. rocketlabusa. com/ourmission/。

[32] “俄罗斯公司将开启亚轨道旅游时代”，卫星社，2015年3月5日。http：//m. sputniknews. com/science/20160305/1035843182/russiaspace - tourism. html。

[33] 引自Peter B. de Selding，“轨道ATK公司相信卫星服务，但不相信火箭可重复利用”，《太空新闻》，2016年3月2日。http：//spacenews. com/orbital - atk - believes - insatellite - servicing - but - not - in - rocket - reusability/。

通过“无资金支持的”《太空法案协议》(SAA)与NASA进行技术转让。完成这些任务需要具备自主交会技术，因此其他国家开发这种能力时，美国感到异常焦虑。

美国连锁酒店老板、亿万富翁罗伯特·毕格罗(Robert Bigelow)创建的毕格罗宇航公司也是一家新太空企业。毕格罗宇航公司网站上的标语宣告了其使命。

> 自1999年以来，本公司的使命一直是为国家航空航天局和企业客户提供价格实惠的太空航行。2006年和2007年，我们发射了轨道舱原型“起源一号”和“起源二号”。我们致力于帮助人类探索和发现近地轨道、月球、深空或火星上的有益资源㉞。

毕格罗宇航公司专注于设计和建造模块化、可扩展的太空加压居住舱。该居住舱被称为B330，可用多个运载火箭实现部署。2016年4月，猎鹰9号火箭搭载SpaceX“龙飞船”，向国际空间站运送了毕格罗可扩展居住舱，以便进行在轨测试。毕格罗公司打算运营可以自由飞行的轨道前哨站，以供付费客户使用。不过，该公司的最终目标是从2025年开始在月球上部署这些可折叠式居住舱。为此，毕格罗公司于2015年争取到了美国联邦航空管理局(FAA)的担保，即他们可以不受干涉地在月球表面开展商业活动㉟。这一许可预示着美国将进一步鼓励发展商业航天。

2015年，奥巴马总统签署了《美国商业太空发射竞争法案》(或称《美国太空法案》)。其中一项关键条款是，至少在未来八年内保护私营航天活动免受监管。国会一些太空支持者认为，2015年

㉞ “毕格罗宇航公司简介”，毕格罗宇航网。http://bigelowaerospace.com/about/。

㉟ Irene Klotz，“美国联邦航空管理局：监管月球上的商业活动”，路透社，2015年2月3日。www.reuters.com/article/us-usa-moonbusiness-idUSKBN0L715F20150203。

的《美国太空法案》远远超出了满足航天业合理需求的范围，令业内人士大喜过望㊱。商业航天联合会主席埃里克·斯托默（Eric Stallmer）却不以为然，他表示：“这是来自国会的一张信任票，即商业航天十分重要，我们可以塑造和发展这个行业，而不必担心联邦政府会横加干涉。”㊲《美国太空法案》的另一项关键条款涉及太空采矿，也就是毕格罗公司所说的帮助人类“发现有益资源”。

美国企业在太空采矿领域处于领先地位。行星资源公司、深空工业公司和沙克尔顿能源公司不仅表现出浓厚兴趣，还致力于成为各种开采活动的引领者。行星资源公司是一家位于华盛顿的小行星采矿企业。2015 年 7 月，该公司从国际空间站发射了 Arkyd 3 Reflight（A3R）航天器，以测试技术，以便在开采之前对小行星进行侦察和勘探。该公司在网站上阐述了面临的各种挑战。

> 我们的航天器正瞄准深空。深空环境充满挑战：在地球的保护磁层之外，辐射无处不在，与地球的通信就需要数分钟才能实现。我们的航天器必须能够在这种环境中运行。这就是我们逐步构建有史以来最强大商业航天系统的原因所在。为了探索小行星，我们需要研发微型卫星，这种卫星还应能在不断移动的自主平台上实现远距离通信㊳。

㊱ Doug Messier，“众议院民主党人士抨击《美国太空法案》是‘商业太空行业的愿望清单’”，抛物线弧网站，2015 年 5 月 21 日。www. parabolicarc. com/2015/05/21/house – democrats – slam – space – actcommercial – space – industry – list/。

㊲ 引自 Nick Stockton，“国会赞成太空采矿，而反对火箭法规，”《连线》，2015 年 11 月 18 日。www. wired. com/2015/11/congress – says – yes – to – space – ming – no – torocket – regulations/。

㊳ “科技，”行星资源公司网。www. planetaryresources. com/technology/ #technology – overview。

深空工业公司表示打算从勘探着手，以便开采太空资源[39]。而沙克尔顿能源公司的业务重点瞄准从月球提取水，将其转化为火箭燃料，并建立太空燃料站。他们称，这些太空燃料站将“开启价值数万亿美元的产业”[40]。显然，这些企业以盈利为目的。这意味着与水和矿物（如铂、钯、锇和铱）所有权相关的各种法律条款还需要加以完善。

2015 年《美国太空法案》中关于小行星开采的部分规定，美国公民有权拥有通过开采小行星获得的资源[41]。在该法律签署之前，个人是否拥有这种权利没有明确规定，因为 1967 年《外层空间条约》指出，“外层空间应当作为人类的共同遗产，用于符合所有国家利益的和平目的，并限制国家主权”[42]。商业企业希望尽可能明确监管法规，以打消投资者的顾虑。在整个商业周期内，他们希望这些法规简洁易懂，且保持相对不变。太空采矿企业行星资源公司的联合创始人埃里克·安德森（Eric Anderson）对 2015 年《美国商业太空发射竞争法案》评价道：“这是有史以来对产权的最明确认可。”[43]

《美国太空法案》的支持者认为，允许对所开采资源的所有权不是宣示主权，因此这并不违反 1967 年的《外层空间条约》。官方立场似乎是，美国/西方的财产和其他法律判例符合所有人的利益，由于美国企业首先从事开采活动，因此这也树立了良好的法律先例。

㊴ “小行星采矿”，深空工业公司网。https：//deepspaceindustries. com/space - resources/。

㊵ “概述”，沙克尔顿能源公司网。www. shackletonenergy. com/overview#goingbacktothemoon。

㊶ “奥巴马总统签署法案，将小行星资源产权纳入法律，” 行星资源公司网，2015 年 11 月 25 日。www. planetaryresources. com/2015/11/president - obama - signsbill - recognizing - asteroid - resource - property - rights - into - law/。

㊷ 引自 Joanne Wheeler，“太空管理：国际太空法和未来的改革”，《哈佛国际评论》，2012 年 3 月 30 日。http：//hir. harvard. edu/a - new - empiremanagingspace/。

㊸ 引自“奥巴马总统签署法案”，行星资源公司。

基于这个观点，如果中国或俄罗斯决定太空采矿，并且能够成功，美国是可以接受的。

对于太空采矿的合法性[44]，特别是 2015 年《美国太空法案》的合法性，人们看法不一，这也许并不令人感到意外。加拿大律师拉姆·贾库（Ram Jakhu）认为，《美国太空法案》可能违反了《外层空间条约》，而澳大利亚律师里基·李（Ricky Lee）则认为没有违反[45]。英国肯特大学的国际律师格本加·奥敦坦（Gbenga Oduntan）也对 2015 年《美国太空法案》提出异议，“美国企业可以不顾巨大的环境风险，仅根据国内法就系统地开发太空资源，这种想法简直是厚颜无耻和贪得无厌。”[46] 持反对意见的人将这些活动视为（另一种形式的）西部开发。但是，历史学家尼尔·弗格森在其 2011 年出版的《文明：西方与其他国家》[47] 一书中指出，导致北美和南美经济与政治发展差异的正是产权。如果不在发展过程中保障个人利益，对私营企业缺乏激励措施，就很难实现发展。

其他国家也同样关注小行星开采，并通过立法保护投资者的利益。卢森堡经济部长宣布，将探索小行星采矿作为“重点高科技领

---

[44] Tim Worstall，“卢森堡太空采矿法中的经济问题”，《福布斯》，2015 年 2 月 23 日。www. forbes. com/sites/timworstall/2016/02/03/the – economicproblem – with – luxembourgs – space – mining – law/#5a96ae4563eb。

[45] “美国太空采矿法可能引发违约行为”，《CBS 新闻》，2015 年 11 月 27 日。www. cbc. ca/news/technology/space – mining – us – treaty – 1. 3339104。

[46] 引自 Brooks Hays，“美国新的太空采矿法可能违反国际条约”，合众国际社网，2015 年 11 月 25 日。www. upi. com/Science_ News/2015/11/27/New – US – Space – Mining – Law – May – Violate – international – treaty/8751448634436。Katrina Pascual，“美国太空采矿法有潜在危险且可能违法：小行星采矿行为违反国际条约的原因”，《科技时报》，2015 年 11 月 28 日。www. techtimes. com/articles/111534/20151128/u – s – space – mining – lawis – potentially – dangerous – and – illegal – how – asteroid – mining – actmay – violate – international – treaty. htm。

[47] Niall Ferguson，《文明：西方与其他国家》，企鹅出版社，伦敦，2011 年。

域”，并致力于成为欧洲商业航天事业的中心[48]。卢森堡究竟是拥有非凡的远见，还是痴人说梦，这还有待观察。此外，阿拉伯联合酋长国航天局局长于2016年3月宣布，阿联酋正在起草一部类似于2015年《美国太空法案》的法律，该法律将涵盖人类太空探索和包括采矿在内的商业活动[49]。虽然这种国际活动会引发经济竞争，有时还会引发政治竞争，但也会促进发展。

数万亿美元的预计利润[50]激发了政府和私营部门对小行星采矿的兴趣，尽管这些数字目前还只是预测。“仅一磅铂金就价值约23000美元，几乎与黄金等价。开采一颗中等大小、直径半英里的小行星顶部几英尺，就可以获得约130吨铂金，价值约60亿美元。”[51] 小行星“龙宫”（Ryugu）含有大量的镍、铁、钴和水，价值约950亿美元[52]。

但是，对商业航天机会的盲目乐观历史上也曾出现过类似一幕，这也许预示着新一轮的淘金热，因为这已展现出竞争态势。然而太空竞赛成为目前太空环境中的一大威胁，“太空采矿可能引发星球大战”也不时成为新闻头条[53]。

毫无疑问，如果俄罗斯或中国声称拥有月球（即使是月球的一部分）或任何其他天体，美国都会宣称他们违法。2015年《美国太

㊽ 引自 Michael Reilly，“卢森堡想要在小行星采矿方面占领先地位”，《麻省理工科技评论》，2016年2月4日。https：//www. technologyreview. com/s/600725/luxembourg - wants - tolead - the - way - in - asteroid - mining/。

㊾ Lucy Barnard，“阿联酋即将敲定太空法”，《美国国民报》，2016年3月7日。www. thenational. ae/business/aviation/uae - tofinalise - space - laws - soon? utm_ content = buffera6520&utm_ medium = social&utm_ source = facebook. com&utm_ campaign = buffer。

㊿ Clive Thompson，“太空采矿可能引发星球大战”，《连线》，2016年1月14日。www. wired. com/2016/01/clive - thompson - 11/。

[51] Adam Mann，“科技亿万富翁大胆策划小行星采矿任务”，《连线》，2012年4月23日。www. wired. com/2012/04/planetary - resources - asteroid - mining/。

[52] Thompson，“太空采矿可能引发星球大战”。

[53] 同上。

空法案》只是涉及开采问题，但不涉及天体或部分天体的权属问题。太空采矿是否会在金钱的驱动下催生另一版《星球大战》，还是会像许多太空活动一样，促进国际社会的通力合作，目前尚无法预测。然而，不言而喻的是，无论对于地球还是太空，环境条件能否促进发展都遵循同一个规则：硬碰硬的冲突很难促进经济发展，但发战争财的企业除外。此外，值得注意的是，目前人们讨论的各种太空商业开发，其价值都不如地球同步轨道上的资产，尽管也存在一定问题，但总体来说，这类资产具有良好的应用价值。

稳定的太空环境对这些私营企业的生存与发展至关重要。2016 年 3 月，美国空军负责太空事务的副部长温斯顿·比彻姆（Winston Beauchamp）建议，航天工业应该带头制定安全、可预测和负责任的太空行为规范，“航天工业最好率先制定实际规范，并随后由政府批准[54]”。他还建议航天工业生产立方体卫星等小型卫星时应确保能被雷达发现并跟踪，以避免碰撞和形成碎片。2016 年 4 月，在华盛顿举行的商业航天圆桌会议上，美国监管机构再次承认，在跟踪和监管“非传统”太空企业方面，监管机构落后于商业部门，并进一步敦促私营部门发挥带头作用。美国联邦航空管理局负责商业航天运输的副局长乔治·内德尔（George Neidle）提醒道，目前我们面临的许多挑战多年前就已经众所周知，但在应对这些挑战方面，我们几乎没有取得任何实质性进展[55]。

至少在某些领域，私营部门比政府表现出更强的合作意愿，例如太空数据协会（SDA）在太空态势感知方面的合作意愿。此外，

---

[54] 引自“美国空军高级官员敦促私人部门带头制定太空规范”，《中东太空观察》杂志，2016 年 3 月 23 日。http：//spacewatchme. com/2016/03/senior – us – airforce – official – urges – private – sector – to – take – lead – in – buildingspace – norms/。

[55] Caleb Henry，“小型卫星的发展速度超过美国监管机构”，《经由卫星》杂志，2016 年 4 月 8 日。www. satellitetoday. com/regional/2016/04/08/smallsat – boomoutpacing – regulators – in – the – us/。

太空数据协会的卫星运营商彼此共享数据，美国分析图形公司（AGI）也从2014年开始提供太空态势感知数据和产品，包括交会分析、机动建模、轨迹建模、轨道确定以及交会和近旁操作[56]。美国分析图形公司的商业航天运营中心（ComSpOC）利用70架瞄准地球静止轨道的望远镜以及两个瞄准近地轨道的雷达传感器，每小时更新太空观测数据。2016年3月，美国分析图形公司宣称，到2016年年底，商业航天运营中心跟踪的太空物体数量有望与美军联合太空作战中心（JSPOC）目前的跟踪能力一较高低[57]。美国分析图形公司负责业务发展的副总裁保罗·威尔什（Paul Welsh）表示，到2016年，航天工业应该能够处理“80%到90%”[58]的跟踪问题。

许多私营企业和组织也在成员之间共享数据。尽管俄罗斯、中国、法国和其他一些欧洲国家具备一定的太空跟踪能力，但这些国家通常并不共享这些信息。只有美国政府定期分享信息，将卫星碰撞风险告知其他国家。

2014年，中国首次请求美国空军太空司令部直接分享关于潜在碰撞的预警。此前，美国一直通过国务院与中国分享交会预警，但由于没有收到中国的回复，不清楚中国是否注意到了这些预警。中国请求美国空军直接分享数据，这不仅有利于加速信息传递，也可视为中国有意避免碰撞和形成碎片的积极迹象。

随着私营部门不断加大太空开发的力度，对“太空交通管理”（STM）的要求也将有所增加。值得注意的是，为了有效跟踪太空情况，我们可以从三个方面着手，这三个方面可能由不同的组织完成。

---

[56] “美国ANSYS公司政府方案简介”，美国ANSYS公司政府方案网站。www. agi. com/about－agi/。

[57] Caleb Henry，“预计今年，商业航天运营中心将与联合太空作战中心的公开目录持平”，《经由卫星》杂志，2016年3月31日。www. satellitetoday. com/technology/2016/03/31/comspoc－expectsto－par－with－jspocs－public－catalog－this－year。

[58] 同上。

第一个方面是太空态势感知，包括收集数据和做出预测。第二个方面是通知。拥有数据与发出交会预警并不相同。第三个方面是管理，涉及“促进安全进入外层空间、在外层空间运行以及不受物理或射频干扰从外层空间返回地球的一套技术和监管规定”[59]，需要政府间合作，也需要政府和私营部门间的合作。太空交通管理相当于地球上的空中交通管理。任何人都不希望看到美国上空 5000 多架飞机毫无规则地运行。国际民用航空组织负责管理国际航空运行，但无权制定或执行具有国际约束力的法律。不过，该组织对成员国提出了航行标准和建议行为模式。面对日益拥挤的太空，也需要这类标准和建议行为模式。

人们研究太空交通管理问题已历时十年以上[60]，太空交通管理必然会限制对外层空间的自由利用。因此，国际社会尚未对是否有必要建立太空交通管理制度达成共识，更不用说建立何种太空交通管理制度，或确定哪些限制因素了。从美国国家层面看，有观点认为，美国联邦航空管理局应该承担太空交通管理职责。这意味着需要移交国防部的相关责任。虽然放弃对太空数据掌控似乎不符合军事自主性的要求，但“美国空军太空司令部和美国战略司令部领导表示，他们希望减轻［负责太空交通管理］的军事太空管理者的负担，以便他们可以更加集中精力做好战备，以应对可能的太空冲突”。[61]

为了积极推进太空交通管理方面的公私合作，太空数据协会与

---

[59] 国际宇航科学研究院（IAA），“宇宙太空交通管理研究，”来自联合国和平利用外空委员会，维也纳，2006 年 6 月。www. unoosa. org/pdf/pres/copuos2006/06. pdf。

[60] Kai－Uwe Schrogl、Corinne Jorgenson、Jana Robinson 和 Alexander Soucek，“2006 年至 2016 年国际宇航科学研究院有关太空交通管理的研究”，第 58 届国际宇航学会外层空间法学术研讨会上的报告，2015 年 10 月 14 日，耶路撒冷。www. pssi. cz/download/docs/274_ international－astronauticalcongress－2015－ppt－presentation. pdf。

[61] Mike Gruss，“华盛顿权衡联邦航空管理局在管理太空交通中的作用”，《太空新闻》，2015 年 12 月 3 日。http：//spacenews. com/might－the－faa－inherit－the－space－trafficmanagement－role/。

联合太空作战中心于2015年4月达成协议，共同建立“商业原型小组”，即安排航天工业官员在联合太空作战中心工作，以便更好地共享信息[62]。施里弗兵棋推演显然促进了原型小组的构建。在施里弗兵棋推演中，商业卫星能力对于决策至关重要。因此，人们认识到有必要将商业运营商纳入联合太空作战中心。

稳定的太空环境能造福SpaceX公司、维珍银河公司、毕格罗宇航公司和行星资源公司这些新太空企业。新太空全球公司（NSG）是一家市场研究机构，负责发布投资者报告与市场报告、市场指数，以及每日和每月通讯与公告。该公司报告称，全球近1000家新太空企业形成了一个“大型创新经济体”[63]。新太空全球公司按照“垂直行业”对企业进行了分类（分为航天器、运载火箭提供商、载人航天、微重力研究、太空服务、太空资源和天基能源），并借助相关“指标”（管理、市场、资本、技术）对每家公司进行评估。位于科罗拉多州的航天基金会也会发布年度报告，提供航天工业和国家支出等信息，越来越多的新太空企业成为人们的关注重点[64]。

2016年3月4日，航天基金会首席执行官艾略特·普勒姆（Elliot Pulham）、美国航空航天学会的桑德拉·玛格努斯（Sandra Mangus）博士和商业航天联合会主席埃里克·斯托默共同发布了题为《确保美国在太空的领导地位》白皮书[65]，旨在向总统和国会议员提供行业观点。文中指出，美国太空计划面临诸多挑战，包括太

---

[62] Caleb Henry，“美国联合太空作战中心将在未来几个月内创建‘商用原型小组’”，《经由卫星》杂志，2015年4月10日。www. satellitetoday. com/regional/2015/04/10/us－jspoc－to－startcommercial－cell－prototype－in－coming－months/。

[63] 全球新太空网站主页。http：//newspaceglobal. com/home。

[64] “研究与分析”，太空基金会网站。www. spacefoundation. org/programs/research－and－analysis/spacereport/。

[65] 《确保美国在太空的领导地位》”，美国航空航天学会，2016年3月4日。www. aiaa. org/uploadedFiles/Whats_ New/EnsuringUSLeadershipInSpace_ FINAL. pdf。

空预算缺乏稳定性、存在外国竞争，以及劳动力队伍存在问题。为了应对这些挑战，确保美国在太空的领导地位，白皮书提出如下政策建议：

- 制定稳定的预算，进行稳定投资，促进创新伙伴关系，并废除2011年的《预算控制法案》。
- 继续参与全球太空活动。
- 恢复美国进入太空的能力。
- 鼓励利用全面竞争的创新伙伴关系。
- 保持、加强和改善国内工业基础。
- 制定稳健的国家安全太空计划，以保持美国在太空制高点的主导地位。
- 在太空频谱利用方面保持和扩大国际协调。
- 确定并致力于拓展科学前沿的新使命。
- 促进科学、技术、工程和数学（STEM）教育，留住在美国接受教育的劳动者。
- 尽量减少国际贸易壁垒[66]。

这是一份基于共识形成的文件，所以自然反映了“人们达成的某些共识”。文件提出“要主导太空”，这无疑反映了与国防休戚相关的航空航天工业的利益，还体现了美国欲“控制”太空这一幻想。

太空开发商始终高度关注公私伙伴关系和激励机制，在许多情况下，这也向政府提出了要求，旨在改变政府的思维方式。例如，与其投资购置用于收集气象、图像和通信等太空数据的航天器，不如从商业供应商那里购买（更多的）相关产品。这种方式自然有助于节省资金，但也要求政府，特别是军方和情报机构，要摒弃“自

---

[66] 《确保美国在太空的领导地位》”，摘自第3-5页。

主运作、只信任自己的数据”的标准模式。美国许多州都拥有航天港，因此没必要全部利用联邦政府的航天港进行发射活动。在某些情况下，供应商更希望通过“租赁”方式，直接获得政府资金。例如，供应商希望得到更多 NASA 根据《美国太空法案》授予的合同，类似于商业再补给合同和载人飞船合同。另一个备受争议的政策与拨款领域是美国政府在商业卫星上托管有效载荷（HPL）。即使在供应商之间，对政府应资助领域和支持力度等问题也存在分歧。例如，有些供应商主张将多余的洲际弹道导弹用作商业发射器，而有些供应商对此表示反对。在 2016 年的专栏文章中，有两家公司的总裁提出了截然相反的观点。

轨道 ATK 公司航空系统集团总裁斯科特·莱尔（Scott Lehr）认为，如果美国解除目前针对退役洲际弹道导弹的禁令，美国企业将会重新获得相当大的小型卫星发射市场份额。俄罗斯的“第聂伯”和“罗科特”运载火箭、欧洲的“织女星”运载火箭，以及印度的“极轨卫星运载火箭（PSLV）”价格都远低于美国所有类似的运载火箭，所以已经大举进军小型卫星市场。“第聂伯”和“罗科特”运载火箭是重新投入使用的退役洲际弹道导弹，而“织女星”运载火箭和“极轨卫星运载火箭”是政府资助研制的运载火箭[67]。

维珍银河公司首席执行官兼总裁乔治·怀特塞德斯（George Whitesides）反对使用退役洲际弹道导弹发射小型卫星。他指出，目前的政策已在白宫和国会的支持下实施了 20 多年，该政策要求在将过剩的洲际弹道导弹用于卫星发射之前，国防部长必须确定这些洲际弹道导弹比现有的商业发射服务更具成本效益，并且不会与私营

---

[67] Scott Lehr，“评论版：中止对已退役洲际弹道导弹的禁令，可使美国公司重新夺回小卫星发射市场”，《太空新闻》，2016 年 4 月 5 日。http：//spacenews. com/op - ed - ending - ban - onretired - icbms - would - allow - u - s - companies - to - reclaim - smallsatellite - launch - market/。

部门构成竞争关系。怀特塞德斯认为，从本质上说，向市场倾销过剩的洲际弹道导弹，将会影响潜在市场，扼杀新太空企业开发新运载火箭的努力[68]。

海顿上将曾参与辩论，支持将退役洲际弹道导弹用作运载火箭，但他指出，这些导弹的价格不应影响商业供应商[69]。然而，确定“最佳价位”并非易事。2016年4月，众议院科学委员会召开听证会，听取了辩论双方针对这个问题的观点。

新太空，或推而广之，商业航天，在创新、运营、市场，以及最重要的投资领域迅速超越传统上由政府主导的太空业务。商业航天几乎在每个传统领域（包括发射，通信，气象，定位、导航与授时，遥感，甚至太空态势感知）都在取代政府和国家安全机构。此外，新太空企业在旅游、卫星维修、小行星或月球开发等领域正在挑战极限。随着这些商业活动的推进，新太空企业与现有法规、国际条约与协议，以及其他义务要求不断发生矛盾冲突，而且往往没有耐心应对协议要求的避免碰撞的传统或缓解碎片对环境的影响。私营部门正在积极推进太空活动，但一向缓慢而繁琐的联合国多边治理机制还是在2016年遇到了许多人担心的终极障碍。

联合国在太空问题上的多方面努力

联合国介入太空活动的历史悠久，长期以来一直致力于实现太空的和平利用。早在太空时代初期，就有人担忧，“太空可能成为超

---

⑱ George Whitesides，“评论版：在市场上倾销多余的助推器——阻碍商业太空复兴”，《太空新闻》，2016年4月5日。http：//spacenews. com/op - ed - dumping - excessboosters - on - market - would - short - circuit - commercial - spacerenaissance/。

⑲ 引自 Mike Gruss，“Hyten 试图找到使用多余洲际弹道导弹的‘最佳点’”，《太空新闻》，2016年4月16日。http：//spacenews. com/hyten - tries - to - find - sweet - spot - on - surplusicbm - issue/。

级大国之间激烈竞争的另一领域，也担忧仅有少数拥有必要资源的国家才有能力开发太空”[70]。这种担忧并非空穴来风。太空问题既关乎安全，又关乎发展，因此分别由联合国大会第一委员会和第四委员会参与处理相关问题。其中，前者负责国际安全事务，后者负责特别政治和非殖民化事务，后者参与太空活动的时间可追溯至1958年。在多年来与太空问题有关的工作方面，联合国具有特有的包容性，此外，在大多数情况下，需要基于共识开展相关工作。

目前，联合国的多边工作主要基于自愿性原则，因为对各国而言，特别是对美国而言，难以达成具有法律约束力的条约规范。然而公正地说，在大部分情况下，美国拒绝联合国条约的原因在于国内和全球政治问题导致各方制定的条款漏洞百出，并非美国试图制定一套完备的太空“规则”。长期以来，联合国裁军谈判会议一直致力于防止外层空间的军备竞赛。裁军会议始于1979年，是为多边军备控制和裁军协议谈判而设立的论坛，虽然裁军会议并非联合国的正式组织，但联合国大会通过的决议通常会提交该会议审议，而该会议也会每年向大会报告其活动情况。

例如，1981年，大会通过了两项关于谈判缔结“防止外层空间军备竞赛”的国际协定的决议。但从冷战初期开始，各方对国际协定的主要内容就存在分歧。由西欧和其他国家集团（WEOG）发起的决议希望通过谈判达成“禁止反卫星系统的有效且可核查的协定”，而由东欧和其他国家发起的决议则希望谈判重点关注禁止在外层空间部署任何类型武器[71]。鉴于太空技术的两用性质，两个阵营提

[70] “和平利用外层空间委员会历史”，联合国外层空间事务办公室。www.unoosa.org/oosa/en/ourwork/copuos/history.html。

[71] Paul Meyer大使（已退休），“裁军谈判会议和防止外层空间军备竞赛”，《裁军谈判会议和防止外层空间军备竞赛：简史》，裁军谈判会议讨论系列，裁军研究所项目，2011年4月。

出的协定均难以通过谈判达成共识，尤其在核心内容存在分歧时更是如此。此外，由于双方各执己见，因此难以通过谈判达成妥协，导致“防止外层空间军备竞赛”议题充满政治色彩，阻挠了相关工作的进展。

在冷战期间的某些阶段，美国和苏联认为签署和鼓励《外层空间条约》和《不扩散核武器条约》等多边条约对其有利，美国一贯奉行双边主义而非多边主义。事实上，美国在 1990 年曾表示，美国并不认为能够找到“切实可行的外层空间军备控制措施，以应对多边环境”[72]。在联合国大会第一委员会上，美国对《防止外层空间军备竞赛条约》决议的投票反映了美国一贯的反对态度。多年来，“防止外层空间军备竞赛”决议多次以压倒性多数票获得通过，但美国仍偶尔会与以色列、海地或帕劳等一两个国家弃权或直接投反对票。美国之所以反对多边谈判，主要是担心条约条款会影响其技术优势和导弹防御计划。但近期，美国已默许通过联合国多边谈判处理一些太空问题。

美国反对达成具有法律约束力的条约，而中国和俄罗斯则支持达成条约。中俄两国于 2008 年首次向裁军谈判会议提交了“防止在外层空间放置武器、对外层空间物体使用或威胁使用武力条约”（PPWT）草案，以禁止在外层空间部署武器。随后，两国又于 2014 年提交了该条约的修正草案。事实上，2014 年的修正草案仍然包含批评者针对 2008 年草案指出的许多缺陷和歧义[73]。中俄两国反对太空国际行为准则（ICOC），并公开表示，接受该准则将影响达成具

[72] 引自“安全世界基金会”，《资料简介：裁军谈判会议》，安全世界基金会，科罗拉多州。2009 年 7 月 28 日。参考同上，以及 Theresa Hitchens，《推进多边太空治理》，第 4 页。

[73] Michael J. Listner 和 Rajeswari Pillai Rajagopalan，“2014 年‘防止在外层空间放置武器、对外层空间物体使用或威胁使用武力条约’草案：一份存在相同及不同问题的新草案”，《太空评论》，2014 年 8 月 11 日。www. thespacereview. com/article/2575/1。

有法律约束力的条约。然而，相关规范已经失效，同时，出于政治原因仍然无法达成条约，联合国也可通过以下两种方式维护太空稳定：一是通过外层空间活动长期可持续发展工作组（LTS）向和平利用外层空间委员会提交报告，该委员会拥有83个成员国；二是通过联合国大会第一委员会开展透明和建立信任措施（TCBMs）的讨论。

和平利用外层空间委员会于1961年设立了科技小组委员会（STSC）和法律小组委员会。随后，科技小组委员会又于2010年设立了外层空间活动长期可持续发展工作组，目的是保护太空环境并制定一系列关于空间活动的“最佳实践”。工作组还下设四个专家组，实践做法旨在确立技术指导原则，各组在会议闭会期间进行磋商，涉及以下四项议题：1）可持续空间利用，为地球可持续发展提供支持；2）太空碎片、空间任务和工具，为共同的太空态势感知提供支撑；3）太空天气；4）针对太空参与者的监管制度和指导原则。由于太空技术具有两用性，因此，尽管工作组的谈判“并未正式涉及太空安全问题或太空的军事用途，但如果遵循这些指导原则，将对国家安全空间活动的开展产生实质影响。”[74]

2015年2月，在维也纳举行的科技小组委员会会议上，俄罗斯代表团提交了一份关于对太空“自卫权”官方解释的提案，使原本高效的谈判复杂化，阻碍了工作组的谈判议程[75]。此外，俄罗斯代表

---

[74] Hitchens，《推进多边太空治理》，第4页。

[75] 俄罗斯联邦，“根据《联合国宪章》实现对适用于外层空间的自卫权的统一解释，作为一个因素，以维持外层空间安全、无冲突环境和促进可持续且长期的外层空间活动”，2015年2月2日，上交至维也纳召开的第52届和平利用外层空间委员会、科学技术委员会会议的工作文件。

团还在正在审议的提案中加入了八项复杂的新原则[76]，并且拒绝接受任何情况下对于这些原则的任何讨论，坚持要求会议一字不差地接受原文，即使原文的英文译文十分冗长且难以理解。

太空政治往往受地缘政治的影响。随着俄罗斯“入侵”克里米亚，特别是对叙利亚采取行动后，美国与俄罗斯的关系逐渐恶化。俄罗斯奉行咄咄逼人的外交政策，普京总理同样也是强硬的民族主义者，决心恢复俄罗斯的超级大国地位。因此，俄罗斯有时对西方，尤其是美国支持的任何事务都持坚定的反对态度。

和平利用外层空间委员会和科技小组委员会领导层的目的是，帮助外层空间活动长期可持续发展工作组制定空间活动“准则”，并提交给 2016 年 6 月举行的和平利用外层空间委员会全体会议，以及同年秋季举行的第四委员会会议。为此，来自南非的工作组负责人彼得 · 马丁内兹（Peter Martinez）在 2016 年 2 月的工作组会议上提出了一种非常务实的推进方向，将准则按照与达成共识的接近程度进行了分类。其中，第一类包括 11 项“工作组非常接近达成共识的准则草案”；第二类包括 10 项“工作组有理由期望在当前工作计划内达成共识的准则草案”；第三类包括 7 项“工作组可能难以在当前工作计划内就所有内容达成共识的准则草案”[77]。为推进工作组进程，马丁内兹表示，可以不必等待所有准则达成共识，而优先推进那些已经达成共识的准则，较难达成共识的准则暂缓处理。

鉴于第一类中的 11 项准则已为各国所“接受”，马丁内兹将工

---

[76] 俄罗斯联邦，“旨在增进能够确保外层空间活动长期可持续性的概念和做法的优先方面、全面意义和功能方面理解的其他考量及建议”，2015 年 2 月 2 日，上交至维也纳召开的第 52 届和平利用外层空间委员会、科学技术委员会会议的工作文件。

[77] “外层空间活动长期可持续性”工作组主席，“关于外层空间活动长期可持续性准则草案发展方向的设想”，上交至维也纳召开的第 53 届和平利用外层空间委员会、科学技术委员会会议的工作文件，2016 年 1 月 28 日，第 2 页。

作重点放在推进涉及以下问题的第二类10项准则，其中包括：无线电频谱的利用，提供关于空间物体及其相关轨道运动的信息，太空碎片监测信息共享，以及对新发射物体与在轨运行的空间物体之间可能发生的交会进行发射前评估。因涉及空间物体登记等问题，第三类准则可能需要更多磋商。出于政治和法律原因，中国、美国、以色列和沙特阿拉伯等国对空间物体登记问题存在疑虑。在政治层面，这些空间物体可能涉及情报收集，因此各国并不希望公开其性质及位置。在法律层面，一旦发生事故或碰撞，此举也有利于相关国家规避潜在保险索赔责任。虽然第二类和第三类中的准则最终都必须达成共识，但工作组希望，在此期间同时推进其他需要达成共识的准则。

大多数国家接受了马丁内兹的建议。中国提交了一份关于外层空间活动长期可持续发展议题的立场文件，总体上支持这一进程和预期目标。文件表示，中方希望各国遵循相互理解、求同存异的原则，推动达成外层空间活动长期可持续发展工作组报告和准则的最终共识，并形成最终协议[78]。此外，加拿大、法国、德国、意大利、日本、罗马尼亚、瑞典、英国以及美国等国家也提交了一份工作文件，表示支持四个专家组对准则的分类，并建议成立一个新的专家组，以达成以下目的：

> 确定并评估相关国际惯例及程序，协调互通关于空间物体及其运动的监测信息，降低地球轨道上发生可能损坏航天器、导致任务损失或载人航天器航天员丧生的意外碰撞、解体或其他意外事件的概率，并推进有效应

[78] “中国关于外太空活动长期可持续性问题的立场文件”，第53届和平利用外层空间委员会、科学技术委员会会议，维也纳，2016年2月16日，第5页。

对措施[79]。

然而，遗憾的是，俄罗斯显然带着“搅局”的目的出席会议，并成功阻碍了这一进程。

俄罗斯提交了多份工作文件，其中包括题为“俄罗斯对欧盟为推进其外层空间活动行为守则草案而采取的举措和行动的评估”以及“旨在增进能够确保外层空间活动长期可持续性的概念和做法的优先方面、全面意义和功能方面理解的其他考量及建议”两份文件。正如中国、俄罗斯和巴西在太空国际行为准则（ICOC）谈判中的所作所为，这两份文件似乎都是为了争取工作组中发展中国家的支持为目的，并最终导致谈判失败。无论是俄罗斯提交的难以理解的英文工作文件，还是其夸夸其谈的发言[80]，俄罗斯均强调指出，这一进程只对少数国家有利，尤其有利于美国。尽管中国和巴西均公开支持马丁内兹根据准则分类推进工作，但俄罗斯仍坚持使用复杂晦涩的“准则”达成共识。俄罗斯拒绝出席非正式会议，而这是形成最终共识协议，对个别准则草案进行措辞修改的必要步骤。随后，俄罗斯表示不接受其他国家认可的准则草案，因为俄罗斯并未参与非正式讨论。

此外，值得注意的是，俄罗斯借此机会在其工作文件中使用了大量“严肃”的字眼指责美国。

> 这可被视为利用国内法规设计国际规范草案的典型案例。其本质是假借外太空行动自由之名（实质是本国

[79] “加拿大、法国、德国、意大利、日本、罗马尼亚、瑞典、英国和美国给‘太空物体和事件’工作专家组的建议”，第53届和平利用外层空间委员会、科学技术委员会会议，维也纳，2016年2月16日，第2页。

[80] 和平利用外层空间委员会的录音和文件：科技小组委员会，第53届会议，2016年2月15日至26日（由维也纳国际中心在线服务提供）。http：//myconference. unov. org/#！/Package/VI140830A？organization = UN。

的行动自由)，行“控制”之实；并用拒止利用外层空间之名，冠冕堂皇地剥夺他国对外太空的利用……众所周知，有些国家热衷于主宰外层空间，在其政策文件中处处充斥着领导者和优势等字眼，这种理念与先前确定的目标背道而驰。仅仅凭借技术优势（包括军事优势）等因素不足以建立主宰地位。事实上，这份文件无异于鼓励侵略计划，其本质是建立主宰和依附关系[81]。

俄罗斯还借机特别谴责了最近签署的《美国商业太空发射竞争法案》，称其严重违反了1967年的《外层空间条约》。

最终，俄罗斯成功阻止了就准则内容达成基本共识的努力，因此未能将提案提交给和平利用外层空间委员会2016年6月全体会议。但俄罗斯未能像在太空国际行为准则谈判中那样，影响发展中国家的立场。事实上，除了俄罗斯外，各国进行了积极接触，这种情况极为罕见。在多边会议上经常出现私下政治交易，中国、欧洲、日本和巴西［代表拉丁美洲和加勒比国家地区（GRULAC）］按照马丁内兹的计划，在第二类准则上取得了重大进展。许多国家都劝说俄罗斯重新考虑其立场，但俄罗斯始终不为所动。一些国家的代表团对未能推进临时性准则表示失望，因为除了通过政府专家组外，多年来并未取得任何工作成果，也未明确工作推进方向。

在2016年维也纳科技小组委员会上提交的几份工作文件参考了2011年透明和建立信任措施政府专家组（GGE）通过第一委员会完成的联合国工作。政府专家组报告明确表示，外层空间活动长期可持续发展工作组活动形成的准则：

---

[81] 俄罗斯联邦，“旨在增进能够确保外层空间活动长期可持续性的概念和做法的优先方面、全面意义和功能方面理解的其他考量及建议”，2015年2月2日，上交至维也纳召开的第52届和平利用外层空间委员会、科学技术委员会会议的工作文件，第2页。

> 具有与透明和建立信任措施相似的特征，其中一些可被视为透明和建立信任措施，另一些则可为落实政府专家组提出的某些透明和建立信任措施提供技术依据[82]。

因此，政府专家组为2016年科技小组委员会上提交的工作文件提供了依据。

政府专家组的15名成员由成员国提名，其中，联合国安全理事会五个常任理事国各占一席，其余席位由联合国根据各国申请和地域公平分配原则选出的国家填补，包括巴西、智利、哈萨克斯坦、尼日利亚、罗马尼亚、南非、韩国、斯里兰卡以及乌克兰。小组于2012年开始运作，由俄罗斯专家维克托·瓦西里耶夫（Victor Vasiliev）担任主席，并在美俄关系恶化之前，于2013年7月发布了第一份报告。该报告随后在第68届联合国大会会议期间通过。联合国裁军研究所（UNIDIR）前主任特丽莎·希钦斯对该报告的目的做出了如下解释：

> 政府专家组的工作与太空安全直接相关，应力求在各国之间建立相互理解和信任，以减少误解、误判和冲突的风险。报告给出了各国可以在单边、双边或多边行动中采取的基本透明和建立信任措施。该报告十分重要，因为这是多年来首份重点关注改善太空安全的联合国协议[83]。

尽管政府专家组在形成透明和建立信任措施准则方面非常成功，但在落实方面仍然困难重重，因为各国对准则的遵守完全基于自愿

---

[82] “政府专家组有关‘外层空间活动透明度和信任建立措施’的报告”，联合国大会，第68届会议，2013年7月29日，第13段。www. unidir. org/files/medias/pdfs/outer - space - 2013 - doc - 2 - a - 68 - 189 - eng - 0 - 580. pdf。

[83] Hitchens，《推进多边太空治理》，第5页。

原则。

报告首先概述了全球空间活动和形成透明和建立信任措施的必要性，随后介绍了措施的一般特征和基本原则，并解释了其性质和目的：

> 一般而言，透明和建立信任措施是各国政府分享信息的一种手段，目的是建立相互理解和信任，减少误解和误判，这有助于避免军事对抗，促进地区和全球稳定[84]。

此外，针对太空问题透明和建立信任措施的国际合作、协商机制、外联和协调，报告进行了评估与鼓励，其中包括以下几个具体方面：

- 交流有关国家太空政策与目标，以及太空方面军费开支的信息；
- 交流有关外层空间活动的信息，其中包括轨道参数、可能发生的交会、太空自然灾害以及规划的发射活动；
- 通知为降低风险而采取的措施，例如预定机动、不受控高风险物体再入、紧急情况以及空间物体在轨道上人为解体；
- 自愿参观发射场和指挥控制中心，展示航天技术和火箭技术[85]。

---

[84] 裁军事务署，《外层空间活动的透明和建立信任措施》，研究系列第 34 号，联合国，纽约，2013 年，第 11 页。

[85] Christopher Johnson，《联合国太空透明度和信任建立措施政府专家组》，“安全世界基金会”简介，更新于 2014 年 4 月。http：//swfound. org/media/109311/swf_ gge_ on_ space_ tcbms_ fact_ sheet_ april_ 2014. pdf。

总而言之，该报告建议各国和国际组织在自愿的基础上，通过相关国家机制，在尽可能切实可行并符合国家利益的情况下，审查、评估并落实政府专家组形成的透明和建立信任措施。该报告还强调借助各种联合国论坛实现机构、政府、组织之间持续对话的重要性。政府专家组希望，太空安全准则的制定能够惠及各方利益，并改变相关方行为。然而，安全困境的本质是，政治和恐惧有时会迫使各国采取不符合自身最大利益的行为。但共同的威胁，譬如近地天体与地球相撞的威胁，可以吸引各国实现合作。

2013 年 2 月会议期间，科技小组委员会近地天体工作组建议，设立空间任务规划咨询组（SMPAG）和国际小行星预警网（IAWN），上述建议在同年晚些时候获得了委员会和联合国的全力支持。“空间任务规划咨询组的主要目的是借助信息交流、创造机会进行合作研究与任务协同，使国际社会做好准备，以应对近地天体的威胁，并开展缓解近地天体威胁的规划活动。”[86] 两个小组的成立恰逢 2013 年 2 月 15 日车里雅宾斯克流星事件，事件发生时，科技小组委员会正在开会。

第一委员会和第四委员会还需要应对太空安全与可持续发展方面更为复杂的问题。根据 2013 年政府专家组关于太空问题透明和建立信任措施研究报告的建议，联合国大会通过一项决议，授权召开第一委员会和第四委员会联席会议，会议定于 2015 年 10 月举行。但遗憾的是，2014 年俄罗斯“吞并”克里米亚。因此，在举行联席会议时，大多数发言仅仅表明了对太空问题不妥协的外交态度。

一些发展中国家担心，有些国家会对天体提出主权主张，矛头直指小行星采矿等活动。绝大多数国家担心外层空间成为军备竞赛

---

[86] “太空任务规划咨询小组的职权范围”，《宇宙的门户》。www. cosmos. esa. int/web/smpag/terms - ofreference - v0。

的舞台，并将太空环境描述为“拥挤、对抗、充满竞争”[87]。但核心问题是如何避免此类军备竞赛。一些国家主张，应共同处理军事和民用活动，还有些国家则坚持应加以区分，由第一委员会负责安全相关事务，第四委员会负责民用航天活动。与以往一样，大多数国家支持通过包容和透明进程，形成具有法律约束力的条约，以实现第一委员会的最终目标，但也有一些国家更倾向于接受不具约束力且已达成共识的准则。

俄罗斯代表团借此机会再次谴责美国，并再次推动美国不会支持的建议，即不首先在太空部署武器的政治承诺。俄罗斯代表弗拉基米尔·叶尔马科夫（Vladimir Yermakov）在会上发言称：

> “目前，俄罗斯已具备能力，能清除外层空间国家间军事对抗的所有类型武器。”俄罗斯支持禁止在太空部署武器或使用武力，但一些成员国军事野心越来越大，这加剧了太空军事化威胁。1972 年美国与苏联签署《反弹道导弹条约》，但 2001 年美国单方面退出该条约，这为在外层空间部署武器“松开了束缚”，俄罗斯对此表示遗憾。为防止太空军备竞赛，俄罗斯发起了太空问题透明和建立信任措施的对话，并希望各国全面做出政治承诺，即不首先在太空部署武器。俄罗斯呼吁所有国家展现理智，并加入这项国际倡议，他宣称，“我们一定不要再重复历史错误”。美国是唯一表示希望拥有外层空间主宰地

[87] “第四委员会（特别政治和非殖民化）及第一委员会（裁军与国际关系委员会）举行联席会议，发言者强调需要整体处理外空安全、可持续性问题”，2015 年 10 月 22 日联合国大会会议报道，新闻稿号 GA/DIS/3531。www. un. org/press/en/2015/gadis3531. doc. htm。

位的国家，这便为使用武力打开了方便之门[88]。

美国退出《反弹道导弹条约》，并扬言要控制和支配太空，拒绝支持《防止外层空间军备竞赛条约》，甚至拒绝承诺“不首先部署武器”。这些行为体现了美国在太空问题上对全球的蛮横态度，俄罗斯十分乐于提醒各国加以关注。同时，俄罗斯还认为，在太空问题上，美国甚至放弃了道德制高点，俄罗斯的这一观点也得到一些国家的认同。例如，在代表不结盟运动发言时，印度尼西亚代表对美国退出《反弹道导弹条约》以及部署战略导弹防御系统表达了严重关切[89]。

据报道，美国的立场是，担心一些国家开发反卫星系统可能引发“危险的误判和误算”，并使冲突升级[90]，这与不能忽视升级问题的观点不谋而合。美国还拒绝了俄罗斯提出的建议，不肯做出“不首先在太空部署武器”的承诺，认为这不符合专家组标准，还拒绝了俄罗斯/中国提出的条约草案，声称存在“重大缺陷”。美国认为，鉴于空间资产具有两用性，如果仅限制天基武器，条约草案和“不首先部署武器”的承诺并无多大意义。有观点认为，美国的做派宛如一个大家长，对其他国家支持一项有缺陷的条约似乎报以宽容态度；还有些国家将美国视为一种阻碍。然而，针对大多数国家支持的措施，美国却不断加以拒绝，人们的这一观感，并不利于美国的形象。

---

[88] “第四委员会（特别政治和非殖民化）及第一委员会（裁军与国际关系委员会）举行联席会议，发言者强调需要整体处理外空安全、可持续性问题”，2015 年 10 月 22 日联合国大会会议报道，新闻稿号 GA/DIS/3531。www. un. org/press/en/2015/gadis3531. doc. htm。

[89] “第一委员会内部在通过具有法律或非法律约束力的协定以确保外层空间安全、可持续性方面出现分歧”。联合国大会会议报道，新闻稿号 GA/DIS/3532，2015 年 10 月 23 日。www. un. org/press/en/2015/gadis3532. doc. htm。

[90] 同上。

最终，对几项措施的投票很大程度上再次展示了当前的僵局。其中，第一项措施涉及不首先在外层空间部署武器问题。

> 决议草案……鼓励所有国家，特别是航天大国，应做出不首先部署太空武器的政治承诺。该草案以122票赞成、4票反对（以色列、乌克兰、美国、格鲁吉亚）、47票弃权的表决结果获得通过[91]。

委员会还呼吁所有国家，特别是拥有强大太空能力的国家，积极推进和平利用外层空间和防止外层空间军备竞赛。该决议以“173票赞成、0票反对、3票弃权（以色列、帕劳、美国）的表决结果”获得通过[92]。

联合国的工作十分重要，因为这促进了对话，并为解决全球性问题带来了可能。例如，应对近地天体威胁，甚至太空碎片威胁成为所有国家关注的问题。但联合国时常受到政治的左右，尤其是在涉及国家安全的问题上。

2016年3月，确保稳定利用外层空间国际研讨会在东京举行，担任政府专家组美国代表的助理国务卿弗兰克·罗斯对联合国的工作给出了正面评价：

> 推进透明和建立信任措施，应持续落实联合国政府专家组的相关建议。2013年政府专家组报告重点指出，自愿、不具法律约束力的透明和建立信任措施对加强太空稳定极为重要，该报告后来得到了联合国大会的一致通过。联合国持续鼓励所有国家尽力评估并落实2013年

[91] “第一委员会以能够反映复杂安全关切的投票方式，批准了关于外层空间裁军、大规模毁灭性武器方面的公文”，联合国大会会议报道，新闻稿号GA/DIS/3539。www.un.org/press/en/2015/gadis3539.doc.htm。

[92] 同上。

报告中的全部建议……同时希望与维也纳和平利用外层空间委员会的所有成员开展建设性合作，以便在2016年对外层空间活动长期可持续性原则达成共识[93]。

针对保持太空稳定性的指导原则、行为规范和规则问题，人们仍在观察美国的态度，是改变其在联合国的任何立场，还是讨价还价，抑或是做出保证，以展示美国的严肃态度？

美国总统或国防部多数官员也许不太熟悉在处理太空问题时联合国所用词汇，如科技小组委员会、外层空间活动长期可持续发展工作组、政府专家组、拉丁美洲和加勒比国家地区等，但美国的观点在联合国具有举足轻重的影响力，除非美国已做好充分准备，决定在太空问题上彻底采用单边主义立场。事实多次证明，忽视国际舆论对美国并没好处。太空问题极为复杂，涉及众多相关方，包括私营机构与各国政府，且各种角色纵横交织，只有充分协调各方立场，才能实现美国太空安全和太空发展的双重目标。凭借美国的体量和能力，美国的太空政策能影响全球所有国家。

在新太空计划飞速推进之际，美国以及越来越多不愿错过太空“淘金热”的国家，在政治因素的长期困扰下，举步维艰地向前迈进。原有规范成为新太空时代的巨大阻力，这充分表明制定“行为准则”乃至“交通规则”的重要性。继2016年2月外层空间活动长期可持续发展工作组会议之后，形成太空长期可持续发展多边主义准则的希望更加渺茫，但曙光尚存。俄罗斯在2月表示，不会出席同年6月的会议，使达成共识断无可能，然而事实证明，外交努力取得了成功，俄罗斯代表最终出席了会议，这表明坚持不

[93] Frank A. Rose，“在国际研讨会上就‘确保稳定利用外层空间：加强太空安全及弹性’的讲话”，“利用外交手段，以促进外层空间环境的长期可持续性和安全性”，日本东京，2016年3月3日。www. state. gov/t/avc/rls/253947. htm。

懈的外交努力的价值。地缘政治固然对太空问题协商具有一定影响，但各国为维护自身利益，也同样给太空问题的解决带来了积极影响。与此同时，似乎越来越多的国家认识到，实现太空稳定符合自身利益。

第七章　处于转折点中的太空

因为战争始于人的思想，所以必须构筑捍卫和平的思想。

——联合国教科文组织章程

1957 年，第一颗人造地球卫星斯普特尼克号发出一声简单的电波，宣告其成功进入轨道。仅仅 12 年后，人类便在月球上迈出了第一步。因此，当时很多人都认为，人类很快就能建立月球殖民地，探索行星扩展人类的视野会成为寻常之事，短期内便能完成超出想象的技术进步。所有这些似乎都是理所当然。然而，从最后一次阿波罗号登月飞行到首次航天飞机升空却相隔了 9 年之久，从里根总统宣布建立空间站，到 2000 年第一批航天员长期驻留国际空间站也相隔了 16 年之久。太空开发的速度远低于许多人的预期。

与阿波罗时代相比，到了距斯普特尼克升空近 60 年之后的 2016 年，太空探索和开发的前景大有不同，然而遗憾的是，人类雄心壮志却有增无减。如果国会能够持续提供所需资金，NASA 希望在 2035 年之前将人类送上火星。新太空计划的参与者就像科幻电影中的主角“巴克 · 罗杰斯”和“汉 · 索罗”，他们被比作工业时代早期的亨利 · 福特（Henry Ford，汽车大王）和科尼利厄斯 · 范德比尔特（Cornelius Vanderbilt，美国铁路之王），是太空领域的领路人。

他们刚刚开始在这些领域获得重大进展，但由于投资者对潜在利润和太空环境的稳定性仍抱有怀疑，所以他们能否长期坚持下去仍存在不确定性。人们这种担忧并非空穴来风，因为在愿意接受风险的国防部官员和研究人员看来，在针对太空前景的预测中，唯一可以确定的一点是太空将成为一个战场。他们已做好了战斗准备，甚至有人现在就已经开始讨论作战计划，以应对一场有限且可接受的太空战。

太空当前正处于转折点，而太空民主化将在这一决定性时刻发挥重要作用。未来几年的发展会在很大程度上改变太空活动主要领域的状况：要么发展，要么毁灭。1999 年，托马斯·弗里德曼（Thomas Friedman）在其著作《雷克萨斯汽车与橄榄树》中①，谈到了因全球化而在世界范围内发生的各种“民主化”，或者说是“传播”，这种民主化涵盖了信息、技术和金融领域。互联网传播的信息良莠不齐。2012 年世界银行发布报告，称全球已有 75%的人口拥有手机②。小额贷款使发展中国家的个人能够获得曾经遥不可及的资金。这些民主化使控制更加困难，同时因传播而产生的问题也需加以研究并寻求管理方法。2015 年，兰德公司的教授戴夫·拜奥奇（Dave Baiocchi）和威廉·韦尔泽四世（William Welser Ⅳ）在《外交事务》上发表文章，同样论述了因“太空民主化”而产生但却被忽视的问题③。他们认为，国家和非国家行为体都将被卷入所谓的“新太空竞赛”，而非国家行为体的野心也许不会仅仅止步于参与商

① Thomas Friedman，《雷克萨斯汽车与橄榄树》，法勒、斯特劳斯和吉鲁出版社，纽约，1999 年。

② “全球四分之三人口拥有手机”，世界银行新闻公告，2012 年 7 月 17 日。www. worldbank. org/en/news/press - release/2012/07/17/mobile - phone - access - reaches - three - quarters - planets - population。

③ Dave Baiocchi，William Welser IV，“太空民主化”，《外交事务》，2015 年 5/6 月刊。www. foreignaffairs. com/articles/space/2015 - 04 - 20/democratization - space。

业活动。

> 非政府组织可能会开始采取一些行动破坏政府目标。如果一个激进的亿万富翁想要提高透明度，他可以部署卫星星座来监控世界范围内的军队动向，并把信息发布在推特上。犯罪集团可以利用卫星监控执法模式从而逃避抓捕，通过政变上台的军政府也可以利用卫星追踪敌军④。

作者指出，这些可能性让政府之前很少考虑的问题都浮出了水面。但是，如果一个国家无法深谋远虑，这些问题很可能会成为难以逾越的障碍。

鉴于人们还没有跨越太空武器的门槛，以及尽管许多国家都在开发相关能力，但还没有哪个国家的太空能力能够对美国的太空作战能力构成实际威胁，因此应静下心来，认真反思如下问题：美国付出的努力是否符合其最终目标？如果答案是肯定的，就必须提供足够的资金人力加以实施。美国无法靠一己之力左右局势发展，但作为全球太空域尤其是军事太空方面的主导者，美国的所作所为会对其他国家产生影响。然而，美国目前过分强调战争计划、支配地位和控制权，这只会激怒潜在对手，并使美国太空资产成为其他国家的首要打击目标。鉴于美国比对手更依赖这些资产，这无疑会成为其他国家的不二选择。因此，美国必须“做正确的事情”。“做正确的事情”并不意味着要把空军变成 NASA 或海岸警卫队，带头发展进攻性反太空能力，签署存在致命缺陷的《防止在外空部署武器条约》，或者退出《外层空间条约》。然而，“做正确的事情”确实

④ Dave Baiocchi，William Welser IV，“太空民主化”，《外交事务》，2015 年 5/6 月刊。www. foreignaffairs. com/articles/space/2015 - 04 - 20/democratization - space，第 100 页。

要求美国具有胆略，在外交上积极主动，恰当利用全方位多重威慑，在言辞上克制，并重新占据太空域的道德制高点。这些要求中有许多是重叠的。对具有杰克逊民粹主义倾向的个人和组织来说，这种思路可能会像奥巴马总统“不做蠢事”⑤ 的外交政策一样有吸引力，因为这一思路并没表现出美国例外的姿态。但只要能实现所希望的结果，得到一个稳定的太空环境，从而令美国拥有行动的自由，放弃霸权神话也并非是一个不可接受的代价。

具备胆略

2015 年，海军战争学院教授莱尔·戈尔茨坦（Lyle Goldstein）出版了新书《相向而行：如何缓和美中之间日渐显现的竞争关系》⑥。他在书中提出了与中国打交道的新方法，可用于消解对抗，甚至实现再平衡或转向，这不同于以往声称冲突不可避免的论调。这是思考中美关系的一种新方式，而不仅仅是调整过去的战略，使其更强硬或更柔软。这是用务实方式处理中国问题的尝试。美国对待中国的方式应效仿美国与沙特阿拉伯、以色列、俄罗斯、阿曼、巴基斯坦等国家的相处之道，美国虽然希望改变上述国家政府的结构或政策，但也会设法与这些国家进行互动，因为这符合美国的国家利益。试图通过美国的外交政策从根本上改变中国政治形态是徒劳的，与此同时，因为中国政治形态或政策等因素而拒绝与中国打交道并不符合美国的利益。应基于美国的长期利益对待中国，而不

⑤ David Rothkopf，“奥巴马‘不做蠢事’外交政策”，《外交政策》，2014 年 6 月 4 日。http：//foreignpolicy. com/2014/06/04/obamas - dont - do - stupid - shit - foreign - policy/。

⑥ Lyle J. Goldstein，《相向而行：如何缓和美中之间日渐显现的竞争关系》，乔治敦大学出版社，华盛顿特区，2015 年。

是像艾利森所说的那种“有病乱投医”的权宜之计（见第三章）[7]。戈尔茨坦建议美国应试图化解恶性竞争导致的安全困境，并用“加强合作”取而代之，从而“提供双边政策‘举措’，以便美国在应对一系列棘手问题上取得实质性进展。”[8]

戈尔茨坦坦承，推动双边或多边合作存在困难，但他认为，利益、互惠和其他好处会成为强大的推动力。他引用了政治学家罗伯特·阿克塞尔罗德（Robert Axelrod）和罗伯特·基欧汉（Robert Keohane）的观点：“哪怕在纯粹的利己主义群体中，投桃报李等基于互惠的战略也能够有效促进合作……”[9] 阿克塞尔罗德和基欧汉将多数太空参与者描述为利己主义者，获得太空能力是为了拥有地缘战略声望和各种优势。虽然利己主义者天生不信任他人，但只要出于自身利益，他们仍会做出妥协。而相互交往是促进共同利益的先决条件，因此与包括中国在内的所有其他航天国家持续开展定期互动符合包括美国在内的所有航天国家的利益。

戈尔茨坦在论述加强合作方面，重点关注如何在美国和中国之间构建更广泛的战略关系。他建议展示一种积极姿态，“美国应启动与中国实质性的太空合作”[10]，并给出了这一建议背后的依据。戈尔茨坦认为，太空力量在未来几年有望成为地缘政治的“硬通货”，他还认为中国科学家独立开展研究工作会带来威胁，另外 1975 年的阿

---

⑦ Graham Allison，“修昔底德陷阱：中美正在走向战争?”，《大西洋月刊》，2015 年 9 月 24 日。www. theatlantic. com/international/archive/2015/09/united - states - china - war - thucydides - trap/406756/。

⑧ 同上，第 12 页。

⑨ Goldstein，《相向而行：如何缓和美中之间日渐显现的竞争关系》，第 13 页，引自 Robert Axelrod 和 Robert Keohane，《无政府状态下的合作：战略和制度》，登载于《新现实主义和新自由主义：当代辩论》，David A. Baldwin 编，哥伦比亚大学出版社，纽约，1993 年，第 85 - 89 页：101，103。

⑩ Goldstein，《相向而行：如何缓和美中之间日渐显现的竞争关系》，第 349 页。

波罗-联盟号的成功对接展示了合作的重大意义。他还指出，合作“有助于实现凭一国之力难以独立完成的项目，如火星任务，因为这项任务对任何一个航天国家来说费用不菲。”[11] 由于沃尔夫修正案，支持中美太空合作的各方最近人心惶惶，他们十分乐见在2015年举行的中美民用航天合作首次对话[12]，但同时对美国外交政策过于受制于意识形态表示失望，在这种氛围下，甚至连启动对话都被视为是一项大胆的政策举措[13]。

最近，中国和美国都将对方视为太空竞争对手，但缺乏稳定的太空环境，对双方都没有好处。中国与其对美国太空资产发起不对称动能攻击（这会将中国的卫星置于风险之中），不如将太空视为实现信息化的重要途径，从而保障国防安全。此外，阻碍2016年旨在促进联合国达成共识的既不是美国也不是中国，而是俄罗斯。对这一问题，戈尔茨坦再次引用了阿克塞尔罗德和基欧汉的观点，指出“在世界政治中，能促进对手开展合作的最大原因常常是‘第三方势力的举动’。”[14] 外空透明与建立信任措施（TCBM）符合中美两国的利益。与中国的合作可能会为美国和中国打开一扇窗，以便两国能够共同努力，阻止俄罗斯对联合国相关努力的不断阻挠，并让航天大国能够朝着同一个方向迈进。这还有助于大大减少美国再次转向太空霸权主义的动力，并促进太空稳定，这也是实现安全和商业目标的必要条件。

2015年美国通过的《美国太空法案》，表明了其支持商业太空

---

⑪ Goldstein，《相向而行：如何缓和美中之间日渐显现的竞争关系》，第350页。

⑫ 发言人办公室，“中美对话首次会议”，美国国务院，2015年9月28日。www.state.gov/r/pa/prs/ps/2015/09/247394.htm。

⑬ Joan Johnson - Freese，“在太空中发现：合作”，中美聚焦，2015年10月9日。www.china.usfocus.com/foreign - policy/u - s - china - space - cooperation - a - welcome - dialogue - begins/。

⑭ Goldstein，《相向而行：如何缓和美中之间日渐显现的竞争关系》，第13页。

开发的明确意图。但相比美国，中国更有可能成为下一个实现载人或无人登月的国家，并可能已经具备或即将具备月球采矿的技术能力。鉴于美国自己追求商业航天活动的明确意图，美国很难反对或限制中国发展商业航天能力。当年欧洲为掌握发射自主权而研发了阿丽亚娜系列火箭，美国曾试图限制欧洲在通信卫星领域的竞争，但最终却损失了相当一部分商业发射市场。考克斯（Cox）委员会彻底失败后，限制向中国出售卫星的做法又一次让美国卫星产业付出了沉重代价。另外，有一种新的思路认为“中国也许会是一个优秀的全球合作伙伴，可以与美国和欧盟一道引领商业航天开发，以造福全人类”⑮。欧洲和中国已在多个政府和私人太空领域实现了合作，并计划在未来开展更多合作。与试图孤立中国相比，与中国合作让美国有更多机会在行为规范方面达成共识，并实现太空的和平利用。当今世界航空航天产品供应链已经实现了全球化，孤立中国是一项不可能完成的任务。

因此，鉴于商业航天开发的巨大潜力，与其为了平息极少数极其激进的国会议员的愤怒而谨小慎微地推进中美太空合作，不如双方都做出巨大让步，开诚布公地进行讨价还价，以获得潜在的巨大收益。长期以来，维持中美关系一直被认为是保持全球化的关键，这对两国的经济都至关重要⑯。从这个意义上说，与中国的太空合作成为加强合作螺旋和安全倡议不可或缺的组成部分，就像冷战时期的阿波罗计划一样。不过阿波罗计划是两个超级大国竞争的产物，而与中国的合作则显而易见是美中力量转移过程中一个重要内容。

⑮ Vid Beldavs，“中美太空合作展望”，《航天评论》，2015年10月7日。www.thespacereview.com/article/287c/1。

⑯ Thomas P. M. Barnett，“总统先生，如何使您的第二个任期更具意义，保护你的遗产，哦，创造一个值得生活的未来”，《时尚先生》，2010年8月18日。http://thomaspmbarnett.com/globlogization/2010/8/18/blast-from-my-past-mr-president-heres-how-to-make-sense-of-y.html。

众多学者都在思考应该如何应对中美力量转移问题，旨在避开艾利森所说的“修昔底德陷阱”。2012 年，前澳大利亚国防部官员休·怀特（Hugh White）在其著作《中国的选择》[17] 中指出，美国和中国应该在亚洲地区分享权力，因为美国对保持地区主导地位的追求与中国对平等地位的追求存在内在矛盾。2014 年，美国前副国务卿兼副国家安全顾问詹姆斯·斯坦伯格（James Steinberg）和布鲁金斯学会研究员迈克尔·奥汉隆（Michael O' Hanlon）在他们的著作《战略保证和决心》[18] 中同样支持中美两国相互“约束”的观点。这几位学者的观点与多边太空安全准则大同小异，都重视每个国家可能单方面选择采用的非正式约束。理想情况下，这些约束有助于实现制约，使长期双边合作得以持续。他们还重视“强制力”“透明性”和“弹性”等策略。强制力意味着采取行动，使承诺的保障更加可信。透明性有助于各国了解彼此的能力。如果他国选择先发制人或将态势升级，那么必要的弹性可以保护各方不容易受到影响。这些概念类似于太空稳定对可核查、透明性和弹性的要求。最近，乔治·华盛顿大学教授查尔斯·格拉瑟提出，美国应与中国进行一次大交易，接纳中国在亚洲的崛起，同时加强美国安全。

> 既要接纳中国的崛起，同时还要降低风险，最有可能的方式是与中国进行一笔大交易：美国需要终止其保卫台湾的承诺，作为回应，中国则要和平解决其在南海和东海的海上争端，并正式接受美国在东亚的长期军事安全角色。从广义上讲，美国还有其他三种选择：单边接纳、与亚洲大国协调，以及当前美国的亚太再平衡战

[17] Hugh White，《中国的选择》，布莱克出版社，澳大利亚维多利亚州科林伍德市，2012 年。

[18] James Steinberg，Michael O'Hanlon，《战略保证与决心》，普林斯顿大学出版社，新泽西州普林斯顿市，2014 年。

略。单边接纳和再平衡都具有一定优势，选择任何一个都可以帮助美国脱离险境，但综合各方面考虑，大交易是目前美国的最佳选择[19]。

中美战略大交易可从一笔太空大交易着手。

上述设想并非首次提出。2008 年，特丽莎·希钦斯和大卫·陈（David Chen）就曾提出这种设想[20]，并谈到美方可利用的谈判筹码：

参与国际空间站，开展联合探测任务，修改美国限制商业卫星硬件销售的政策，允许中国提供发射服务。作为交换，中国也许愿意限制会导致太空战略误判的行为，同时限制发展某些形式的反太空能力[21]。

此外，或许这些学者期待新一届政府有所改变。但在 2007 至 2008 年，新政府的工作重点是应对金融危机和中东的持续困境，这一点无可厚非。虽然希钦斯和陈当时提出的一些谈判筹码已经没有实际意义，但现在有更多更大的谈判筹码可以进行讨价还价，中美两国对各自的利弊得失心知肚明。

美国必须做出的最大让步就是让中国成为 NASA 火星任务的合作伙伴，类似于苏联解体后俄罗斯在国际空间站的角色。中国长期以来梦寐以求加入航天国家的国际大家庭，虽然遭到了国际空间站的拒绝，但火星任务可为中国保留一席之地。中国将因此赢得国内信誉、地区声望和国际尊重。美国在处理国际关系中似乎常常不知尊重为何物，弗里德曼对此曾警告道，“在国际关系中，羞辱具有不

---

⑲ Charles Glaser，“中美大交易?”，《国际安全》，第 29 卷第 4 期，2015 年春，第 49 - 90 页。https：//www. wilsoncenter. org/article/us - china - grand - bargain。

⑳ Theresa Hitchens，David Chen，“打造中美太空‘大交易’”，《太空政策》，第 24 卷第 3 期，第 128 - 131 页。

㉑ 同上，第 130 页。

可低估的破坏力。”[22] 百年屈辱给中国人心理带来巨大影响。全球民意调查显示，中国的国际形象褒贬不一，中国领导人对此并非视而不见。“虽然中国的经济实力令世界瞩目，但政治制度和重商主义常成为敌对势力攻击中国的借口。”[23] 美国可以利用中国渴望得到尊重的心理，进行一笔双赢的大交易。国际社会一直期待参与火星计划，但中国表现并不积极，更不用说发挥领导作用了。

目前，火星探索计划基于 NASA 的国际和商业伙伴关系，也借鉴了在国际空间站上吸取的大量经验教训。NASA 表示火星计划与全球探索路线图（GER）一脉相承。2011 年，国际太空探索协调工作组（ISECG）的多国太空机构首次制定了全球探索路线图[24]。尽管中国也是工作组成员国，但并没有参与全球探索路线图最初的制定工作。一般认为，全球探索路线图的制定反映了“国际社会合作进行太空探索任务的一种尝试，旨在以国际空间站作为起点，继续进行月球、近地小行星和火星探索[25]”。由于中国一直被禁止加入国际空间站，也不允许 NASA 与中国在太空领域进行双边合作甚至交流，因此从政治层面看，中国最初被排除在该组织之外并不奇怪。但实际上，纵观中国雄心勃勃的太空计划，排挤中国的做法十分荒唐。2013 年，中国国家航天局局长马兴瑞表示，如果受到邀请，中国很

[22] Thomas L. Friedman，“羞辱因素”，《纽约时报》，2003 年 11 月 9 日。www. nytimes. com/2003/11/09/opinion/the - humiliation - factor. html。

[23] David Shambaugh，“中国软实力推动：寻求尊重”，《外交事务》，2015 年 7/8 月，第 99 页。www. foreignaffairs. com/articles/china/2015 - 06 - 16/china - s - soft - power - push。

[24] “常见问题解答”，国际空间探索协调工作组。www. globa. lspaceexploration. org/ wordpress/？page_ id=257。

[25] 国际空间探索协调工作组，《全球探索路线图》，NASA，华盛顿特区，2013 年 8 月。https：//www. nasa. gov/sites/default/files/files/GER - 2013_ Small. pdf。

乐意加入这项计划[26]。自此，中国被纳入其中[27]。根据沃尔夫修正案，这种情况并无不妥，因为全球探索路线图是一项多国协作，而不属于双边合作。这一多边机制可以成为合作基础。

然而，中美之间的太空“大交易”还存在一个极具讽刺意味的潜在问题需要考虑：中国之所以仍对是否参与火星计划犹豫不决，是因为中国认为美国国会的预算缺乏保障，此外，政治因素也会影响计划的实施。早在 20 世纪 80 年代，在多边合作中，美国就被视为一个表现不佳的“太空伙伴”，美国在国际太阳极地任务（ISPM）和国际空间站[28]中的表现便是具体例证，中国人对此肯定有所了解。因此，无论是投资方面还是在象征意味上，美国都需要对联合火星计划做出郑重承诺。

有些人对外交姿态和象征性声明不屑一顾，他们总认为缺乏信用的国家的口头承诺毫无意义，因为他们恬不知耻。但就可信度而言，究竟哪国信用不佳也是一个视角问题。在美国取消 ISPM 航天器后，欧洲方面对美国对国际空间站的投资承诺持怀疑态度。他们担心美国会再次言而无信，欧洲却没有法律追索权，因为没有任何国际协议、条约或行政协议可以确保美国按约投资。美国国会是唯一有权决定拨款的机构。因此，欧洲国家坚持认为，正在谈判的政府

㉖ 引自 Peter B. de Selding，“中国国家航天局局长表示，如果被邀请，中国将很乐意加入太空探索路线图组织，”《太空新闻网》，2013 年 9 月 23 日。http：//spacenews.com/37360cnsa - chief - says - china - would - gladly - join - global - space - roadmapping - group - if/。

㉗ Kathleen C. Laurini、Bernard Hufenbach、Juergen Hill 和 Alain Ouellet，“全球探索路线图和扩大人类-机器人探索任务的合作机会”，第 66 届国际宇航大会，耶路撒冷，2015 年。www. globa. lspaceexploration. org/wordpress/wp - content/uploa. ds/2015/10/GER - HR - Jerusalem - paper - vfinal. pdf。

㉘ Joan Johnson - Freese，“国际太阳极地任务”，《太空政策》，第 3 卷第 1 期，1987 年 2 月，第 24 - 37 页；Wulf von Kries，“空间站合作失败?”《太空政策》，第 3 卷第 1 期，1987 年 2 月，第 10 - 12 页。

间协议应通过签署国法律承诺、昭告天下和国会决议背书等机制得到“直观强化”。他们希望当美国再次试图违背承诺时，有能力让美国难脱干系，从而使合作能够延续。为了能与中国合作完成火星探索，美国很可能需要再次以上述方式敲定中美双边协议。

此外，美国必须承诺像对待安全项目一样进行拨款，而不是像对待科学探索项目那样可有可无。需要增加新的预算以满足合作所必需的结构性和组织成本，并确保时间计划的稳定性，而不是NASA内部进行项目资金再调配。新增资金将流向大型航空航天承包商以及新太空企业，这些企业的公司结构与武器项目承包商有所不同。

从太空投资回报来看，无论是投入产出还是技术开发，太空探索和开发都是美国政府的一项良好投资。这就引出了一个问题，为什么公众并不支持太空投入？原因很简单，就是缺乏了解。2007年一项民意调查显示，美国民众认为NASA占据美国预算的25%，而事实上只有0.58%[29]。2013年，非营利组织“探索火星”和航空航天承包商波音公司联合进行了一项民意调查，询问公众是否支持将1%的联邦预算用于火星任务，高达76%的人表示支持，这一数字是NASA预算的两倍[30]。

大多数民意调查重点关注公众对增加或削减太空投入的看法，但公众实际并不了解具体投资去向，所以他们通常选择“减少投入”。因此无需不断宣扬世界末日，或在电视上播出各种桥段，影射

---

[29] Phil Plait，“NASA的预算远远超出了美国人的预期”，《发现》，2007年11月21日。http：//blogs. discovermagazine. com/badastronomy/2007/11/21/nasas - budget - as - far - as - america. ns - think/#. Vv6bi6vleII；在阿波罗计划期间，NASA占联邦预算的比例达到了4%。

[30] Curtiss Thompson，“民意调查显示，绝大多数美国人支持将NASA火星任务的预算增加一倍”，Penny4NASA。www. penny4nasa. org/2013/05/15/poll - americans - overwhelininglysupport - doubling - nasas - budget - mission - to - mars/。

太空珍珠港事件迫在眉睫，利用公众的恐惧达成目的；而只需要告知公众，民用航天项目的实际投入以及太空开发带来的切实好处，太空开发同样有利于美国的长期利益。尼尔·德格拉斯·泰森（Neil deGrasse Tyson）就是上述理念的积极宣传者㉛；然而，与太空战新闻相比，这类信息对公众缺乏足够的吸引力，更难引起公众的共鸣。

主动外交

邀请中国加入火星探索，有望换来中国对《外空活动长期可持续性准则》的积极支持。《外空活动长期可持续性准则》是一个良好开端，不仅可视为行为准则，同样也是“太空交通规则”，有助于维持太空稳定，这也是美国所乐见的目标。美国与中国的合作对俄罗斯等国具有外交说服力。

NASA 的火星探索任务可以采用类似于国际空间站的管理系统，以美国和中国为核心，并纳入有兴趣和能力的国家。如果条件合适，且征得各方都同意，俄罗斯最终可能会加入。这种安排还能借鉴国际空间站获得的许多“经验教训”㉜。例如，可以效仿国际空间站的做法，通过贡献大小处理技术转让问题。这种设计可以让美国和中国双双受益，因为在美俄关系紧张的情况下，两国仍在国际空间站实现了合作。中国科学家就不必闭门造车，只要与美国保持良好关系，就能获得利益，美中两国通过利益纽带联系在一起。而在过去，

㉛ Chris Barth，“尼尔·德格拉斯·泰森：投资 NASA，投资美国经济”，福布斯，2012 年 3 月 13 日。www.forbes.com/sites/chrisbarth/2012/03/13/neil-degrasse-tyson-invest-in-nasa-invest-in-u-s-economy/#41e8576925dc。

㉜ Kathleen C. Laurini、Georgy Karabadzhak、Naoki Satoh 和 Bernard Hufenbach，“国际空间站（ISS）的经验教训及其对人类探索近地轨道外准备工作的影响”，第 62 届国际宇航大会，南非开普敦，2011 年。www.globalspaceexploration.org/wordpress/wp-content/uploads/IAC62/IAC-11.B3.2.1%20ISECG%20ISS%20Lessons%20Learned.pdf。

中国没有任何理由保持这种关系。总而言之，美国和中国在太空领域的这种巨大交易可以显著提升美国的多重威慑能力。

多重威慑

多重威慑包含三项基本要素：首先能让被威慑的一方或多方得到收益；还需要向被威胁方传递适当信号，警告他们如果不接受威慑会有何得失；最后，威慑方具备可靠能力，能够切实带来相应利益和威胁。虽然美国在过去已清楚认识到分层防御的好处，并一直声明有能力应对威胁，但在其他领域仍有相当大的进步空间。仅仅以报复相要挟是不够的。正如兰德公司卡尔·穆勒（Karl Mueller）研究员所言："如果敌人已经一无所有，那么即使极为冒险的行动也强过维持现状。"[33] 从这个视角看，外界认为，在太空技术方面，美国目前拥有的优势任何国家都难以与之匹敌，因此美国有能力决定其他国家利用太空的方式。通过主动外交实现相互制约，通过国际规范和利益纽带形成威慑，这些手段都能发挥重要作用。

积极主动的决策需要投入人力和财力。大致了解一下美国国务院和国防部在外交上投入的资金和人力，与军工复合体所占有的资源相比，会很有启发性。国务院负责军备控制、核查与合规性检查的助理国务卿负责领导太空相关的外交事务。军备控制、核查和合规性检查办公室负责"与执行某些国际军备控制、不扩散和裁军协定和承诺有关的所有事务，包括条约执行委员会的人员配备和管理[34]"。军备控制、核查和合规性检查办公室负责核武器、生物武器

---

[33] Karl Mueller，"绝对武器和终极制高点：为什么核威慑和太空威慑惊人地相似，而又截然不同"，《反卫武器、威慑和中美太空关系》，Michael Krepon 与 Julia Thomas 编，史汀生中心，华盛顿特区，2013 年 9 月，第 41－60 页中第 43 页。

[34] "军备控制、核查与合规性检查办公室（AVC）"，美国国务院，www. state. gov/t/avc/。

和化学武器军控以及所有相关问题。新兴安全挑战办公室是一个负责太空问题的军备控制、核查和合规性检查部门；该办公室还负责处理导弹防御问题，促进网络安全方面的透明度、合作与互信。截至2013财年，军备控制、核查和合规性检查办公室的拨款为3120万美元，共141名人员[35]，负责所有上述事务的管理领导工作。

与之形成鲜明对比的是，2015财年，由国防部和国家情报总监办公室（ODNI）联合开展的太空安全和防御这一项目拨款金额就高达3230万美元。据称该项目"包含各种卓越思路和策略（装备、非装备、跨职权、跨领域），有助于使国家安全太空（NSS）事业更具弹性和持久性。"[36] 太空安全和防御项目的大部分资金用于开发进攻性太空控制手段。所以总体来看，美国用于所有全球太空外交活动的预算与五角大楼内部智囊团用于制定太空对抗战略的预算相差无几。

在五角大楼，负责太空政策的副助理国防部长负责领导所有相关事务，包括外交事务。太空政策办公室的职责是：

> • 制定政策和战略，应对日益拥挤、对抗和充满竞争的太空所带来的挑战。
>
> • 与情报机构和其他部门一道，落实国防部各类计划、项目、条令和行动。
>
> • 与盟友和其他航天国家一道，建立规范并增强美国能力[37]。

---

[35] 美国国务院和广播理事会，《军备控制、核查与合规性检查办公室审查》，美国国务院监察长办公室，弗吉尼亚阿灵顿，2014年6月。https：//oig. state. gov/system/files/228996. pdf。

[36] 太空安全与防御计划的预算项目理由，2014年3月。www. globalsecurity. org/military/library/budget/fy2015/usaf－peds/0603830f_ 4_ pb_ 2015. pdf。

[37] "国防部负责太空政策的副助理部长：任务"，负责政策的国防部副部长。http：//policy. defense. gov/OUSDPOff ices/ASDforHomelandDefenseGlobalSecurity/SpacePolicy. aspx。

太空政策办公室的职责还包括审查太空采办事务，因此，只有少数人实际参与多边外交工作，例如，负责参与联合国外交谈判或其他类型外交谈判的顾问。此外，五角大楼机构膨胀导致指挥链过于冗长，部门间关系纵横交错且都强调自己部门工作的重要性。负责太空政策的副助理国防部长向负责国土防御的助理国防部长汇报，后者向负责国土防御和全球安全的首席副国防部长汇报，后者再向负责国防政策的副国防部长汇报。其他政府机构也有许多部门负责太空事务，尤其是空军和情报部门，他们彼此既协作又竞争。总的来说人少面广。

美国政府层面的太空外交事务需要获得授权、人力资源和配套预算。外交事务，尤其是多边外交事务，可能会耗费大量时间和人力，并且最终结果并不总是如人所愿；而美国最缺乏的恰是耐心。联合国外太空活动长期可持续性工作组最近的经历可以解释美国缘何不喜欢多边主义。由于发展中国家一直拒绝签署国际行为准则，在该小组的主持下，在过去五年间，各国努力制定技术准则，以进行相互制约。然而，在 2016 年 2 月的外太空活动长期可持续性工作组会议上，由于俄罗斯的阻挠，导致所有努力前功尽弃。

2016 年 6 月，尽管莫斯科扬言要抵制后续的外层空间委员会会议，但他们雷声大雨点小。事实上，会议取得了切实进展，外太空活动长期可持续性工作组提交的 12 大指导方针获得通过[38]。根据 6 月会议通过的两年期工作计划，这些指导方针将被纳入外空活动长期可持续性方针简编，并于 2018 年定稿。

因此，现在美国必须挺身而出，主动担当领导者角色。除继续

㊳ 《外太空活动长期可持续性工作组商定的报告草案附件》，提交至和平利用外层空间委员会第 59 次会议，维也纳，2016 年 6 月 15 日。www. unoosa. org/res/oosadoc/data/documents/2016/aac_ 1051/aac_ 1051_ 306add_ 6_ 0_ html/AC105_ L306Add06E. pdf。

努力推进《外空活动长期可持续性准则》外，美国展示出不惜动用一切国家力量工具的决心：将动用外交、情报、军事、经济等手段，而不仅仅是“军事”手段。

在完成政府专家小组的建议后，为实现多边太空治理，特丽莎·希钦斯提出了多种后续方案，以供各国选择㊴。她建议“在单边、双边、区域或多边基础上，各方自愿采纳相关建议，为主要航天国家的领导开辟道路，特别是美国，但也包括俄罗斯和中国。”㊵ 俄罗斯同样具有严重屈辱后遗症，在美俄双方都参与的外交政策有所成就时，最喜欢居功自傲㊶。而在 2016 年，俄罗斯几乎令《外空活动长期可持续性准则》胎死腹中，但此时却迫不及待地表示，俄罗斯对相关进展的贡献不容低估；然而，俄罗斯在 2013 年叙利亚化学武器灾难和 2016 年停火中的做法人们有目共睹。美国以及其他渴望通过并实施《外空活动长期可持续性准则》的所有国家，对当代俄罗斯外交的这一特点自然加以利用。退一步看，即使仅仅为了外交形象，也值得与俄罗斯和中国进行双边或三边外交。

不管合作伙伴和竞争对手是否拥有合作意愿，美国可以根据政府专家小组的建议采取（最好能主导）一些单方面行动和倡议。例

㊴ Theresa Hitchens，《推进多边空间治理：国际社会的下一步行动》，工作文件，马里兰州国际与安全研究中心，马里兰大学，马里兰州帕克，2015 年 8 月。http：//cissm. umd. edu/publications/forwarding - multilateral - space - governance - next - steps - international - community。

㊵ Theresa Hitchens，《推进多边空间治理：国际社会的下一步行动》，工作文件，马里兰州国际与安全研究中心，马里兰大学，马里兰州帕克，2015 年 8 月。http：//cissm. umd. edu/publications/forwarding - multilateral - space - governance - next - steps - international - community，第 14 页。

㊶ Elena Holodny，“普京重视与伊朗的协议”，《商业内幕报》，2015 年 7 月 14 日。www. businessinsider. com/putin - likes - the - iran - dea1 - 2015 - 7。Neil MacFarquhar 与 Anne Barnard，“普京称叙利亚的行动是成功的，并表示这将带来和平”，《纽约时报》，2016 年 3 月 17 日。www. nytimes. com/2016/03/18/world/europe/vladimir - putin - syria - russia. html? _ r=0 。

如，需要确定联络点并建立信息交换联系，尤其在潜在危机甚至冲突的情况下，这些措施格外重要。为实现危机控制，应能够快速联系到另一个国家职位相当的关键联系人。然而不幸的是，在多数太空事件中，都不存在这些联系方式。由于缺乏基本的“太空电话簿”，导致事故、误解和误判的可能性增加，并最终导致态势升级。同样的道理，政府专家小组呼吁普遍加入1976年发布的《关于登记射入外层空间物体的公约》，这正是目前所缺乏的机制。美国同样没有完全遵守这项公约。在过去，有人指责美国故意误导他国，在关于其太空资产的问题上“搅浑水”[42]，但在最近，违约行为被认为是监督和问责不力所致，而不仅是策略问题。主动解决并尽可能纠正登记问题，鼓励其他国家也照章行事，这将增强所有航天国家的太空态势感知，提高透明度和信息质量。

希钦斯指出，各种正式或非正式的私人和公共机构及网络正在收集大量数据，一些业余机构也是如此。虽然数据很有价值，但由于每个系统的收集、报告和分析方法存在差异，导致利用效率不高。仅从单一来源获得数据远远不够。相比政府机构，这项工作可能更适合由独立机构负责管理，美国可以发起并支持这项工作。

> 将所有数据进行汇总并提供一个“主”目录，可以作为一项公共服务加以提供，可以说这能推动政府工作。一个由独立机构运营的众包数据库可以作为一种“中间站”，汇集当天的公开数据和美国及其他国家出于国家安全目的保存的高质量数据。一个独立的空间物体目录尤其可以提供透明度，没有太空态势感知能力或能力很弱

[42] “乔纳森·麦克道尔关于美国不遵守联合国第1721B号决议的声明”，Planet4589，2001年8月16日。http：//planet4589. org/space/un/untxt. html。

的国家和太空运营商急需这种透明度[43]。

虽然上述工作都不会直接推动各国实现相互制约，也不会形成相关行为准则和太空交通规则，更不会让国际社会全面接纳并实施《外空活动长期可持续性准则》，但却能展示美国的外交参与态度和领导力，有助于形成更好的太空态势感知，并有助于夺回道德制高点。共享数据也可以让各国形成利益共同体，同样也有助于形成彼此威慑。众所周知，在数据共享方面，即使对盟友美国也比较“吝啬”[44]，但积极的迹象表明这种情况可能会有所改善。

2015 年 3 月，太空联合职能组成司令部司令约翰·雷蒙德（John Raymond）中将向众议院武装部队战略力量小组委员会报告说，战略司令部正在开发一种新的“分层太空态势感知共享战略”。他指出战略司令部当前已经与 46 家商业公司、8 个国家和 2 个政府间组织，以及另外 10 个发展中国家达成了 46 项太空态势感知共享协议。在雷蒙德的评论中，最重要的内容在于他提及一个“分层”系统。开发这样一个系统需要国防部决定共享什么数据，与谁共享，以及共享信息应保持何种程度上的具体性和准确性，所有这些难题在过去都没有得出一致的答案。例如，在 2009 年，正是由于这些问题无法解决，欧盟才决定自己独立启动太空态势感知共享计划[45]。

此外，美国可能会主张举行一次后续的政府专家小组会议，由未出席第一轮会议的国家派出代表参加，讨论具体实施工作。这将

---

[43] Hitchens，《推进多边空间治理》，第 23 页。

[44] E. L. Zorn，“以色列对卫星情报的追求”，中央情报局，https：//www. cia. gov/library/center - for - the - study - of - intelligence/kent - csi/vol44no5/html/v44i5a04p. htm。Joseph Fitchett，“太空间谍活动：美国加强关注”，《国际先驱论坛报》，2001 年 4 月 10 日。http：//fas. org/irp/news/2001/04/iht041001. html。

[45] “太空态势感知计划概述”，欧洲空间局。www. esa. int/Our_ Activities/Operations/Space_ Situational_ Awareness/SSA_ Programme_ overview。

有利于使更多国家从这项计划中获益，有助于深入研究关乎太空碎片主动清除等领域的准则，并至少能保持一些动力来实施政府专家小组的准则。美国也可以在这个领域展示其对太空外交的兴趣，表明自己关注的不仅仅是战争。

作为外交的一部分，国际法在维护太空稳定方面也可以发挥作用。有人建议编写一本适用于外空军事用途的国际法手册。这样做的目的是明晰适用于外层空间军事和安全活动的现行国际法条例[46]。显然，编写这样一份手册需要广纳各种法律观点，但在区分商定的法律观点和少数人的观点时，它可能是一个有用的参考。

由于最近一次全球化体现出了前所未有的经济相互依存程度，分别因国际规范和利益纠缠而构成的威慑之间存在着很大的重叠。信息技术使这一重叠的范围更广，变化的速度也比过去在殖民时代和冷战时期时快得多。尽管2008—2009年的全球经济危机抑制了无节制资本主义的诱惑，但全球化并没有完全退却。这个世界仍然通过一个庞大的商品交换系统、一个全球金融系统和两个全球公用设施（互联网和全球定位系统）交织在一起。

全球定位系统提供的连接组织具体展示了太空使能的全球公用事业的必要性。全球定位系统信号已被纳入全球电力和交通网络、金融系统、国际商业和公共服务。这项技术已经渗入各行各业，一旦停用，将会导致经济领域和其他领域深远且具有毁灭性的损失。可以说，太空参与者越多，他们之间形成的利益共同体就越有利于所有国家，特别是像美国这样严重依赖太空资产的国家。哈里森、杰克逊和沙克尔福德这样描述形成利益关联的基本前提：

> 全球定位系统的例子表明，当最初为军事目的建造

---

⑯ Ram S. Jakhu、Cassandra Steer和Juan－Wei（David）Chen，“太空冲突与法治”，麦吉尔大学航空航天法研究所，2015年12月。

> 的系统在全球范围内应用到民用领域时，就可以将全世界密切联系起来。在这种情况下，如果有任何一方企图拒止其最初的军事功能，那么不单单会影响到处于紧要关头的一个国家，而是会不可避免地影响到随着时间的推移而变得依赖太空的其他国家。反之亦然，最初为民用和商业目的而建造的通信系统现在也承载着各种必要的军事通信，比如来自无人机系统的数据[47]。

利益关联可以通过多种方式实现。

政府托管有效载荷可以将政府有效载荷与商业太空资产相匹配，被认为是政府以具有成本效益的方式进入太空并产生利益关联的潜在途径。但是，正如第六章所考虑的那样，这种方式还存在一些困难，因为使政府合同符合商业惯例是一个复杂流程，而空军项目尤其成问题。2013 年，位于洛杉矶的空军航天和导弹中心表示将会：

> 将多个不确定交付和数量的合同授予一批通过资格预审的公司。这些选定的公司预计将同时成为卫星运营商和太空硬件制造商，有能力支持在商业卫星上纳入政府专用的有效载荷和能力[48]。

然而，目前仍未充分利用托管有效载荷这一途径来节约成本，实现利益共存。

根据业内分析人士凯·希尔斯（Kay Sears）的说法，以及第六章中提到的“商业”太空供应商和新太空供应商之间的区别，“实

---

[47] R. G. Harrison、D. R. Jackson 和 C. G. Shackelford，“太空威慑：风险的微妙制衡”，《太空与国防》，第 3 卷第 1 期，第 1 – 30 页中第 21 页，2009 年。

[48] 引自 Mike Gruss，“空军托管的有效载荷承包航天器被视为‘游戏规则改变者’”，《太空新闻网》，2013 年 7 月 29 日。http：//spacenews. com/36508military – space – quarterly – air – force – hosted – payload – contracting – vehicle/。

施托管有效载荷的障碍主要存在于文化层面，而非技术层面。”[49] 主要有五个原因或者说是借口阻碍了托管有效载荷的广泛应用[50]。首先，托管有效载荷不属于任何空军体系结构的主要项目。因此，对空军来说，最简单的方法就是维持往常的做法，按原有清单增加购买量。第二，军方声称托管有效载荷在程序上缺乏与现有作战概念的整合，但实际上任何新的太空计划都是如此。第三，军事上对发射灵活性的要求可能与商业发射时间表和计划相冲突。第四，政商之间可能会存在时间问题，因为商业世界的行动准则是时间就是金钱，而政府规划、计划和制定预算的进度则因官僚制度而慢得多。最后，采用托管有效载荷会威胁到主要记录项目。组织文化的改变通常是最难实现的，并且很少仅仅因为军方更喜欢新流程或备选流程而成为转变组织文化的契机。但考虑到托管有效载荷可以带来成本效益，并且可以通过形成利益共同体在威慑中发挥重要作用，我们必须在构建多重威慑的切实行动中解决这些问题。

除了形成利益关联之外，弹性和分解能力也可以在分层防御中发挥关键作用，阻止对手从攻击中获得优势。太空拒止威慑的优势和前提已经讨论了多年[51]，谢尔顿将军早在 2013 年就开始认真地向参议院军事委员会提及此话题。

> 我们的卫星为美国提供了战略优势，也正因如此必须考虑美国星座的脆弱性和恢复力。我在空军太空司令

---

[49] Kay Sears，“是什么阻碍了托管有效载荷的应用?”《卫星通信前沿》，2016 年 3 月 8 日。www. intelsatgeneral. com/blog/whats - holding - back - the - adoption - of - hosted - payloads/。

[50] 同上。

[51] Brian Weeden，“通过拒止威慑保护太空资产”，太空安全与防御会议，内华达拉斯维加斯，2008 年 12 月 8 - 9 日。http：//swfound. org/media. /17810/weeden%20 -%20deterring%20attacks%20on%20us%20space%20assets. pdf。

> 部总部的同事与太空与导弹系统中心的团队一起，正在领导开展平衡恢复力和负担力的相关工作。他们正在研究分解概念，并评估与导弹预警和受保护通信任务领域的战术和战略能力分离有关的各项选择。我们还在评估能够有效利用托管有效载荷和商业服务的结构，以及对现有架构进行必要技术改进的方法。除了寻求必要的效率和成本节约之外，我们最终很可能会发现，分解或分散的卫星星座将在应对环境威胁和敌对威胁时表现出更强大的生存能力、稳健性和恢复力[52]。

分解的基本思想就是分散能力，使任何特定的单个系统不那么容易受到攻击，从而使潜在的对手无法从攻击行动中获得预期收益，即不再依赖于脆弱的大型“精密”卫星。分解还与商业卫星上政府有效载荷托管量的增加有关；这些目标更有可能造成损害，影响大量客户群，从而引发对攻击国的谴责。

同样，作为国际伙伴关系的一部分而开发和部署的卫星也增加了攻击国的风险，因此被视为分解的一部分。例如，宽带全球卫星通信星座最初是美国和澳大利亚之间的合作伙伴项目，但后来加拿大、丹麦、卢森堡、荷兰和新西兰也加入了进来。更多的伙伴关系是降低卫星受攻击风险的另一种方式。

在 2014 年的一次简报会上，空军副部长埃里克·范宁（Eric Fanning）表示，“空军致力于提升其分解能力。”[53] 从 2015 年开始，弹性和分解能力将在未来空军卫星体系结构中发挥关键作用。然而，

---

[52] 空军太空司令部，《弹性与太空分解架构》，白皮书，www. afspc. af. mil/shared/media/docunient/AFD－130821－034. pdf。

[53] 引自 Mike Gruss，“在 2015 年五角大楼的预算申请中，太空分解得到了关注”，《太空新闻网》，2014 年 3 月 7 日。http：//spacenews. com/39773disaggregation－gets－traction－in－2015－penta. gon－budget－request/。

在太空组合审查（Space Portfolio Review）之后，空军对分解的想法相当冷淡。作为多重威慑的另一个关键部分，拒止威慑似乎被放弃或淡化了，惩罚威慑取而代之，成为尚不明确的“太空保护”战略的一部分。但这对分层威慑造成了实质性损害，否定了可用于针对敌人的潜在手段。

弹性也是拒止威慑的一部分。2011 年，弹性作为太空行动的一个优先事项被纳入了《国家安全太空战略》。同年，国防部对弹性做出了定义：

> 弹性指在敌对行动或不利条件中，某一架构可以为任务成功所需功能提供支持的能力。当该体系结构能够以更高的概率、更短的能力下降期，并在更广泛的场景、条件和威胁中提供上述功能时，则将被视为“更具弹性”。可以利用跨域能力或政府、商业和国际能力获得弹性[54]。

作为拒止威慑的一种经典方法，弹性包括规避、稳健、重建和复原等要素，国防部对每个要素的定义如下：

- 规避：指针对潜在对手的防范措施，为减少出现敌对行为或不利条件的可能性及其所致后果而采取的主动和被动防御措施。
- 稳健：指需具备的相应体系结构属性和系统之系统设计特性，以增强可生存性并抵抗功能退化。
- 重建：为了应对特定的任务、行动或意外情况，而将丧失或减少的功能恢复到可接受水平的计划和行动。

[54] 美国国防部，《实况介绍：太空能力的弹性》，2011 年。http：//archive. defense. gov/home/features/2011/0111_ nsss/docs/DoD%20Fact%20Sheet%20 -%20Resilience. pdf。

- 复原：指程序执行和太空支援行动，可重新建立完整的行动能力，用于各种任务、行动或突发事件[55]。

虽然上述五种要素都得到了最低限度的考虑，但尚不清楚对每一个的处理方法以及对各项工作的重视程度是否相当或者说平衡。

目前的规避工作似乎集中于增加防范措施，结合拒止威慑与惩罚威慑。卫星的网络加固及增加地面站安全性的努力可以被认为是稳健的一部分。2007 年，国防部长办公室还在柯克兰空军基地专门成立了作战响应太空（ORS）计划办公室，以发展快速重建能力。然而，空军对作战响应太空计划的关注时有时无，曾不止一次试图关闭该办公室。空军之所以支持关闭该办公室，是因为位于洛杉矶的太空与导弹系统中心也可以完成作战响应太空计划。但作战响应太空计划办公室管理着全球定位系统、导弹预警和通信卫星等大型"精密"卫星，而国会希望空军不要插手这些事务。因担忧太空与导弹系统中心的空军组织文化会背离国会的意图，国会将阻止关闭此计划办公室。最近，在 2015 年，美国空军表示正在考虑通过作战响应太空计划办公室管理天基监视和国防气象系统后续计划[56]。复原工作侧重于训练操作人员在降级的条件下工作，这需要发展太空任务部队。在资金投入支持下，尚不清楚太空组合审查的结论和建议已经或将要对弹性的各个方面给予多大的关注。

无论是通过分解、综合弹性，还是其他一些尚不明确的方式，拒止威慑都不容忽视。从《六十分钟时事杂志》节目到在科罗拉多斯普林斯举办的年度太空研讨会，美国在多个场合公开表明，其有

---

[55] 美国国防部，《实况介绍：太空能力的弹性》，2011 年。http：//archive. defense. gov/home/features/2011/0111_ nsss/docs/DoD%20Fact%20Sheet%20 -%20Resilience. pdf。

[56] Amy Butler，"美国空军作战响应太空计划办公室可以监督下一个太空态势感知与气象卫星"，《航空周刊》，2015 年 2 月 12 日。http：//aviationweek. com/space/usaf - operationally - responsive - space - office - could - oversee - next - ssa - weather - sats。

能力、有必要的手段，也有决心和权利惩罚攻击美国太空系统的敌人。这就是发展反太空系统和太空控制计划的基本原因，而美国多年来的“燃霜行动”、“XSS－11”计划、各种高能激光计划和其他计划也明确并默许了这些能力的发展。威慑战略中的惩罚式威慑应用广泛，应该作为一种防范手段来维持，但同时要与其他威慑方式结合起来，以免加剧太空军备竞赛。这可以通过对冲交易来实现，卡特政府时期首次将这种方式作为一种太空战略。卡特希望与苏联就反卫武器展开谈判，同时也发展先进的动能反卫星技术。这个想法既是为了防范潜在的苏联活动，也是为了以令人信服的方式激励苏联避免太空军备竞赛。如今，成立于苏联人造卫星时代的国防高级研究计划局（DARPA）负责包括互联网、全球定位系统和隐身飞机在内的里程碑式发明，这些都是实现对冲交易的基石。此外，如果不再大肆宣扬美国的能力和主要意图，美国的目标会更好地实现。

战略通信

美国应该注意2010年兰德公司研究报告中提出的警告（参见本书第一章），不要再公开宣扬美国意图主导太空的言论。这些优越主义言论无助于阻止其他国家攻击美国太空资产，事实上可能会适得其反，更加推动其他国家选择先发制人。这也是当前美国内部不一致的政策，声称旨在保护太空环境和美国利用该环境的能力。美国必须成为太空中的主导者，有能力实现各种形式的威慑，但美国永远无法实现真正意义上的有效的太空控制。美国不能在任何广泛或持续的基础上拒绝其他国家或私人实体进入太空，更不能控制他人对太空资产的使用。这种承诺只是夸夸其谈，只会自我伤害。

改变美国关于太空安全的言论也是重获道德制高点的一部分。目前美国关于太空的言辞中充斥着“依其言而行事，勿观其行而仿之”等陈词滥调、沙文主义流行语和模棱两可的太空术语，所有这些都在阻碍美国重获道德制高点。例如，鉴于太空技术的双重用途性质，当空军部长在《六十分钟时事杂志》节目中说美国目前在太空中没有任何武器时，可能是真实的。但同样真实的是，国会正在大力增加对预防性攻击反太空行动的资助，包括对敌方太空资产的先行攻击能力。事实上，混杂且不一致的信息会让盟友和竞争对手都感到不安。当他们无从考究美国的官方辞令时，就无法解读美国的行动和意图，或者不得不从字里行间去揣摩。这就更让人们觉得美国正试图隐藏什么秘密，觉得美国正在背地里搞小动作，甚至觉得美国正在扮演一个霸主的角色，但这个角色并没有为我们带来益处。

话语很重要。美国对所有国家在太空中的“权利”，特别是进入太空的权利，与美国及其盟友的权利进行了对比，这充其量是一种挑衅。但这些言论可能会使美国与《外层空间条约》意见相左，该条约是少数几个被广泛采用的太空军备控制措施之一。虽然美国现在表示不反对太空军备控制，但增加可核查性的条件会相应增加许多其他条件。虽然不会公开声明，但这可能会成为拒绝军备控制的借口。

信息的清晰度也很重要。例如，第一章提到的 2016 年新美国安全中心报告，称“美国高级负责官员透露美国确实不一定会大规模回击针对其太空资产发起的攻击”[57]。然而，与其他参考文献相比，新美国安全中心的报告传递的信息显得混乱且相当不透明。

例如，报告中提到了当时负责全球战略事务的助理国防部长马

---

[57] Elbridge Colby，《从庇护所到战场：美国太空防御和威慑战略框架》，新美国安全中心，华盛顿特区，2016 年 1 月，第 18 页。

德琳·克里登（Madelyn Creedon）2013 年在史汀生中心的讲话[58]，特别是在问答期间作为担保而提供的评论。这种相当模糊的说法所传达出的信息与美国政府口中“不可避免的太空战”并不相同。

美国战略司令部司令海军上将塞西尔·哈尼（Cecil Haney）和国防部副部长罗伯特·沃克（Robert Work）的讲话也曾被引用。2015 年，在奥马哈举行了威慑研讨会，主要关注核问题。哈尼在会上发表了讲话，他说，“我们的国家已经准备好应对态势升级”，面对询问美国如何“通过影响对手的决策来发展适当的出路，以阻止进一步的过分暴力活动，从而使我们以有利于自己的方式缓和局势?”[59] 他并没有给出回答。沃克曾发表评论，表示美国“必须能够以综合、协调的方式做出回应”[60]。很明显美国具备应对甚至预防性应对威胁的能力，并早已做好准备；但无意中流露出的对攻击做出有限或适度回应的保证就不那么可靠了。

强硬言论在某些时候也可用，如 2007 年的动能反卫星试验导致碎片污染了太空环境；或者针对朝鲜持续鲁莽的核试验和导弹试验。这两起事件都招致了全球的谴责。但是，美国为了显示力量和决心，持续不断发表一些集中在“统治”和“控制”上的攻击性言论。第五章引用的民意调查显示，这种傲慢态度不利于美国。只要审慎发言，那么无论美国的行动是谨慎还是大胆，都比保持原始的自我形象更符合美国的利益。自冷战结束以来，美国一直在努力以各种方式发挥其全球领导作用。美国面临着一个难题，那就是在知道自己

---

[58] Madelyn Creedon，《关于威慑的评论》，史汀生中心，华盛顿特区，2013 年 9 月 17 日。www. stimson. org/images/uploads/Creedon_ Stimson_ Speech. pdf。

[59] Admiral Cecil D Haney，《开场白》，威慑研讨会，内布拉斯加奥马哈，2015 年 7 月 29 日。https：//www. stratcom. mil/speeches/2015/136/Deterrence_ SymposiumOpeningRemarks/。

[60] 引自 Colin Clark，“国防部副部长援引‘太空控制’，分析人士担心太空战升级”，《打破防御》，2015 年 4 月 15 日。http：//breakingdefense. com/2015/04/depsecdef - work - invokes - space - control - analysts - fear - space - war - escalation/。

必须是领导者的前提下，如何在日益复杂的世界中有效地做到这一点。尽管美国经常无法巧妙地运用自己的力量，并且毫不遮掩利己主义本色，但它并不希望伤害任何遵循国际准则并且于美国无害的国家。美国目前面临的挑战中包括如何以其他国家会相信的方式传达这一信息。这样做涉及（重新）占据道德制高点。

夺回道德制高点

人们提出了许多帮助美国逐步夺回太空道德制高点的方法。禁止某些特定行为被认为是一种有效方式。作为制定太空规则的第一步，也许我们可以首先关注那些会产生太空碎片的行为。换句话说，一口吃不出一个胖子，这项工作需要一步一步进行。美国拒绝向联合国承诺“不首先部署”太空武器。虽然承诺“不进行试验”是朝着禁止特定行为迈出的可喜一步，但它仍然带有相当大的模糊性。

同样不幸的是，美国要想夺回太空道德制高点需要越过艰难险阻，因此有必要采取大胆的行动来表明其想要维持太空稳定和可持续性的严肃性。美国承诺“不首先使用”太空武器，同时承诺美国将在自己选择的时间和地点、以自己的方式回击所有攻击美国太空资产的行为。这个行动十分大胆，也非常明确且毫不含糊。这将大大有助于重建美国的道德高地，从而在太空外交中发挥领导作用。这也有利于美国通过外交努力向其他国家施压，要求他们做出类似的承诺。

2009 年，斯科特·萨根在《生存》杂志上发表了一篇文章，公开支持“不首先使用”核武器的承诺，并邀请专家对他的观点进行评论[61]。萨根和其他人关于核武器的论点也适用于太空武器。萨根解释他的立场如下：

> 以前对美国核力量的适当作用和任务的分析，包括早期的官方核态势评估，都过于狭隘。它们只关注核武器对威慑的贡献，而没有研究美国核态势和声明政策对美国和盟友关于不扩散和核恐怖主义的更广泛目标的影响。由于这一侧重点，以前的政府和学术分析都夸大了不首先使用原则的潜在军事和外交成本，并严重低估了其潜在利益[62]。

太空武器也是如此。

莫顿·哈尔珀林（Morton Halperin）总结了反对“不首先使用”立场的论点，指出反对者认为美国“不应该向潜在的对手作出任何可能便于他们策划有效军事行动的‘承诺’”[63]。他和萨根都反驳了“不要让对手更容易”的论点，称“在这些情况下威胁使用核武器是不可信的，强调核武器的必要性会降低常规威慑的可信度”[64]。哈尔珀林认为另一个论点更难反驳，即宣布“不首先使用”核政策的总统可能会遭遇国内政治风暴。但是，核武器和太空武器之间有一个显著的区别，可以帮助承诺“不首先使用”太空武器的总统有效应对类似焦虑。美国已经亲手打开了核武器的潘多拉魔盒，

---

[61] Scott D. Sagan，“不首先使用的理由”，《生存》，第51卷第3期，2009年6－7月，第163－182页。

[62] Scott D. Sagan，“不首先使用的理由”，《生存》，第51卷第3期，2009年6－7月，第164页。

[63] Morton H. Halperin、Bruno Tertrais、Keith B. Payne，K. Subrahmanyam和Scott D. Sagan，“不首先使用的理由：交换”，Survival期刊，第51卷第5期，2009年10月－11月，第17－46页。www. iiss. org/en/publications/survival/sections/2009－5f8e/survival－－global－politics－and－strategy－october－november－2009－ce61/51－5－04－forum－02bl。

[64] 同上。

但在太空武器方面，如果仅靠军民两用技术的模糊性，那么美国还不至于陷入无路可退的境地。“不首先使用”的承诺将使美国领导各国避免在太空领域重蹈覆辙，防止再次导致核扩散这样的棘手困境。

诚然，软实力本身无所作为，但美国对伊拉克和阿富汗的外交政策表明，硬实力也是如此。对中国采取大胆的新战略方针，在太空外交中承担积极的领导角色，在言辞上保持克制，夺回道德制高点，这些都是有利于美国实现其太空目标的手段。此外，两位美国总统的名言可以被视作有效太空多重威慑态势的前提。罗纳德·里根曾声明：“美国的国防政策基于一个简单的前提：美国不会挑起战争。我们永远不会成为侵略者。”[65] 西奥多·罗斯福也曾说过一句话：“说话温和，手持大棒。”美国必须做好战斗的准备，但也必须积极避免这场战斗，转而在外交以及发展和部署反太空能力方面采取攻势。

结论

新一届美国政府将有机会重新决定太空的发展方式。虽然美国必须准备好赢得太空战，但它也必须同样致力于防止冲突。毫无疑问，五角大楼和情报部门将对新政府施加压力，要求其迅速采取行动，在太空组合审查后重新调整方向和计划。但是在彻底地全面评估美国太空政策时需要保持谨慎，内容应涵盖方方面面：审查和重申太空目标，评估拥挤、竞争且对抗的太空的效力和影响，如何进行威慑、防御和致胜等军事任务考察，评估非美国国家太空参与者的能力和可能意图，评估新太空发展对国家安全太空的潜在影响，以及如何以最佳方式利用双边和多边外交渠道来建立有用的太空规

[65] Ronald Reagan，关于国防和国家安全的演讲（星球大战计划），1983 年 3 月 23 日。www. ff. org/library/reagan - legacy/speech - reagan - 1983 - 03 - 23/。

范。这种全面的审查需要抛开那些“大同小异”的方法，排除那些总想从中获益的人，从而纳入一些非传统的观点。

自 1998 年以来，尽管美国仍然以相当大的优势在全球军事领域占据主导地位，但有关国家安全太空的警报一直在响起，很多人甚至认为“天要塌下来了”。现在美国还有时间来重新评估并制定一个积极、平衡的国家安全太空策略，以实现既定目标。因此，制定政策需要受到理性决策的指导，而不是让政府政治占上风。太空资产十分重要，不能像往常一样任由政治摆布。